HISTERIA & GÊNERO

Sexo como desencontro

Pedro Ambra
e Nelson da Silva Jr. (orgs.)

nVersos

Diretor Editorial e de Arte Julio César Batista

Produção Editorial Carlos Renato

Editoração Eletrônica Juliana Siberi

Revisão Aline Graça, Mariana Silvestre de Souza e Rita Cino

Dados Internacionais de Catalogação na Publicação (CIP)

(Câmara Brasileira do Livro, SP, Brasil)

Ambra, Pedro Eduardo Silva
História e gênero / Pedro Ambra, Nelson da Silva Jr. – São Paulo: nVersos, 2014.

ISBN 978-85-64013-98-8

1. Ensaios - Coletâneas 2. Histeria
3. Identidade de gênero 4. Papel sexual
5. Psicanálise 6. Sexo - Aspectos sociais
7. Sexo - Diferenças 8. Sexo (Psicologia) I. Silva Junior, Nelson da II. Título.

14-04950 CDD-155.3

Índice para catálogo sistemático:
1. Psicanálise e Sexualidade 155.3
2. Sexualidade e Psicanálise 155.3

1ª Reimpressão – 2021
Esta obra contempla o novo Acordo Ortográfico da Língua Portuguesa
Impresso no Brasil
Printed in Brazil

nVersos Editora
Rua Cabo Eduardo Alegre, 36
01257-060 – São Paulo – SP
Tel: 11 3995-5617
www.nversos.com.br
nversos@nversos.com.br

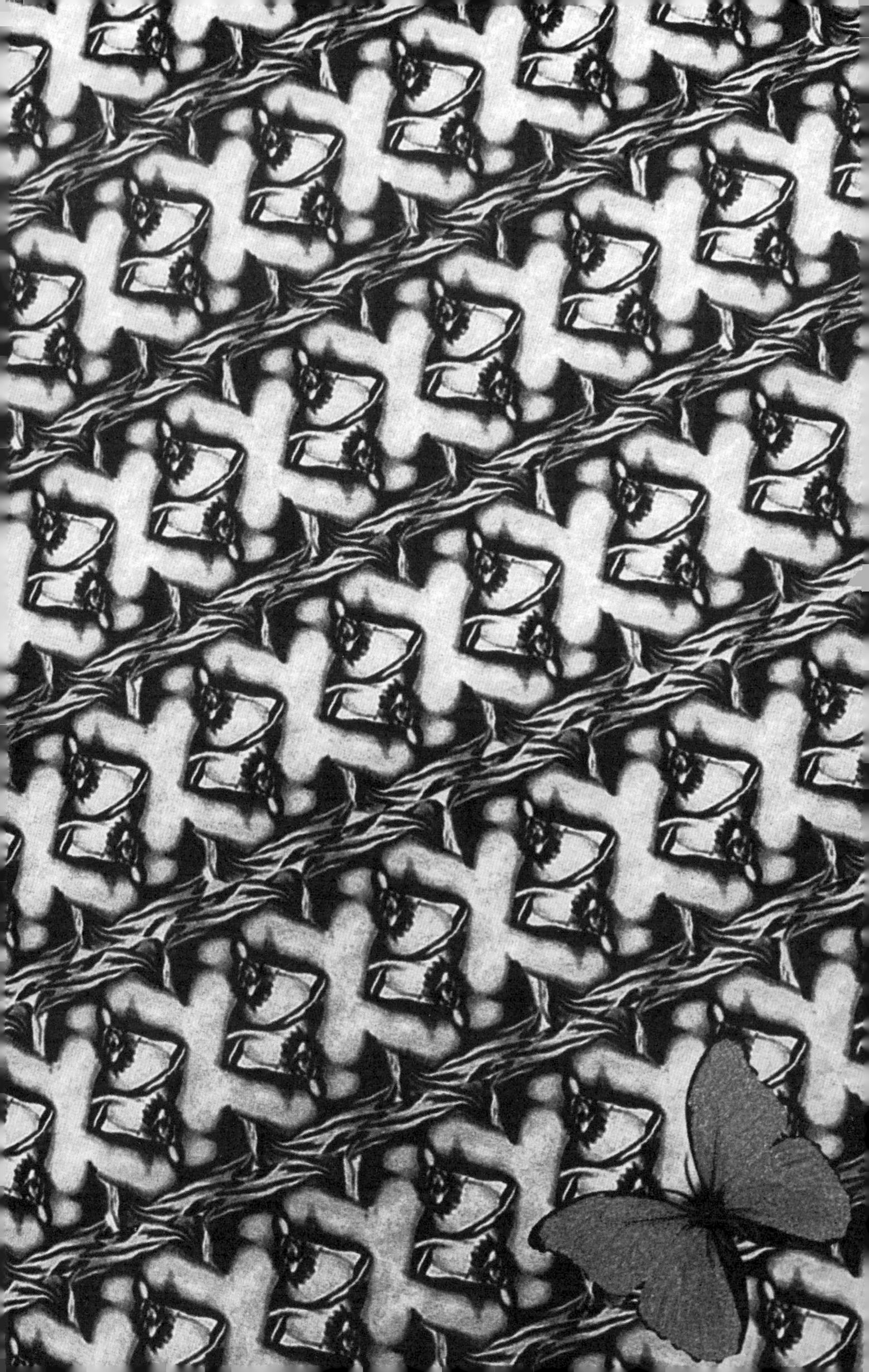

Sumário

Prefácio
7

Introdução
17

Ato performativo e desconstrução:
o gênero em Judith Butler
31

Ler, escrever e inscrever a histeria:
os novos nomes,
os novos sintomas e
a velha neurose
53

A histeria como discurso:
da estrutura clínica
ao laço social
83

Gênero como categoria de análise...
e da psicanálise?
107

A histeria entre discurso e sexuação
133

A noção de homem em Lacan:
Entre discurso e lógica
171

Algumas questões do feminino
e da histeria encenadas em
um caso de hiperêmese gravídica
199

O que a histeria pós-moderna
tem a denunciar?
217

A construção da masculinidade
e a histeria nos homens na
contemporaneidade
243

Histeria, patologia de gênero
269

Prefácio

Ana Maria Lofredo

São Paulo, janeiro de 2013

Mais do que um livro interessante, o leitor tem em mãos uma publicação especialmente necessária, inserida de maneira consistente no campo de questões que se apresentam de modo enfático na atualidade para a pesquisa, a clínica e a transmissão da psicanálise. A diversidade de trabalhos que o compõe, inspirados pelo horizonte de reflexões que gravitam em torno do eixo: "*Histeria e gênero*", demarca com propriedade, por meio de uma pluralidade de ângulos de acesso a essa temática, a posição peculiar que cabe à psicanálise no debate contemporâneo voltado às "famílias em desordem e identidades em suspense". Justamente por essa disciplina estar particularmente habilitada, em função de seu instrumental teórico-metodológico, para mergulhar nas obscuridades inquietantes das novas configurações subjetivas que se expressam de forma proeminente, permitindo destacar uma vez mais como a psicanálise se fundou e, portanto, está necessariamente comprometida, desde suas origens, em uma imbricação radicalmente constitutiva entre o individual e o coletivo.

Também é possível observar a fertilidade do convívio entre referenciais teóricos diversos, em um momento no qual a interdisciplinaridade se impõe como *palavra-chave* e que o tempo das escolas psicanalíticas, em seu fechamento endogênico, é coisa de décadas passadas. Trata-se de um conjunto de ensaios que ilustram bem os desdobramentos do exercício de uma psicanálise verdadeiramente implicada e, portanto, fiel às suas primeiras fontes, no mais próprio espírito do patrimônio freudiano.

O primeiro trabalho expõe os ingredientes que desenham o cenário sobre os estudos de gênero na contemporaneidade, no qual Patrícia Porchat acompanha a linha de reflexão da filósofa feminista Judith Butler, cuja tese é relativa à desconstrução da própria noção de gênero em sua articulação à construção como ato performativo, na linhagem de Derrida e Austin, coloca justamente em questão a estabilidade no gênero e a pertinência do sujeito a uma identidade fixa. De modo que, na radicalidade da perspectiva, o próprio conceito de "gênero" pode adquirir o estatuto, nas palavras da autora, de "um interrogador do '*status quo*' e um gerador de impasses para as teorias que concebem o sujeito, a identidade e a sexualidade com um grau de coerência entre si, que, de fato, é inexistente".

O pensamento de Foucault permite a Butler inserir na rede de relações entre poder, saber e produção de subjetividade, sua crítica ao heterossexismo pertinente às teorias feministas, assim como, a uma espécie de naturalização da distinção entre sexo e gênero subjacente à maioria das teorias sobre a sexualidade e a identidade. Esse contexto converge para as questões formuladas por Porchat neste capítulo de abertura que, de certa forma, desenham o horizonte para o qual tende a se dirigir a multiplicidade dos ensaios presentes neste livro: "O que nos faz aceitar a imposição de gênero em sua estrutura binária e O que é o gênero? O que essa forma imposta de pensar sobre o gênero provoca em termos sociais e individuais?".

A noção de masculino é o foco de interesse do próximo ensaio, no qual, Pedro Ambra enfatiza como "a ausência de uma reflexão que abarque o masculino como objeto de estudo apresenta-se hoje com uma dificuldade nos estudos de gênero dentro do campo da psicologia e da psicanálise", apesar dos estudos específicos sobre essa temática, surgidos a partir dos meados de 1970. Essa lacuna apontaria para uma abordagem de cunho natural e essencialista da masculinidade, desvinculada da construção subjacente à sua formulação, em contraponto às pesquisas abundantes sobre feminilidade, presentes na literatura. Nesse sentido, este trabalho tem o mérito de retomar a afirmação estimulante de Freud – "a masculinidade e a feminilidade puras permanecem sendo construções teóricas de conteúdo incerto" – abrindo vias que permitam captar o alcance de suas ressonâncias. Privilegia as concepções sobre o homem desenvolvidas por Lacan nos seminários realizados entre 1967 e 1974, período no qual se engendram sua teoria da sexuação e a proposta de compreensão da articulação entre sujeito, linguagem e cultura por meio do dispositivo dos discursos. O acompanhamento verdadeiramente primoroso dos vários movimentos do pensamento do autor também permitiu observar que é possível conferir à questão do masculino uma dimensão metodológica, desde que é veículo de acesso a um momento de inflexão teórica no percurso da produção lacaniana.

O título do trabalho de Tiago Rodrigues anuncia, explicitamente, como as formas de expressão do sofrimento psíquico não só se enredam ao contexto sócio-histórico de sua emergência, mas também como adquirem o estatuto de modalidades de sintomas sociais, remetendo aos conflitos inerentes à constituição subjetiva em sua articulação à vida social, como já havia enfatizado Freud, nos primórdios da constituição da psicanálise. Na perspectiva da metapsicologia freudiana, a partir das conceituações de "*Supereu*"e ideal do eu, a proposta é "articular o que há de mais peculiar na histeria - o enigma da insatisfação do desejo - com os imperativos de gozo da sociedade atual". No âmago das repercussões do declínio da ordem paterna e nas formas de tessitura do laço social, é possível vislumbrar como a histeria deixa transparecer a rede de ilusões pertinente à pós-modernidade. É nesse contexto que o ensaio pretende demonstrar como a questão da histeria é veículo para se refletir sobre as temáticas do gênero e da formação dos ideais, sendo a sintomatologia depressiva, proeminente na neurose histérica e tão presente nos dias atuais, expressão de uma aguda modalidade de resposta às demandas do ideal do eu e do culto à liberdade, pertinentes ao ideário da contemporaneidade. Esse quadro também destaca os limites na leitura da histeria, dos manuais diagnósticos atuais, que apontam de modo veemente para a "resistência que a clínica psicanalítica pode exercer em tempos de medicamentalização da vida".

Para tematizar a questão da diferença dos sexos, a psicanálise "constrói um lugar que não coincide nem com as determinações biológicas, nem com as culturais, mas que inclui ambas e também um 'entre elas' ", como escrevem Silvia Alonso e Mario Fuks. De modo que, uma ponte entre a psicanálise e os estudos de gênero se situe na recusa de ambos de um naturalismo biologizante, e em sua acepção das categorias de masculino e feminino como construções atravessadas pelos registros social e cultural. Mas, deve ser enfatizado que a especificidade da leitura psicanalítica incide, justamente, na compreensão do posicionamento do sujeito na experiência de confronto com a diferença sexual anatômica, em sua articulação com o alcance das teorias sexuais infantis, que dão suporte às escolhas de objeto inconsciente. Assim, justifica-se como a investigação sobre a condição masculina começou a ganhar espaço, vinculada à crise das representações sociais sobre a masculinidade instaurada nas últimas décadas, colocando em necessária tensão a teoria e pressionando à formulação de novas questões. Nessa linha de interesses, o ensaio traça os vários tempos de construção da masculinidade destacando no percurso freudiano, os momentos em que o conceito de gênero pode ser vislumbrado; e coloca-nos em contato com pesquisas recentes sobre a masculinidade e cria condições para problematizar a articulação entre gênero e histeria, dando encaminhamento para a questão de evidente ressonância nos dias atuais: "o que não seria uma escolha histérica e, sim, uma escolha masculina?".

Adriana Bosco e Vera Paiva configuram o campo do gênero como um instrumento privilegiado para promover o questionamento de outros campos de saber, a partir da perspectiva fornecida pelo "paradigma construcionista" como alternativa ao "paradigma sexológico", que não só consideram hegemônico na formação de psicólogos e trabalhadores da saúde, especialmente da saúde mental, como norteador de "boa parte da produção psicanalítica", inclusive da produção freudiana. Assim, se estabelece uma proposta de diálogo, nas fronteiras entre a psicanálise e a psicologia social, por meio de uma crítica a um ponto de vista essencialista na abordagem da diferença entre os sexos que "mantém a dependência da noção de instinto biológico herdada da esquerda freudiana" ou dá suporte a intervenções pautadas pela noção de "desenvolvimento psicossexual normal". Em contraponto a essa vertente, trata-se de tematizar a desigualdade entre os sexos e teorizar sobre a sexualidade os sexos e os gêneros) como fenômeno social e produção discursiva, de tal forma que, em seu bojo, a proposta construcionista se articula radicalmente à desconstrução, renovação e reinvenção pertinentes ao que é construído socialmente. Contexto passível de inclusão da teorização vinculada ao neopragmatismo, desenvolvida pelo psicanalista Freire Costa. Na perspectiva de tomar o gênero como categoria de análise, o trabalho apresenta as contribuições de autores que dão suporte à rede de argumentação, entre as quais se destaca a contribuição de Gayle Rubin, cuja noção de sistema sexo/gênero enriqueceu o debate, ao enfatizar a característica relacional que atravessa o conceito de gênero.

Christian Dunker apresenta o amplo espectro no qual as manifestações ditas "histéricas" são incluídas, inspirando-se na proposta de Zetzel, relativa a quatro tipos de histeria. Deste modo, confere-se uma espécie de ordenação a um movimento no qual o conceito de histeria foi, de tal forma, inflacionado e que, no limite, tende a esmaecer sua função no quadro da psicopatologia psicanalítica em sua articulação a um diagnóstico, de certa forma unicista, vinculado à histeria nas pesquisas iniciais de Freud. A partir desse panorama, o texto segue um traçado que converge justamente para questionar a "verdadeira e boa histérica dos bons tempos". No percurso de Lacan, aponta-se uma espécie de tensão em suas análises sobre a histeria, mesmo que seja possível privilegiar um eixo comum relativo à via da feminilidade, de modo que, essa multiplicidade de histerias tem consequências significativas no plano da pesquisa, do convívio institucional e da direção da cura. Nesse cenário, se a histeria "foi se masculinizando" com um incremento da neurose histérica em homens, vinculada ao contexto da pós-modernidade, "será que os homens se tornaram mais femininos ou os homens se tornaram mais histéricos?". Nesse sentido, na perspectiva de uma "feminilização" da cultura, é resgatada uma afirmação de Lacan, de 1948, segundo a qual as mudanças no laço social levariam a um aumento de neuroses de caráter e a uma diminuição de casos de histeria; enunciado a partir do qual o autor formula a seguinte questão, fundamental para os dias atuais: por que o declínio da ordem paterna se desdobraria nessas mudanças nos modos de se expressar o sofrimento psíquico?

Julio de Castro faz um acompanhamento dos meandros da arquitetura e da teoria dos discursos de Lacan, de forma que seja possível apreender, na dinâmica desse conjunto, a operação do discurso da histeria, que, embora se reporte a um tipo mais geral de laço social, desvinculado da clínica e tem nessa categoria nosográfica sua referência. Sua opção metodológica é tomar como ponto de partida a estrutura clínica histérica, estratégia que também permite configurar novos ângulos de acesso à apreensão dessa matriz clínica em função de inseri-la no quadro da teoria dos discursos, o que propicia um contorno mais preciso à teorização freudiana, com base na perspectiva de Lacan. E no interior de seu funcionamento se agrega a insistência da histeria em não se deixar capturar pelas determinações do saber constituído, que se articula, em outra vertente de análise, ao parentesco do discurso da histeria com o discurso da ciência moderna, fruto do declínio dos saberes totalizantes, bem expressando a passagem do discurso do senhor ao discurso da histeria. Como a fórmula do desejo histérico está subjacente ao desejo em geral, o sujeito histérico ilustra, de modo exemplar, a máxima lacaniana: "o desejo é o desejo do outro". E se o esquema do discurso histérico permite captar a operação de um núcleo histérico no sujeito e no discurso, no caso da patologia, trata-se da operação de uma fixação permanente nesse núcleo, que se reporta à questão crucial do papel da identificação na neurose histérica.

Júlia Catani trata da questão das expressões da histeria na atualidade, em articulação à sua ausência como categoria nos manuais diagnósticose, a partir de um pano de fundo desenhado pela sua inserção nas origens da psicanálise e da contribuição de autores contemporâneos, desenha um espectro da diversidade de sua sintomatologia e explicita a pluralidade de nomeações por meio das quais as modalidades de sofrimento histérico são classificadas nas clínicas e hospitais. No sentido de apurar os eixos fundamentais subjacentes ao "mecanismo histérico", o trabalho privilegia a rede conceitual pertinente aos processos de identidade e de identificação, amparando-se, principalmente, nas obras freudianas a respeito, bem como em seu trabalho "A concepção psicanalítica da perturbação psicogênica da visão" e na teorização lacaniana relativa ao estádio do espelho que, em seu conjunto, dão suporte direto à apresentação de uma vinheta clínica referente a um paciente, cujo descontrole no piscar não permitia que mantivesse os olhos abertos. O atendimento foi realizado no ambulatório de um hospital e o trabalho naquele local, escreve a autora, "revela, para nossa surpresa e admiração, que a histeria, assim como era vista no Hospital da Salpêtrière no final do século XIX, pouco mudou quanto às suas manifestações no corpo... A grande diferença reside no papel do contexto social na formação sintomática histérica".

Vera Iaconelli discute os efeitos traumáticos da gravidez em uma jovem que é atravessada por graves conflitos em sua identificação com a mãe, por meio do relato de um caso de hiperêmese gravídica, no qual uma sintomatologia de vômitos na gestação pode, no limite, levar à morte da mãe ou do bebê. A autora enfatiza o imperativo de se discriminar, na medida do possível, o que é pertinente à elaboração do traumático inerente à gravidez, em função da irrupção "real" do corpo, das questões relativas à histeria, à psicose ou à perversão, perspectiva à qual permaneceu fiel em seu cuidadoso percurso nos meandros da rede de conflitos no qual estava capturada a paciente e cujo processo de desembaraçamento podemos acompanhar, por meio da amarração primorosa que é tecida, passo a passo, entre o material das sessões e as leituras de caráter teórico. No contexto de uma mãe que não assumiu nem o casamento e nem a maternidade, relegando a criação à avó materna, a paciente não encontra a via identificatória para o papel feminino, na medida da insuficiência materna no âmbito da transmissão geracional, revelando-se, por via onírica, uma figura paterna incapaz de marcar o lugar das gerações. Embora desapareça o desejo de abortar, o processo de gestação foi acompanhado de intensas somatizações que mereceram muita atenção no decorrer do trabalho, podendo revelar tanto um funcionamento psicossomático como conversivo, tratando-se, nos dois casos, de um encaminhamento do traumático pertinente à gravidez.

Nelson da Silva Jr. e Pedro Ambra tecem uma rede minuciosa de argumentos para fundamentar a tese segundo a qual "o conceito de histeria pode ser o operador teórico que em psicanálise articula as indagações do sujeito a respeito do gênero". Essa perspectiva legitima o estatuto de instrumento epistemológico dessa patologia, na medida em que se coloca na posição privilegiada de ser atravessada por duas questões cruciais: "Quem sou?" e "O que você deseja de mim para que eu possa ser o que lhe completa?". O ensaio acompanha o trajeto teórico freudiano pertinente à teoria da sexuação vinculada ao complexo de Édipo, no qual o abandono da perspectiva de simetria nos processos de sexuação do homem e da mulher desvincula radicalmente a teoria da sexuação freudiana de qualquer fundamento naturalístico e demonstra como a vinculação da histeria com a fase fálica, e complexo de castração, tem repercussões na identificação inconsciente ao gênero e na erogeneidade genital. De modo que é, "por excelência, uma patologia de indefinição de gênero, considerado como modalidade de posicionamento frente à castração", assim se explicam a hipótese freudiana da bissexualidade como fundamento da operação histérica. Enfim, a ancoragem na histeria da polaridade falo/castração, em relação ao Outro, articulada a uma indagação sobre o gênero, permitiria compreender os fenômenos de gênero contemporâneos? A reflexão se encaminha no sentido de denunciar "o elemento de um logro tipicamente narcísico da castração em jogo", na medida em que a reivindicação pela opção de gênero não só pretende desembaraçá-lo de suas determinações biológicas, mas também de sua dimensão inconsciente.

Desta forma, fecha-se esta bela coletânea, convocando a psicanálise a ocupar o lugar específico que lhe cabe na trama conceitual tão complexa e inquietante, desde que está em questão, mais uma vez, a "ilusão do controle de si".

Bem se vê que fiquei entusiasmada. Espero que tenha estimulado o leitor para empreender sua própria viagem, pois, a aventura que chega no tempo certo, nunca nos deixa incólumes.

Introdução

*For here again, we come to a dilemma.
Different though the sexes are, they intermix.
In every human being a vacillation from one sex to the other takes place, and often it is only the clothes that keep the male or female likeness, while underneath the sex is the very opposite of what it is above.*

Virginia Woolf, *Orlando*

Conhece alguma coisa mais desoladora
do que isto das haver dois sexos?

Mário De Sa-Carneiro, em *Carta a Fernando Pessoa*

Tomada, rapidamente, a relação entre histeria e gênero pode parecer longínqua ou meramente contingente. Algumas pontuações podem, no entanto, lembrar a potencial pertinência e indissociabilidade entre os dois conceitos.

Ainda que a ideia nos pareça distante, os diálogos entre psicanálise e o feminismo – ambos nascidos concomitantemente no fim do século XIX mostravam-se, então, mais íntimos do que se poderia imaginar a partir do cenário acadêmico brasileiro atual. À época, esta relação não era explicitamente teórica, mas transitava pelas cartas, ruas, divãs e diários das primeiras décadas do século XX. Sendo o feminismo europeu pós-sufragista compreendido como proteção e ampliação de direito das mulheres por um lado, e pela liberdade sexual de outro, o número e a importância de figuras que transitam entre os dois campos é digno de nota.

Dois casos clínicos demonstram que a relação entre psicanálise e as questões de gênero não se resumem ao acordo ou desacordo. Com efeito, é a figura da contradição que parece, antes de mais nada, marcar tal relação. Vejamos: um primeiro caso liga tristemente a psicanálise às questões de gênero; trata-se de Margarethe Csonka-Trautenegg, jovem atendida por Freud a pedido de seu pai para "curá-la" de sua paixão por uma mulher semimundana e que se tornaria, posteriormente, uma testemunha ímpar, mas incoercível, da perseguição durante o século XX à homossexualidade, como nos mostra sua instigante biografia (RIEDER; VOIGT, 2008). No entanto, a posição ambígua nos primórdios da psicanálise em relação ao tema nos fornece um contraexemplo. Basta lembrar a conhecida carta de resposta de Freud à mãe de um jovem homossexual, na qual o pai da psicanálise afirma que não poderia realizar tal atendimento por entender que se o rapaz não se encontrava em sofrimento, nada poderia ser feito já que sua condição não seria considerada, pela psicanálise, como uma patologia.

Ampliemos nossa casuística aos primeiros casos de histeria para o exame da complexidade destas contradições. Se Anna O. é para a psicanálise sua histérica fundadora, Bertha Pappenheim – seu verdadeiro nome – entra para a história como pioneira da assistência social, escritora e feminista. Pappenheim, após o término abrupto de seu tratamento com Breuer, afasta-se definitivamente da psicanálise e até o fim da vida dedica-se a cuidar de um orfanato para crianças nascidas de jovens mães solteiras.

Seriam os diferentes percursos de Margarethe Csonka-Trautenegg, Anna O. e Bertha Pappenheim um retrato de uma radical irredutibilidade entre a visão psicanalítica sobre a histeria e o feminismo? O caráter menos disruptivo da relação de Anaïs Nin com ambos os campos prova que não. Analisada por Otto Rank – que pouco depois seria um de seus inúmeros amores – Nin tornou-se, ela mesma, analista, tendo iniciado sua prática em uma breve estadia nos Estados Unidos. Em seus consagrados diários, confabulações acerca do masculino, do feminino e do erotismo dividem espaço com relatos breves de sessões de análise, discussões teóricas com Rank e questionamentos diversos sobre a natureza de seu desejo.

Nin viveu a efervescência da primeira onda de escritoras anglo--saxãs expatriadas na *rive gauche* parisiense do entre guerras, que contava também com a presença de outra importante figura, Hilda Doolittle. A poetisa norte-americana empreendeu, entre 1933 e 1934, uma análise com Freud cujo motor principal, de acordo com Roudinesco, era sua homossexualidade (DOOLITTLE, 2012). Testemunhando o fim da moral vienense, as ambições de Freud e Doolittle aparentemente passaram longe de uma "cura", como testemunha a vida posterior da escritora, que veio a se tornar um dos primeiros ícones *gays* e feministas, em especial depois da retomada de seus escritos, a partir de 1970.

Enfim, a consideração de como a relação entre psicanálise e feminismo evoluiu na história do século XX mostra uma espécie de contradição entre a contingência de fatos, personalidades e uma lenta mutação conceitual de ambas as teorias. Em alguns momentos, o par se estreita; em outros, parece se afastar resolutamente.

Assim, se até certo momento, em vez de gênero, falava-se de feminismo, o quadro tende a se alterar no pós-guerra. Foi a partir da proposição de um psicólogo, John Money, e de sua popularização através do psicanalista Robert Stoller, que o conceito de gênero sai do domínio da taxonomia e dá novo fôlego ao feminismo. Do lado da psicanálise, a hiperinflação do conceito de histeria, e sua sobreposição simples ao feminino, levará a uma dispersão diagnóstica cujos ecos serão sentidos de forma contundente alhures.

Cabe aqui elencar mais um dos fatos históricos que interferiram nesta complexa trama: a verdadeira revolução conceitual que ocorreu no campo da psiquiatria a partir da descoberta e desenvolvimento dos primeiros medicamentos psicoativos eficazes nos anos 1950, e da consequente dependência da indústria farmacêutica e de sua lógica mercantil. Pela primeira vez, em sua história, a psiquiatria deixava de ser uma ciência meramente teórica e descritiva para alcançar o estatuto de uma especialidade médica com uma clínica autônoma. Contudo, atendendo às pressões da lógica mercantil, a psiquiatria realiza uma surpreendente renúncia de sua própria tradição semiológica e busca alçar a clínica psiquiátrica a uma técnica puramente empírica, sem teoria. E nesse processo de veto a toda e qualquer especulação teórica que as sucessivas atualizações do *Manual diagnóstico e estatístico de transtornos mentais* (DSM), paulatinamente, excluiu as categorias oriundas da psicanálise, entre elas a histeria. E mesmo assim, trata-se de um movimento de exclusão recente na história da psiquiatria.

Até os anos 1980, os grandes sistemas psiquiátricos em uso, o de Karl Jaspers e o de Henry Ey, reconheciam na histeria e em outras neuroses a causalidade isolada pela psicanálise. Esta amizade teórica esfria no DSM-III, em que a histeria desaparece e seus sintomas são agrupados em novas categorias como Distúrbios somatoformes e transtornos dissociativos. Em 1994, o DSM-IV retira definitivamente o termo "neurose" de seus quadros, visando fundar uma clínica psiquiátrica puramente organicista, com uma solução físico-química para cada sintoma isolado. Tal fragmentação é questionável e cobra um alto tributo à psiquiatria, pois, como apontam Alonso e Fuks (2004), ao retirar a subjetividade da psicopatologia psiquiátrica, abre-se também mão de uma organização imanente à pluralidade dos sintomas psíquicos.

Não será então uma surpresa se a capacidade mimética e a multiplicidade de sintomas da histeria passarem a alimentar os quadros de outras psicopatologias, relativamente distantes de sua organização neurótica, como os transtornos alimentares, de personalidade ou de humor. A fragmentação das psicopatologias em seus sintomas, proposta pelo DSM-III, oferece ao mercado novos nomes, novos saberes sobre o corpo, o que se harmoniza bem com a conhecida ânsia por identidades da histeria. De um lado, um discurso que oferece aos sujeitos um saber sobre o corpo, de outro, sujeitos que gozam na medida em que provocam seu outro a decifrar o enigma sexual de um corpo.

Assim, num estranho diálogo que gira incessantemente em torno da crença em certezas sobre o corpo, cabe notar que se a histeria é excluída da diagnóstica psiquiátrica atual, visando a uma descrição sintomática, estatística e ateórica, certas demandas ligadas ao gênero, oriundas do movimento *gay*, e mais recentemente de questões ligadas à transexualidade, têm sua relação marcada com o manual pelo viés de direitos civis. Ainda que, em ambos os casos, trate-se de não reconhecer o caráter patológico tanto da histeria como das questões colocadas pelo gênero e ligadas a identidades, práticas e reconhecimento de sofrimento subjetivo, a exclusão de resquícios psicanalíticos e a inclusão de patologias do gênero no DSM apontam para uma importante diferença entre a concepção de sujeito da psicanálise, num ponto, e a racionalidade diagnóstica do DSM e as teorias de gênero, em outro. Trata-se do caráter irredutível do inconsciente e da crítica radical à soberania de si, empreendida pela psicanálise, que a princípio colocaria questões tanto para o convencionalismo psicopatológico do DSM, como para as políticas de gênero que lutam pela liberdade identitária.

Se analisarmos o que ocorre neste mesmo período com a homossexualidade, e com o que mais tarde viria a ser considerado como Transtorno de Identidade de Gênero, observamos um movimento que confirma a linha divisória que passa pela questão da soberania do indivíduo sobre si. A partir de pressões oriundas de movimentos sociais e, principalmente, de psiquiatras *gays*, a homossexualidade passa de um "Distúrbio Mental de Base Sexual", em 1968, para um "Distúrbio de Orientação Sexual", em 1973, já considerando como patológica não a dimensão da prática ou da identidade homossexual, mas antes o conflito que o indivíduo teria com sua orientação. Trata-se aqui – para desgosto dos psiquiatras mais conservadores – de uma classificação criada por voto (CUTLER, 2000). Em 1980, com a terceira edição do manual, encontramos a homossexualidade ego-distônica pela última vez. Nesta mesma edição, pela primeira vez, é utilizado o termo "gênero" ao se referir aos distúrbios de identidade de gênero, e aqui lembramos que John Money participou da edição do DSM-III, tendo sido um dos responsáveis pela introdução das parafilias no manual.

A consideração da soberania de si como fundamentalmente ilusória é, por sua vez, a forma pela qual a psicanálise visita novamente seus conceitos e descrições de patologias. Freud considerou, inicialmente, o recalcamento cultural da sexualidade como a principal causa das neuroses, e isto parece não mais se aplicar totalmente aos nossos hábitos eróticos. Em sua concepção sobre as neuroses em geral, Freud via na histeria, sobretudo, um estilo do recalcamento: diante de uma ideia ou pensamento de sentido sexual, incompatível com o *eu* do sujeito, a histeria realizaria uma conversão para o corpo do afeto retirado deste pensamento. Já a neurose obsessiva e a fobia desviariam esta carga afetiva para outras representações e conteúdos psíquicos sem relação aparente com o primeiro. Assim, o corpo na histeria seria uma espécie de diário erótico, escrito em uma língua ignorada pelo próprio autor. Neste sentido, os sintomas corporais histéricos seriam descritos por Freud como obedecendo a uma "anatomia fantasmática", sem relação com a anatomia científica. Toda a riqueza cênica das "grandes histéricas" dependeria, assim, de um recalcamento da vida erótica ainda presente na extinta cultura vienense. Seria então a divisão do sujeito um efeito passageiro, dependente da história das moralidades nas culturas? Neste caso, a interpretação psicanalítica da histeria estaria fadada a um fim.

Ao longo do século XX, a indústria cultural, tal como foi definida por Adorno e Horkheimer, produziu formas de satisfação fácil para os desejos; além disso, ela instaura uma relação tipicamente perversa com a proibição: nela são simultaneamente vigentes, de um lado, a proibição do objeto de desejo – pois este está sempre um pouco além das possibilidades de compra do consumidor e o calote ameaçaria o sistema – e, de outro, um verdadeiro imperativo para sua satisfação através da publicidade. Isto sem que estas contradições se configurem em um impasse. Nesta cultura de racionalidade cínica como avança Vladimir Safatle, em *Cinismo e falência da crítica* (2008), é a própria castração que se vê privada de investimento pulsional, afetando para além da histeria as neuroses como um todo. Deste modo, se a histeria fosse exclusivamente regulada pelo recalcamento, estaria com seus dias contados e seu conceito já ultrapassado.

Entretanto, a partir dos anos 1920, Freud oferece novos instrumentos conceituais para a compreensão desta neurose. A histeria passa a ser articulada à fase fálica e ao complexo de castração. Na histeria feminina, uma problemática identificação ao gênero seria de algum modo utilizada como uma tentativa de oferecer uma solução à ferida narcísica da castração. Seu objeto de desejo seria escolhido no interior de uma estrutura triangular, em que o desejo de um homem indicaria cada vez o que deve desejar. Tal é o caso da famosa paciente de Freud, Dora, que busca uma resposta para a pergunta "*o que é uma mulher?*" através de um flerte com o marido da Sra. K; esta sim, seu verdadeiro objeto de interesse.

E aqui, a psicanálise aproxima-se das teorias de gênero – ao contrário do que se poderia supor – a partir de uma lógica igualmente construcionista e desvinculada de substratos biológicos. Toda a gramática de identificações, que em última medida mostram-se fenomenologicamente fixas, é desmontada a partir da radicalidade do desejo. Em outras palavras, um trabalho analítico no campo da histeria pode levar o sujeito à sobreposição da pergunta inconsciente "*o que quer uma mulher?* "e "*o que é uma mulher?*". Tal dicotomia teria como resultado uma terceira questão, de caráter central, tanto para o sujeito do inconsciente na histeria, quanto para o indivíduo contemporâneo que reconhece a artificialidade do gênero: "*eu sou uma mulher?*", desta forma, a identidade passa a ser um efeito, um atributo do desejo, ainda que não aberto à consciência. Neste sentido, psicanálise e teorias de gênero estariam de acordo no que diz respeito ao caráter contingente da significação da diferença anatômica entre os sexos para a inserção do sujeito em um gênero.

A diferença entre as duas teorias parece estar na ideia de uma divisão fundamental do sujeito na psicanálise, e de uma identidade de base do sujeito consigo próprio, no caso de boa parte das teorias de gênero. A posição do sujeito do inconsciente seria radicalmente inacessível ao *eu* do sujeito para a psicanálise; ao passo que a escolha de um ou de nenhum gênero, na medida em que é pensada como um gesto performativo, deve ser acessível à deliberação do indivíduo. De certo modo, esta ilusória soberania sobre si seria a principal objeção da psicanálise às teorias de gênero.

Não obstante, uma objeção que aqui poderia ser levantada contra a psicanálise parte do fato que em sua concepção de histeria, em sua metapsicologia e em seu tratamento, as operações continuariam a ser feitas em uma lógica binária, ainda que não biológica. Como, então, a psicanálise poderia se haver com as contribuições dos *gender* e *queer studies*, que mostram que a binariedade de gêneros é uma construção frágil, ocidental, centrista e radicalmente histórica? Mesmo em nossa cultura falocêntrica, já é possível encontrar indícios de que no domínio do gênero um é pouco, dois é pouco, três é pouco.

Neste ponto algumas formulações lacanianas podem nos servir para recolocar tais problemas em outras bases conceituais. A partir da descrição freudiana, Lacan faz uma releitura estrutural onde a histeria passa a ser definida pela posição do sujeito histérico em relação ao desejo do outro. E isto, segundo uma dupla vertente: num ponto ele se coloca como passivo diante deste desejo, pois este é o que pode constituí-lo como fálico; no outro, a necessidade de manter o desejo do outro insatisfeito exige da histeria uma atividade constante, pois, há sempre o risco de que o outro satisfaça seu desejo e que abandone sua função na estrutura. A atividade se concentra na histeria na chave identificatória, pois, para conhecer o desejo do outro, a histeria deve identificar-se com ele. É comum a mulher histérica se apoiar nos clichês masculinos de objeto de desejo para tentar desvendar o segredo das grandes musas. Nesse sentido, se a posição homossexual é inerente à gramática histérica do desejo, deve-se notar que ela não é seu ponto final. Em tal estrutura, a ambivalência fundamental e irredutível da histeria funciona, na verdade, como uma espécie de motor crítico das identidades de gênero pensadas binariamente.

Sendo assim, a releitura estruturalista da histeria operada por Lacan permite sua extensão a uma ampla gama de situações que, em certo sentido, compreendem a gramática desejante da histeria como um paradigma. Seja para nomear a posição de demanda do analisante no início de sua análise, seja para descrever o estilo metonímico de seu desejo no final desta. Lacan passa a compreender a histeria como uma estrutura discursiva que transcende seu uso como entidade psicopatológica. Destaca-se, contudo, aquela que foi, sem dúvida, a mais importante contribuição de Lacan para o conceito de histeria ao definir o discurso desta como uma das quatro modalidades de laço social, ao lado do discurso do mestre, do discurso universitário e do discurso do analista. O discurso da histérica permite compreender a lógica presente em cenas mais amplas da vida social, em que, por exemplo, posições de demanda, provocação ou sedução são encarnadas por indivíduos ou por grupos diante de representantes de saberes oficiais. É aqui, no nível da potencialidade política de seu funcionamento como laço social, que a atualidade do conceito de histeria propicia instigantes debates à psicanálise que deve posicionar-se diante de questões sociais e filosóficas.

Em tais debates, uma ideia que aproxima novamente gênero e histeria, conhecida entre psicanalistas, costuma ser evocada: a feminilidade como cura da histeria. Evidentemente esta afirmação forte dá margens às mais diferentes interpretações. Se entendida a partir dos avanços de Lacan presentes no Seminário XX, no entanto, a feminilidade não se apresenta como essência da mulher, mas antes como uma lógica de posicionamento frente à lei simbólica. Mais especificamente, como uma não modalidade de posicionamento em relação a esta lei.

Trata-se aqui da noção de "não-todo", de onde temos o conhecido aforismo "*a mulher é não-toda*". De forma aplicada ao nosso caso, e resumidamente, se na histeria a questão orbita ao redor da posição do sujeito em relação ao falo, na feminilidade, a lógica do sujeito é pensada não necessariamente a partir da famigerada lei. Adicional e principalmente, do domínio do que aqui é compreendido como feminilidade, a binariedade não pode mais ser pensada enquanto fundamental, pois, é introduzida a dimensão do "gozo outro", que não obedece à lógica que divide o mundo entre castrados e não castrados. Em outras palavras, as identificações e os objetos de desejo do homem e da mulher não são simétricos e nem complementares, eis a razão do recorrente aforismo lacaniano no: "*A relação sexual não existe*".

Pensando desta forma, o sentido do tratamento da histeria em direção à feminilidade ressignifica-se encontrando semelhanças interessantes junto aos movimentos feministas que defendem um simbólico feminino, ou mesmo aqueles cujo desconstrucionismo radical aponta para uma total implosão de categorias de gênero conhecidas.

A histeria é, por excelência, uma modalidade de funcionamento na qual a identidade de gênero está sujeita a um horizonte permanente de questionamento radical de sua fixidez. E isso não diz respeito apenas ao indivíduo.

Com base na proposição do discurso da histérica, lembremos outro traço distinto desta modalidade de laço social: o sujeito histérico tende a questionar e derrubar aquele ou aquilo que se coloca em posição de mestre, ou seja, igualmente no campo social e de demandas de minorias, a histeria assim compreendida também serve ao processo político de conquista de direitos.

Dessa forma, se no surgimento da psicanálise, a partir da histeria e dos primeiros movimentos feministas estes debates parecem estar próximos, pretende-se, no presente livro, iniciar um mapeamento dos destinos que estes dois grandes temas tomaram. Procuramos na empreitada deste projeto montar um quadro que possibilitasse leituras e críticas diferentes, desde o posicionamento teórico e político de cada leitora ou leitor. O convite é para que se realize uma análise da pertinência e possibilidade de aproximação destas duas temáticas, partindo de um palimpsesto de concepções e ideias distintas de gênero, sexo, sexualidade, masculinidade, feminidade, homossexualidade etc., presentes em cada capítulo. Espera-se que, longe de se tratar de uma babel infrutífera, o debate iniciado apresente diversidade e riqueza conceituais suficientes para uma discussão atual da histeria e do gênero, ao colocar estes operadores frente a frente, testando sua pertinência recíproca.

Esta ideia nasceu a partir das discussões realizadas no interior do Laboratório de Teoria Social, Filosofia e Psicanálise da Universidade de São Paulo. Neste contexto, instigantes debates germinaram a concepção deste trabalho e aqui agradecemos a todas as pesquisadoras e pesquisadores que dele fizeram ou fazem parte. Poucos serão os agradecimentos às autoras e autores que, de forma tão séria e gentil, aceitaram nosso convite, surpreendendo-nos com trabalhos de qualidade e desdobrando-se para cumprir prazos; estes sintomáticos motores da atual vida acadêmica. Impossível seria transformar um apanhado desconexo de documentos de word em um livro, não fosse o excelente trabalho realizado pela Editora nVersos, que desde o início apoiou nosso projeto. Por fim, agradecemos à FAPESP, cujo auxílio ao financiar a bolsa de mestrado de um dos organizadores - permitiu a organização do presente trabalho.

REFERÊNCIAS BIBLIOGRÁFICAS

ALONSO, S.; FUKS, M. *Histeria*. São Paulo: Casa do Psicólogo, 2004.

CUTLER, B. *The History of the DSM's Classification of Sex. Arizona Power Exchange*, 2000. In:http://www.arizonapowerexchange.org/files/academic DSM & Sex. pdf.

DOOLITTLE, H. *Por amor a Freud.* Jorge Zahar, 2012

RIEDER, I.; VOIGT, D. *Desejos secretos: a história de Sidonie C., a paciente homossexual de Freud*. [S. l.): Companhia das Letras, 2008.

SAFATLE, V. *Cinismo e Falência da Crítica*. São Paulo: Boitempo, 2008

Ato performativo e desconstrução: o gênero em Judith Butler

Patricia Porchat

Nos anos 1990, a cena dos estudos de gênero se transformou com a publicação de *Gender trouble*[1] (BUTLER, 2003), pela filósofa feminista norte-americana Judith Butler. Nesse livro, Butler recusa a ideia de uma estabilidade no gênero e afirma a inadequação do sujeito a uma identidade fixa. Nesse sentido, a noção de gênero é desconstruída. Da mesma forma, posteriormente, em *Undoing gender* (Ibid., 2004), Butler define "gênero" como o mecanismo pelo qual as noções de masculino e feminino são produzidas e naturalizadas, mas deve igualmente ser o aparato pelo qual esses termos são desconstruídos e desnaturalizados.

Veremos que tanto em Problemas de gênero, quanto em *Undoing gender*, publicações com 14 anos de diferença, Butler mantém a ideia de que o conceito de "gênero" pode ser um interrogador do status quo e um gerador de impasses para as teorias que

1. Lançado no Brasil somente em 2003, como *Problemas de Gênero*, pela Editora Civilização Brasileira, Rio de Janeiro.

concebem o sujeito, a identidade e a sexualidade com um grau de coerência entre si que, de fato, é inexistente.

Judith Butler pretendeu mostrar que o gênero, pensado em sua estrutura binária estável, é efeito de um poder invisível que o cria e o mantém. A ideia de uma coerência da identidade de gênero é desconstruída com base em duas questões: em primeiro lugar, a de que não há uma essência ou substância por trás do gênero; em segundo, a de que se tomarmos figuras como transexuais, intersexos, homossexuais, transgêneros e *drags* para refletir sobre questões de gênero, veremos deslocar-se o problema da adequação a um ideal normativo, que exclui os indivíduos inadequados e os confina como "patológicos" em relação ao gênero, para um outro problema, o da definição do que é humano e de seu reconhecimento.

O ponto de partida escolhido pela autora é, por si só, revolucionário. Adota como paradigma de "gênero" não o masculino ou o feminino, mas algo que se encontra em outro lugar, para além dos gêneros compreensíveis. Butler discute gênero a partir dos indivíduos que põem em xeque os limites e as normas reguladoras do campo de inteligibilidade que nos impõe as possibilidades lógicas de existência sexual e identitária.

O trabalho de Butler teve grande impacto sobre o movimento psicanalítico; leitora de Freud e de Lacan, desde *Problemas de gênero* iniciou um diálogo com a psicanálise, discutindo termos como "falo", "diferença sexual", "simbólico", "identificação" e introduziu a ideia de uma "melancolia de gênero". Estabeleceu interlocução com alguns psicanalistas como, por exemplo, Slavoj Žižek e Monique David-Ménard. Sua obra foi tema de um seminário de Jacques Alain-Miller, além de ter sido convidada por várias instituições psicanalíticas, principalmente na França, para explicitar seus pontos de vista. Recorre-se à sua obra para discutir questões como a da homoparentalidade, da homossexualidade e do alcance político dos transgêneros. Em contrapartida, não se pode dizer que Butler é apenas uma crítica da psicanálise; pelo contrário, ela faz uso de vários conceitos psicanalíticos como ferramentas para realizar uma crítica da normalização e da regulação social. A psicanálise para Butler coloca em questão o corpo natural e fornece uma teoria da fantasia, o que permite entender como o poder social toma forma na psique.

Antes de introduzir o conceito de gênero como ato performativo, principal marco de sua teoria de gênero, convém situar o *background* político e teórico dessa autora.

Judith Butler nasceu em Cleveland, Ohio, mas sua família é oriunda da Hungria e da Rússia. Descreve-se como uma judia com herança psíquica de holocausto e vítima possível de violência por questões de gênero e de sexualidade. Em sua época de estudante, passava o dia na biblioteca e, à noite, frequentava um bar de *gays* e lésbicas onde *drags* faziam performances. Menciona com frequência situações de violência vividas por pessoas, algumas conhecidas suas, que não se enquadram no que ela chama de "gêneros inteligíveis".

"Gêneros inteligíveis" é um termo que diz respeito aos indivíduos que mantêm uma coerência entre sexo, gênero, desejo e prática sexual. O campo de inteligibilidade refere-se às instituições, categorias e linguagens existentes que podem fazer com que o gênero tenha sentido. Para um indivíduo reconhecer o outro, ele tem que recorrer a campos existentes de inteligibilidade, quando não os encontra poderá surgir a violência, seja sob uma forma direta, como o espancamento ou até mesmo o assassinato de homossexuais, travestis e transexuais, ou sob a forma indireta, através da marginalização ou exclusão desses indivíduos.

Além de gênero e sexualidade, sua área de atuação abrange a teoria feminista, a psicanálise, a filosofia judaica, a ética, a política, além da filosofia continental dos séculos XIX e XX. Fez seu doutorado em Yale, em 1984, sobre o conceito de desejo na *Fenomenologia do espírito de Hegel*, e sobre as apropriações deste conceito pela filosofia francesa, principalmente de Sartre, Derrida, Lacan, Deleuze e Focault, este último pode certamente ser considerado o filósofo do qual Butler herda sua problemática e sua postura crítica geral. A relação entre poder, saber e produção de subjetividade aparece, em Butler, na crítica dirigida ao heterossexismo latente nas teorias feministas e na quase natural distinção entre sexo e gênero, presença marcante em aproximadamente todas as teorias sobre sexualidade e identidade. Posições teóricas essencialistas defenderam a eliminação do gênero e sustentaram que as diferenças culturais são, de fato, naturais.

Em reação a essa posição, os construtivistas se dividiram. O fato de que para haver reprodução da espécie são necessários dois indivíduos biologicamente diferentes falaria a favor de diferenças sexuais como "material bruto" a partir do qual o gênero se constrói; já os construtivistas radicais diriam que essas supostas "diferenças naturais" são puramente culturais. O sexo não teria qualquer conteúdo, pois, sempre seria uma "leitura" ou uma "interpretação" cultural. Radicalizando, dir-se-ia que não existe corpo, anatomia ou dados biológicos que não sejam uma construção.

Foucault destaca a natureza mutuamente constitutiva dos discursos ocidentais da sexualidade e da biologia. A compreensão de que o sexo, como categoria unitária, é algo estabelecido através das práticas discursivas ocidentais implica que não se pode afirmar que o conceito ocidental de sexo seja subjacente às construções de gênero em todo o mundo. Enquanto conceito de análise, "gênero" deveria se libertar das suposições acerca do "caráter dado" do sexo, como uma base para desconstruir o modelo ocidental de relações de sexo e gênero. Essa discussão se enriquece quando abrimos mão de uma decisão sobre "sexo" ser um conjunto de processos biológicos, ou um produto do discurso biomédico da cultura ocidental e atentamos para a sua construção pelo discurso, enquanto uma unidade artificial. Esta unidade, segundo Foucault, permitiu agrupar "elementos anatômicos, funções biológicas, condutas, sensações e prazeres, e permitiu fazer funcionar esta unidade fictícia como princípio causal, sentido onipresente, segredo a descobrir em toda parte". (FOUCAULT, 1976).

Butler se apoiará nessa ideia de Foucault para mostrar que, assim como o sexo, o gênero é construído como unidade, como substância, como ser idêntico a si mesmo. O resultado disso é que, ainda que gênero seja construído a partir de um "dado biológico mínimo" ou que seja pura construção, Butler ressaltará o esforço de enquadramento dos diversos elementos que o compõem dentro de uma "matriz de inteligibilidade"; sejam as leis das teorias essencialistas ou as leis das teorias construtivistas, busca-se estabelecer linhas causais de ligação entre o sexo biológico, o gênero construído culturalmente (no caso do construtivismo) e a expressão de ambos através do desejo e da prática sexual. A discussão sexo/gênero em Butler caminhará no sentido de uma recusa do debate entre natureza e cultura, ou seja, determinações biológicas *versus* determinações sociais para uma análise dos efeitos de uma prática de poder que regula as identidades sexuais.

O binarismo de gênero é interrogado com base na crítica à administração dos corpos, protagonizada pelo poder invisível que naturaliza verdades. Já a atitude crítica de Butler aparece, por exemplo, no prefácio de *Problemas de gênero*, quando afirma que diante de uma lei dominante que "ameaçava até nos colocar em apuros, para evitar que tivéssemos problemas", conclui que "problemas são inevitáveis e nossa incumbência é descobrir a melhor maneira de criá-los, a melhor maneira de tê-los". Trata-se, de modo geral, de explicitar e problematizar as condições de aceitabilidade de um sistema e da subordinação a ele e, para tanto, é preciso mostrar como os sujeitos foram produzidos de modo a sustentar essa aceitação.

O que nos faz aceitar a imposição de gênero em sua estrutura binaria e estável? O que é o gênero? O que essa forma imposta de pensar sobre o gênero provoca em termos sociais e individuais?

A primeira pergunta acima pode ser respondida, inicialmente, com o princípio de que há uma crença na existência de uma substância ou essência de homem e de uma substância ou essência de mulher. Somos ditos homens ou mulheres a partir do nosso nascimento. Uma vez nomeados por um médico que declara "É um menino!" ou "É uma menina!", uma espécie de "verdade" é criada para o sujeito em questão. A partir desse momento inicial, o gênero continua a ser produzido e mantido por uma série de palavras ou gestos que, ao serem expressos, criam uma realidade. Essa é a própria ideia de gênero como um ato intencional e performativo. Esses atos, repetidos de uma forma estilizada, produzem um efeito ontológico, levam a crer na existência de seres homens e seres mulheres; e produzem uma ilusão de substância. Mas, trata-se apenas de uma ilusão, pois não há "ser", não há um "fazedor", não há um "agente" por trás do ato, não há unidade. A ontologia não é uma fundação, mas uma "injunção normativa", dirá Butler. Inventa-se a ideia de "ser" para que os indivíduos sejam mais bem controlados. As categorias de "ego", "indivíduo" e "pessoa" – às quais se pode acrescentar "gênero" – como forma de descrever os seres humanos, derivam de uma ilusão de substância. E a ideia de gênero, particularmente, serve à necessidade de poder e de controle da população pelas mais diversas instituições. A constituição das identidades masculina e feminina serve a um poder regulador que obedece à estrutura de dominação masculina e da heterossexualidade compulsória. Da mesma forma, este poder regulador tenta impedir, por meio da exclusão, da patologização e, às vezes, da eliminação, a percepção do caráter performativo de gênero que, por sua vez, apontaria para novas possibilidades de gênero. Os gêneros são construídos por uma complexidade discursiva: doutrina da igreja, ciências biológicas, discurso médico e discurso jurídico. A "unidade" do gênero é efeito de práticas reguladoras que buscam uniformizar a identidade de gênero através da heterossexualidade compulsória. O poder precisa da heterossexualidade obrigatória e da reprodução, assim como, de um sistema de alianças. O tabu do incesto e o tabu contra a homossexualidade, para Butler, caminham juntos. Produzem juntos a identidade "nas grades inteligíveis de uma heterossexualidade idealizada e compulsória" (BUTLER, 1990, p. 194). Punem-se os que não desempenham corretamente o seu gênero, constrói-se a coerência para ocultar a descontinuidade, mas, como denuncia o conceito de "performatividade", todo esse aparato só alcança uma falsa estabilização de gênero.

O conceito de performatividade utilizado por Butler deriva de Derrida, ou melhor, de uma leitura que este fez de Austin. Na teoria dos atos de fala de Austin, exposta em *How to do things with words*[2] ,se considera per formativa a prática discursiva que torna realidade ou produz aquilo que nomeia. Austin faria uma divisão entre atos de fala constatativos e atos performativos, estes últimos produziriam os acontecimentos aos quais se referem. Por exemplo, na frase: "Eu os declaro marido e mulher", o poder opera através do discurso; são formas enunciativas de autoridade. Em Austin, o performativo pareceria revelar que o fenômeno nomeado, e a partir desse momento existente, toma sua existência com base no poder de um sujeito ou de sua vontade. Deste ponto surge a crítica de Derrida, ao propor que este poder é sempre derivado e que um enunciado performativo tem êxito porque sua formulação repete um enunciado codificado, é identificado como um modelo repetido, uma citação.

> Poderia uma enunciação performativa ter êxito se sua formulação não repetisse uma enunciação "codificada" ou iterativa ou, em outras palavras, se a fórmula que pronuncio para iniciar uma reunião ou para lançar um barco à água ou para celebrar um matrimônio não se identificasse de algum modo com uma "citação"? [...] Em tal tipologia, a categoria de intenção não desaparecerá, terá seu lugar, mas desde esse lugar já não poderá governar a totalidade desse cenário e o sistema de enunciação [énonciation]. (DERRIDA, 1988, apud BUTLER, 1993, p. 34)

2. Butler cita esta obra de Austin, publicada pela Harvard University Press, Cambridge, Massachusetts, 1955.

A partir desse questionamento feito por Derrida, Butler tomará a ideia performatividade e de repetição como referências para o conceito de gênero, usando "performatividade" para dizer que o ato performativo torna real e produz aquilo que nomeia ou atua, enquanto gesto, comportamento e "repetição" porque este ato é sempre uma citação de algo, é referido a um código e,por isso mesmo, é efetivo[3]. São citações e repetições, entretanto baseadas em convenções. A linguagem falada, assim como a escrita pode ser repetida, é reconhecida e tem eficácia fora de um contexto original. Está pressuposto que, se há inteligibilidade por si daquilo que foi escrito ou falado, há autonomia e desvinculação em relação a um original, há existência separada; é no seio dessa definição que Butler introduz aquilo que vai diferenciá-la de outros autores de teorias de gênero: a possibilidade de uma repetição subversiva e transformadora.

Para Butler o gênero é um ato, requer uma performance que, ao se repetir, mantém o gênero em sua estrutura binária. É uma ação pública, encena significações já estabelecidas socialmente e, desse modo, funda e consolida o sujeito. O gênero é um efeito performativo de atos repetidos, sem um original ou uma essência, não expressa nem revela uma identidade preexistente. Vejamos as palavras de Butler:

> O gênero não deve ser interpretado[4] como uma identidade estável ou um <u>locus</u> de ação do qual decorre vários atos; em vez disso, o gênero é uma identidade tenuemente constituída no tempo, instituído num espaço externo por meio de uma repetição estilizada de atos. O efeito do gênero se produz pela estilização do corpo e deve ser entendido, consequentemente, como a forma corriqueira pela qual os gestos, movimentos e estilos corporais de vários tipos constituem a ilusão de um eu permanente marcado pelo gênero. (BUTLER, 1990, p. 200)[5]

---

3 Já a ideia de que este ato é também intencional, diz respeito ao conceito sartreano de intencionalidade da consciência. Da mesma forma que a consciência sempre visa a algo, o ato performativo sempre se refere a alguma coisa no mundo exterior. Intencional aqui não tem o sentido de deliberado ou voluntário.

4. Na tradução brasileira, no lugar de "interpretado" está "construído o que altera completamente o sentido. Foi seguida a tradução espanhola.

5. Grifos da autora.

O caráter ilusório do gênero é denunciado quando ocorre uma incapacidade de repetir, uma deformidade ou quando se trata de uma repetição parodística[6]. Os gêneros são performances sociais, não há originais e nem cópias. A aparente cópia não se explicaria com referência a uma origem. A origem perde o sentido porque o "homem" e a "mulher" de "verdade" tem que assumir o gênero da mesma forma: por intermédio da reiteração de atos. Através do conceito de "performatividade", gêneros dominantes e não dominantes (os que não se enquadram como "gêneros inteligíveis ") se encontram no mesmo patamar. Desfaz-se a necessidade de coerência interna às identidades sexuais e da classificação dessas identidades segundo graus de normalidade e patologia. Não há seres mais verdadeiros ou mais patológicos do que outros por se aproximar ou se distanciar de um ideal, seja anatômico ou psicossocial. Como diz Butler:

> É precisamente nas relações arbitrárias entre esses atos que se encontram as possibilidades de transformação do gênero, na possibilidade da incapacidade de repetir, numa deformidade, ou numa repetição parodística que denuncie o efeito fantástico da identidade permanente como uma construção politicamente tênue. (BUTLER, 1990, p. 201)

Acima aparece o que Butler entende como possibilidade de repetição subversiva e transformadora. São as repetições que fornecem uma condição de mudança, seja por uma qualidade intrínseca à própria repetição do que foi assumido como norma de gênero e que, por algum motivo, não consegue ser reproduzido de modo igual, seja pela intenção de subverter as normas de gênero presentes na paródia.

Para compreender a forma como Butler trabalha, devemos entender que ela tenta estabelecer uma noção de sujeito que não determine a *priori* uma concepção de normalidade e de patologia

6. Butler se refere, por exemplo, às performances de *drags* imitando de modo caricato mulheres, chegando a serem reconhecidas como "muito mais mulher do que uma mulher que as assistisse na plateia.

a partir das identidades de gênero binárias. A autora tem um objetivo claro ao usar o conceito de gênero: quer dar conta do "abjeto", termo que toma emprestado de Kristeva. Trata-se de uma atitude política. Trata-se de dar direito de cidadania ao inabitável, ao "invivível", ao outro que virou "merda". É por isso que seu ponto de partida são os gêneros não enquadrados como "gêneros inteligíveis", ou seja, os que não apresentam a coerência esperada entre sexo anatômico, desejo, identidade sexual e prática sexual. Trata-se de uma estratégia que exige do leitor comprometer-se com a ideia de que, caso recuse a proposta butleriana e tome como ponto de partida os gêneros em sua estrutura binária e estável, estaria participando de uma definição de ser humano que produz os gêneros não inteligíveis como menos humanos, inumanos ou humanamente inconcebíveis.[7]

De acordo com Butler, as noções usuais de gênero permitem trabalhar apenas com os gêneros "inteligíveis". O próprio Stoller é submetido por ela a uma crítica quanto ao uso de uma noção limitada de "gênero". O "núcleo da identidade de gênero" implicaria em uma concepção de homem e mulher como substâncias permanentes e, no entanto, para Butler essas substâncias permanentes são pura ilusão, produção ficcional de uma coerência culturalmente estabelecida (BUTLER, 2003, p. 48). Na perspectiva stolleriana e mesmo na de outros autores, determinadas identidades de gênero ficam necessáriamente compreendidas como falhas do desenvolvimento ou impossibilidades lógicas por não se enquadrarem no que Butler denomina "normas de inteligibilidade cultural"; normas que supõem que o "gênero" decorra do sexo biológico e que as práticas do desejo decorram do sexo e do gênero. Ela dirá que são a persistência e a proliferação destas "identidades" que põem em xeque os

7. Butler dirá que sempre existe um perigo ao definir o que é humano, pois, a construção do humano é uma operação diferencial que produz o mais ou menos "humano", o inumano, o humanamente inconcebível. Aqui vemos surgir um tema que é caro à sua obra, o do reconhecimento. Essa discussão passa a ser feita pela ideia de acolhimento da existência do outro.

"limites e os objetivos reguladores desse campo de inteligibilidade" (Ibid., p. 39), criando paradigmas novos, matrizes rivais e subversivas de desordem do gênero em oposição à matriz de inteligibilidade, que seria a matriz da heterossexualidade, ou o que Butler chama frequentemente de "sistema da heterossexualidade compulsória"[8]. Ela se propõe, então, a reconfigurar o conceito de gênero, permitindo que este dê conta das "identidades de gênero" em geral, sendo estas mais ou menos inteligíveis, e abrindo espaço para aquelas que continuam surgindo. Isso implica em uma recusa da ideia de sexo como "substância", ou seja, de um sexo idêntico a si mesmo, aparentemente coerente, dividido em duas categorias de ser: homens e mulheres, responsáveis pelos atributos de masculinidade e feminilidade. De acordo com Butler, é o uso da linguagem que cria a ideia de uma substância em que haveria apenas performatividade; e, por sua vez, "performatividade é o veículo pelo qual efeitos ontológicos são estabelecidos"[9]; nessa frase Butler aponta para a produção do "ser" como substância, mas, como vimos, performatividade é o modo de produção de uma aparência de substância, de uma ilusão de substância. E, se o ser é uma substância ilusória, imediatamente, coloca-se a questão quanto à materialidade do corpo. Trata-se então de uma noção de gênero que coloca de início uma pergunta sobre o sujeito e sobre o corpo. Essas questões na obra de Butler são anteriores a Problemas de gênero; tangenciam as discussões sobre essencialismo versus construtivismo e entram do debate sobre a relação entre sexo e gênero.

Em *Problemas de gênero*, Butler afirma que não existe um "sexo natural". Sexo e gênero seriam uma única e mesma coisa. A opção por manter o termo "gênero" é para realçar sua recusa de que a biologia seja o destino, isto é, que seja o determinante dos modos de ser

8. Em *Cuerpos que importan* ela passa a usar a expressão "hegemonia heterossexual" no lugar de "matriz heterossexual", argumentando que esta segunda expressão favorece a ideia de se tratar de uma simbólica totalizante, enquanto a primeira permite pensar numa abertura para uma rearticulação.

9. Essa frase foi dita ela em uma entrevista a Osborne e Segal, em 1994, depois de haver publicado, além de *Problemas de gênero*, também *Cuerpos que importan*.

do gênero, limitando-os ao binarismo clássico. No entanto, Butler igualmente recusa a ideia de um gênero como construção cultural, porque não se pode definir o mecanismo pelo qual o gênero se constrói. Enquanto algumas feministas discutem acerca da validade da teoria freudiana de Édipo para compreender a aquisição de gênero, Butler quer investigar se existiria uma forma de determinismo social na construção de gênero. Ou ainda, se existiriam leis que regulam as diferenças de gênero segundo eixos universais de diferença sexual. Como falar em construção de gênero sem assumir um construtor prévio, tanto no sentido lógico como ontológico? Butler quer evitar chegar à ideia de que, no lugar da biologia, a cultura determina o destino; e quer igualmente recusar a noção de um agente construtor, de um voluntarismo na construção do gênero como condição lógica para que exista um gênero que não seja determinado pela biologia. Se existem gêneros não inteligíveis, não é por determinação de um sujeito que escolhe o gênero.

Os leitores de *Problemas de gênero* consideraram que Butler teria banido o "sexo" e ignorado ou negado a materialidade do corpo, dando lugar exclusivo ao "gênero", sendo este performativo. Ela reconhece que se livrou de modo muito rápido do "sexo" e, em *Cuerpos que importan*, propõe-se a recuperar a materialidade do corpo através da pergunta de como o sexo é construído enquanto norma. São as normas reguladoras, através de sua repetição, que materializam o "sexo" afirma Butler, assim como materializam o corpo em função de outras exigências normativas.

O corpo sofreria um processo de materialização pelo discurso. O discurso produz tanto a materialidade do corpo como o gênero, mas a reiteração é necessária porque a materialização nunca é completa. Além disso, o corpo não aceita totalmente aquilo que lhe é imposto; ele repete as normas reguladoras de "sexo" e é na repetição que os fenômenos do corpo, do gênero e do sexo se instalam, mas é igualmente através dela que uma transformação pode ocorrer. Da mesma forma que, em relação ao gênero, Butler encontra a brecha para a transformação ou ressignificação:

> Os corpos nunca acatam inteiramente as normas mediante as quais se impõe sua materialização [...] são as possibilidades de re-materialização abertas por este processo as que marcam um espaço no qual a força da lei reguladora pode voltar-se contra si mesma e produzir articulações que coloquem em tela de juízo a força hegemônica destas mesmas leis reguladoras. (BUTLER, 1993, p. 18)[10]

Mas, o que é afinal o corpo? Um corpo materializado pelo discurso é um corpo construído? A construção é um processo temporal que ocorre através da reiteração de normas. Abrem-se brechas para construções que escapam à norma, aquilo que não pode definir-se ou fixar-se completamente mediante o trabalho repetitivo da norma. Em relação à teoria da construção social, Butler se posiciona: nem tudo é construído. Mas, como falar do que não é construído?

Comentando o conceito de sexo em *Cuerpos que importan*, a autora aponta o que parece ser um paradoxo da construção social radical em relação ao sexo. Como essa teoria não pode postular o sexo como algo dado sobre o qual se atua (sobre o qual se constrói o gênero), uma vez que o "sexo" como um dado biológico já seria uma construção do discurso (por exemplo, o da biologia), termina por supor o sexo como o "não construído" (nesse caso, "sexo" não pode ser considerado como referência para construção de gênero). Se ele é uma ficção, uma construção (quando se diz qualquer coisa acerca dele), o gênero não está pressupondo um sexo sobre o qual atua (o que seria o construtivismo simples), mas está produzindo um sexo erroneamente denominado "pré-discursivo". Nos deparamos com o conceito de que tudo é linguagem, ideia que receberá imediatamente a pergunta quanto ao que acontece com o corpo (BUTLER, 1993, p.23). Haveria, então, uma recusa de que existam partes e capacidades sexualmente

10. Marcel Mauss já admitira, em 1936, a possibilidade de o corpo não acatar inteira mente as normas de materialização, mas sua perspectiva era a de uma anormalidade no aprendizado ou na reprodução das técnicas corporais. Butler, no lugar de anormalidades, aponta para o diferente, "rearticulações" que questionam a força hegemônica das próprias normas.

diferenciadas, diferenças hormonais e cromossômicas que podem ser admitidas sem referência à ideia de uma construção social? Butler tem uma resposta que parece ser definitiva: "admitir" o caráter inegável do "sexo" ou sua "materialidade" sempre é admitir certa versão do "sexo", certa formação de "materialidade". O discurso não funda o corpo, mas não há qualquer referência a um corpo puro que não seja ao mesmo tempo uma "formação adicional a este corpo", algum tipo de construção que, ao falar sobre", acrescenta algo a este "sexo", seja lá o que ele for"[11]. Mais tarde, em *Undoing Gender*, Butler comenta que toda vez que começa a falar de corpo termina por falar de linguagem. "O corpo não é redutível à linguagem", diz Butler, mas ela acrescenta, "A linguagem emerge do corpo. O corpo é aquilo em cima do qual a linguagem gaúcha, balbucia. O corpo tem seus próprios sinais, seus próprios significantes, de um modo que permanecem em boa parte inconscientes"(BUTLER, 2004, p. 198).

> Há sempre uma dimensão corporal que não pode ser totalmente representada, mesmo se ela funciona como a condição da linguagem e, ao mesmo tempo, a condição que ativa a linguagem[...] Nós dizemos coisas, e queremos dizer algo através do que dizemos, mas também fazemos algo com nossa fala, e o que fazemos, como agimos sobre o outro com nossa linguagem, não é o mesmo que o significado que nós conscientemente transmitimos. É nesse sentido que as significações do corpo excedem as intenções do sujeito. (Ibid. p. 199)

O corpo excede as intenções do sujeito. Aí está a raiz para compreender as possibilidades de transformação dos mandatos de gênero e das normas de produção de corpos-homens e corpos-mulheres. O corpo não acata completamente as normas que impõem sua materialização; nesse sentido, ele resiste tanto às intenções do sujeito como às normas sociais. Butler finalmente parece ter descoberto a pulsão. Admite que, até certo ponto,

11. Uma posição moderada que admite que há partes do sexo que são construídas e outras não, não escapa à crítica de que este "não construído" e demarcado pela construção, ou seja, é limitado em função de uma prática significante que diz o que é e o que não é construído. Sempre se recorta algo para "ser" o corpo. Não há como se livrar da linguagem.

"somos dirigidos por aquilo que não conhecemos e não podemos conhecer esta pulsão (TRIEB) é precisamente o que não se reduz à biologia e nem à cultura, mas sempre ao lugar de sua densa convergência." (BUTLER, 2004, p. 15).

Butler abre espaço para a transformação individual e, consequentemente social, quando diz que as normas não exercem um controle definitivo, ao menos não sempre. A psicanálise é invocada como uma teoria que mostra de que maneira a sexualidade falha em se conformar às normas sociais pelas quais é regulada. A sexualidade se caracteriza pelo deslocamento, excede a regulação, mas tampouco se pode dizer que ela é livre e selvagem. Emerge como possibilidade improvisada dentro de um campo de constrições. Mesmo citando a psicanálise, Butler se refere à concepção de sexualidade presente na *Fenomenologia da percepção* de Merleau-Ponty, destacando agora outro aspecto:

> Num certo sentido a sexualidade nos estabelece como fora de nós mesmos; somos motivados por um alhures cujo significado total e cujo propósito não podemos definitivamente estabelecer. (Ibid.).

Após essa longa explanação da teoria de gênero em Judith Butler, caberia perguntar se ela contribui ou não para a compreensão da histeria. Sem dúvida, imediatamente coloca-se uma nova pergunta sobre aquilo que hoje se define como histeria, haja visto que sua permanência no quadro de doenças mentais já é há muito questionada, sendo também frequente encontrarmos o questionamento de que, por não ser uma doença como as outras, talvez nem mereça ser considerada de fato como uma doença. Mas considerando que Butler dialoga com a psicanálise e não com a psiquiatria, podemos nos ater ao primeiro caso e tentar fazer o conceito de gênero trabalhar.

O primeiro ponto a ser levantado é o de que Butler não parte de uma situação clínica, de uma demanda de tratamento e cura de um sintoma ou de uma doença. O solo para a construção de sua teoria não é a psicopatologia, embora haja a preocupação com o sofrimento humano. Como filosofia, reflete sobre a constituição do sujeito; como feminista, aborda o campo da identidade e dos direitos humanos e como teórica de gênero, põe em questão a sexualidade e o sofrimento. A psicopatologia propriamente aparece em Butler, por exemplo, quando ela critica o diagnóstico de psicose para os transexuais, destacando inclusive o efeito social prejudicial que esse termo provoca nos indivíduos assim caracterizados. Uma segunda menção à psicopatologia se refere à ideia de uma melancolia de gênero. Haveria uma espécie de melancolia na cultura, na medida em que a homossexualidade é a paixão que não se pode viver e o sofrimento do qual não se pode padecer. A impossibilidade de um luto seria um efeito da negação inconsciente da perda e, desse modo, a proibição de sofrer. Essas perdas não seriam reconhecidas e nem percebidas como sofrimento. Butler se refere a operações psíquicas e sociais de poder na esfera da sexualidade, assentadas no tabu da homossexualidade, que considera tão crucial quanto o tabu do incesto na formação do sujeito.

Mas, se a histeria como doença não entra no quadro das discussões butlerianas, por outro lado, ela surge de modo fragmentado e oculto (diria um psicanalista) quando Butler faz a crítica de conceitos psicanalíticos fundamentais para a compreensão da doença, como "falo", complexo de Édipo e diferença sexual. Se na psicanálise a categoria de sexualidade é central e está ligada ao complexo de Édipo e se, particularmente na histeria damos destaque à fase fálica, o que acontece se todos esses conceitos são descartados? Ao desconstruir o gênero e ao desfazer a distinção entre sexo e gênero, Butler põe a anatomia de escanteio, embora a psicanálise de certa forma já o tenha feito. O que a psicanálise não fez, seguindo o raciocínio de Butler, é colocar de lado a diferença sexual que, ainda que não seja baseada em diferenças anatômicas, sustenta uma divisão entre homem e mulher que, por sua vez, mantém um binarismo que exclui socialmente e politicamente os transgêneros e reforça as relações de poder existentes entre homens e mulheres, com prejuízo para estas últimas. Enquanto sexo ou gênero forem o fator de diferenciação dos seres humanos, segundo Butler, haverá sempre desigualdade relativa aos direitos dos indivíduos, assim como, haverá a produção de seres considerados menos humanos ou humanos de menor valor em função de suas práticas sexuais ou, até mesmo, de sua ininteligibilidade de gênero.

Butler resgata na psicanálise, por um lado, a teoria das pulsões de Jean Laplanche e, por outro, a teoria das relações objetais, de Jessica Benjamin. Busca encontrar na psicanálise uma maneira de deslocar a ênfase dada à sexualidade, pois esta sempre engendra normatizações[12]. Dessa maneira, Butler parece querer escapar à discussão sobre as diferenças estruturais, cara à psicanálise lacaniana, que produz histerias, perversos, psicóticos, ou ainda, que produz homens e mulheres.

Sabemos que, historicamente, a histeria quase sempre foi associada à mulher ou ao feminino. Embora se fale de histeria masculina, trata-se de construir a ponte entre o homem histérico e aquilo que a mulher nos proporcionou sobre o conhecimento da histeria, assim como, igualmente, trata-se de entender as manifestações da histeria no corpo da mulher. Se olharmos para essa questão a partir de Butler, entenderemos que não existe um agente – não há mulher por trás do feminino. O feminino é uma produção com base na repetição imposta, mas que falha, gerando algo que escapará tanto ao feminino quanto ao masculino. Enfim, chega-se ao ponto de que o ser humano somente deveria ser considerado em sua singularidade. Butler nos ajuda a compreender nossa necessidade de impor condições e exigências aos seres humanos; dessa maneira, o feminino só poderá ser pensado como categoria social, mas não universal. Como falar de

12. Ao usar a teoria das pulsões de Laplanche, o interesse de Butler é mostrar como se instala no sujeito algo que se torna responsável pela sua incoerência de gênero, por aquilo que lhe revela enquanto sujeito, mas que escapa a qualquer possibilidade de ser reduzido em termos da expectativa de coerência por parte da sociedade.

histeria e, consequentemente, de mulheres, se é a própria noção de identidade que está sendo questionada? Diante da afirmação da psicanálise de que a histeria tem como questão fundamental a indagação inconsciente "*Eu sou um homem ou sou uma mulher?*", ou "*O que é ser uma mulher?*", Butler responderia o mesmo que disse às feministas, quando perguntou de qual mulher, afinal, estamos falando?

O que a psicanálise pode aproveitar de Butler é a ideia de refletir sobre as determinações sociais da histeria. Pode traçar os seus contornos dentro de uma história da sociedade e de uma história das relações entre os homens e as mulheres, considerando questões de poder, questões econômicas, de propriedade e de necessidade de reprodução. Deve igualmente levar em conta as explicações religiosas e seus efeitos sobre os corpos. Butler aponta para a compreensão de como o social é construído levando-se em conta determinadas interpretações acerca do corpo. E seguindo esse raciocínio, as patologias seriam então sociais e culturais? Poderíamos prescindir da diferença sexual para a psicopatologia, deixando de lado os pontos de vista biológico e de gênero?

A recusa em aderir a uma psicanálise estrutural reforça a opção em se pensar em uma psicanálise para além do Édipo. Butler, no entanto, não chegou a se posicionar explicitamente sobre um Lacan mais tardio.

Ainda uma última consideração: há que se tomar cuidado ao querer ver na teoria de gênero de Butler algum tipo de defesa da atitude histérica, argumento daqueles que sustentam uma definição de histeria que considera ser próprio do sujeito histérico se debater com a incerteza sobre seu próprio sexo. Interrogar as normas sociais, demandar reconhecimento de uma determinada identidade de gênero às autoridades (principalmente médicas e jurídicas) seria próprio da histeria? Acreditar que o corpo e a sexualidade não se indexam à binariedade das identidades de gênero, isso também seria próprio de uma atitude histérica?

Mas, por que a necessidade de patologizar manifestações de indeterminação, perguntaria Butler? Se entendermos que as determinações são sempre imposições sociais baseadas em interpretações, qualquer forma de questionamento será compreendida como histérica para, em seguida, ser desqualificada. Esse é o perigo que Butler denuncia.

Ao sustentarmos um diagnóstico de histeria, tenhamos em mente a importância de revelar as construções de gênero que nos fazem ter uma determinada concepção de homem e de mulher; a expectativa de coerência entre anatomia, identidade de gênero, desejo e prática sexual que norteiam nosso diagnóstico e a hierarquia de gênero que regula nosso entendimento de relacionamento (aqui a relação entre o médico e a histérica ilustra bem a questão de poder envolvida nessa relação).

Se Butler pode, então, contribuir em algo para a histeria, é na medida em que faz a psicanálise ir atrás de seus limites, desconstruir seus preconceitos, analisar historicamente e socialmente suas categorias como única forma de permanecer revolucionária.

REFERÊNCIAS BIBLIOGRÁFICAS

BUTLER, J. (1990). *Problemas de gênero: feminismo e subversão de identidade.Rio de Janeiro.* Civilização Brasileira, 2003.

____. (1993) *Cuerpos que importan*, Buenos Aires, Paidós, 2002.

____. *Giving na Account of Oneself.* Fordham University Press, EUA, 2005.

____. *Undoing gender*. New York and London: Routledge, 2004.

DERRIDA, J. *Signature, event, context.* In: GRAFF, G. (Comp.). Limited, Inc. Evanston: Northwestern University Press, 1988, p. 18.

MAUSS, M. (1936). *Sociologia y Antropologia.* Madrid: Editorial Tecnos, 1971.

OSBORNE, P.; SEGAL, L. *Gender as Performance*:. interview with Judith Butler. Radical Philosophy, [S. 1.), n. 67, p. 32-39, Summer, 1994.

PORCHAT, P. *Gênero, Psicanálise e Judith Butler: do transexualismo à política.*Tese (Doutorado em Psicologia) – Programa de Pós-Graduação em Psicologia Clínica, Universidade de São Paulo, São Paulo, 2007.

____. *Conversando sobre psicanálise*: entrevista com Judith Butler. Estudos feministas, Florianópolis, v. 18, p. 161-170, UFSC, 2010.

Ler, escrever e inscrever a histeria: os novos nomes, os novos sintomas e a velha neurose

Júlia Catani

A histeria é uma neurose de combate
na guerra dos sexos.

Judith Herman (1992)

Já foi dito sobre os livros, que eles mudam ao longo do tempo, ainda quando permanecem os mesmos. Inalterados, mudam ao se oferecerem idênticos a leituras e leitores que são diferentes, em espaços diferentes. O que se sustentará aqui é que, em relação à histeria, temos em nossos dias produzido novas definições e nomenclaturas para o fenômeno, conservado, em muitos sentidos, o cerne da definição freudiana para o sofrimento psíquico que, ao não poder ser dito, exprime-se no corpo e assume diversas configurações associadas às condições histórico-sociais. Poderíamos talvez dizer que as novas definições mudam ao serem conservadas e o velho fenômeno resiste, mesmo quando muda. Queremos contribuir para um entendimento possível acerca do que tem mudado e do que tem permanecido em meio às novas manifestações da histeria nos cenários socioculturais contemporâneos.

Dois movimentos constroem o texto: um é o recurso da apresentação de um caso clínico, tendo por referência textos clássicos de análise da histeria, bem como, dados das manifestações desse tipo de atuação psíquica; outro é a mobilização dos referentes centrais da questão no quadro dos embates atuais entre os saberes de origem médica e o reconhecimento, cada vez mais frequente, da necessidade/fertilidade da escuta psicanalítica.

Para dar conta desses movimentos desdobrou-se a análise em três questões que nomeiam as diferentes partes. Ler a histeria remete ao problema dos diagnósticos e das formas pelas quais o sofrimento e os sintomas instalados nos corpos permitem, ou justificam, a sua identificação. Escrever a histeria foi a maneira que se encontrou para se referir às operações que, no campo científico da psiquiatria e da psicanálise, elaboram teorias, definições e saberes da histeria. No primeiro caso (ler) fala-se das práticas de observação dos pacientes, no segundo (escrever) fala-se dos conhecimentos produzidos acerca da categoria explicativa da histeria. Inscrever a histeria acena para as diversas questões contemporâneas das nomenclaturas e dos territórios disciplinares. Acena também para a localização e deslocamento dos sintomas e representações acerca do sofrimento nos corpos dos sujeitos. Os novos nomes do fenômeno instauram-se em espaços que se fazem interdisciplinares, criando novas exigências de trabalho, intervenção e saberes.

OS OLHOS DA FIRMA

L., com dois casamentos em sua história de vida, pouco mais de 50 anos, possui dois filhos adultos e na época em que eram realizados os tratamentos estava vivendo um novo relacionamento. Afirmava que seus outros relacionamentos terminaram com a traição realizada por seus companheiros. Na época em que recebeu atendimento no ambulatório de um hospital psiquiátrico, chegou a este por um encaminhamento da clínica oftalmológica que havia diagnosticado sua doença como blefaroespasmos – o que corresponde a um descontrole no piscar que não permite manter os olhos abertos. Apesar de tais manifestações, os médicos não compreendiam anatomicamente o motivo que justificaria este quadro e sugeriram acompanhamento psicológico. Os sintomas tiveram início pouco depois que assumiu um cargo de chefia em seu trabalho; seus patrões lhe confiavam muitas coisas e nas palavras deles: "Você (L.) é os olhos da firma", fato que não agradava seus colegas de trabalho. L. tinha que fazer reuniões a cada 15 dias e apresentava muito estresse frente aos desentendimentos vividos no ambiente empresarial; concomitantemente a isso, o seu relacionamento não estava bem e havia desconfiança de traição, pois o parceiro tinha "fama de sair com outras pessoas mesmo estando envolvido num relacionamento sério". Assim que os sintomas nos olhos de L. começaram, houve uma necessidade de afastamento do trabalho e intensificação de cuidados médicos. Com isto, passou a ter a companhia e a dedicação de seu cônjuge; relata que este "não tinha mais tempo para se envolver com ninguém", o que gerava em L. sentimentos de segurança e estabilidade. Como estratégia de tratamento médico a equipe hospitalar realizava, uma vez por mês, a aplicação de botox para endurecer a região dos olhos e diminuir o número de vezes que L. piscava. Apesar da dificuldade de enxergar, o que mais gostava de fazer, conforme dizia, era passear para olhar "as coisas supérfluas do mundo".

LER A HISTERIA

O presente caso diz respeito a alguém que recebeu atendimento em um hospital terciário, mas, especificamente, em um ambulatório que cuida de pacientes dos quais os sintomas não possuem causa orgânica conhecida. Trata-se de um Ambulatório de Transtornos Somatoformes (Soma, do Instituto de Psiquiatria do Hospital das Clínicas da Faculdade de Medicina da Universidade de São Paulo -Ipq-HCFMUSP). A experiência de atender pacientes neste local revela, muitas vezes para nossa surpresa e admiração, que a histeria, assim como era vista no Hospital da Salpêtrière, no final do século XIX, talvez tenha mudado pouco quanto às suas manifestações no corpo.

Vemos doenças não explicadas totalmente manifestarem-se de forma semelhante à de outrora; o que sofre mudanças é o mecanismo que inclui a cultura, ou seja, a época e o contexto, razão pela qual a expressão clínica torna-se sempre única e temporal.

Sabe-se que, na época de Freud, os sintomas referentes à histeria eram de maneira geral caracterizados por paralisias, convulsões, espasmos e anestesias (BURSZTYN, 2011). Essas informações nos permitem aproximar, comparativamente, os pacientes descritos por Freud, tais como Anna Ö, Emmy Von N., Elisabeth Von R., Lucy R., August P., aos dos dias de hoje. Talvez, possamos reconhecer no caso de Rodrigo, do mesmo ambulatório (Soma), homem que perdeu o movimento das pernas e passou a necessitar de cadeiras de rodas após o nascimento de seu filho[13]. Rodrigo, sem dúvida apresenta em sua história semelhanças com o paciente August (FREUD, 1886) que desenvolveu uma hemianestesia – perda de sensibilidade de um dos lados do corpo – após um sério desentendimento com o seu irmão. Tais similaridades entre ambos não se restringem apenas aos sintomas, mas estendem-se à idade em que tiveram essas manifestações e ao comportamento violento da figura paterna. Também é expressivo das aproximações com os casos dos pacientes de Freud a história de uma mulher, recentemente atendida no mesmo serviço, que passou a apresentar os sintomas de paralisia das mãos ao se lembrar de momentos em que ela e sua prima faziam brincadeiras sexuais uma com a outra, ou o relato da paciente que já na cadeira de rodas se viu impossibilitada de falar após uma enfermeira duvidar de seus sintomas. Estes exemplos, mesmo que mencionados brevemente, nos permitem observar que recorrer ao corpo continua sendo algo privilegiado pelos pacientes histéricos, ainda que os motivos e as configurações dessas ocorrências devam ser analisados conforme o sujeito e as suas condições históricas. No caso aqui descrito, a paciente chegou ao serviço ambulatorial após

13. Uma análise detida do caso encontra-se em um texto inédito, "*A Histeria como Desafio do Saber Clinico*" e aos "*Parâmetros de Gênero*", de autoria de Ambra, Castro, Catani, Conceição, Moreira, Porchat, Rocha e Silva Jr. publicado em 2014

a constatação médica da inexistência de problemas orgânicos que pudessem relacionar-se aos seus sintomas. Assim, começou a ser atendida no setor por uma equipe multidisciplinar e a receber acompanhamento psicológico. Cabe assinalar que se, de um lado, o fato de os médicos recomendarem a psicoterapia indica o reconhecimento da necessidade de escuta, de outro lado, o procedimento os libera de casos para os quais os seus saberes acerca do corpo parecem não dar solução. Observe-se que para Ávila (2004, p. 35) os transtornos somatoformes são "a expressão moderna das antigas descrições dos sintomas histéricos, [...] a materialização do atual 'desconhecimento' de seus permanentes enigmas".

A histeria, na atualidade, não possui a mesma denotação psicopatológica encontrada nos primeiros trabalhos psicanalíticos e resenhas médicas. Ainda assim, a consideração de suas dimensões corporais é incontornável. O texto de 1895, "*Estudos sobre a histeria*", não caiu em desuso, muito embora Freud (ainda nesta época influenciado pelas teorias de Breuer e Janet) tivesse outro tipo de concepção do sujeito, na qual este seria capaz de afastar as ideias desagradáveis da consciência, o que seria um ato voluntário. O conflito vivido era compreendido como sendo uma contingencia. No que diz respeito às manifestações clínicas ou à composição de seus mecanismos psíquicos, o estatuto etiológico da histeria como elemento central, para a psicanálise, continua sendo o afeto sexual recalcado. As palavras de Coppedê e Dunker (2011, p.243) ao caracterizar a histeria indicam que "as paralisias, espasmos etc., pertencem ao registro da conversão simbólica. A lesão não recai sobre o real do corpo, mas sobre o corpo simbólico, isto é, o corpo pulsional, que é um corpo de discurso sustentado pela palavra". No entanto, o que se observa é que os sintomas marcadamente físicos na contemporaneidade aparecem, por vezes, minimizados. É verdade que ainda se encontram pacientes com paralisias ou as chamadas "consciências duplas", mas com menor frequência. Assim, afirmar que tais sintomas desapareceram como por vezes é possível escutar de enfermeiros, neurologistas, psiquiatras e psicólogos

– é, talvez, cometer um equívoco, pois ainda é possível observar histéricos em instituições psiquiátricas, clínicas de reabilitação e consultórios particulares.

Até meados da década de 1960, a histeria era considerada pela psiquiatria como sofrimento mental; hoje, apesar de não constar mais nos manuais diagnósticos como categoria, ainda é mencionada de outras maneiras. Os pacientes que apresentam sintomas histéricos continuam frequentando clínicas e hospitais, mas os nomes que os classifica podem ser localizados entre pseudoepilépticos, transtornos somatoformes, borderlines, transtornos de ansiedade, personalidade histriônica, entre outros (ALONSO; FUKS, 2004). Em quaisquer dessas hipóteses dos novos nomes, pode-se dizer que os médicos não chegam a identificar comprometimentos orgânicos que causem os sofrimentos como em outras patologias que costumam tratar. O discurso de residentes em psiquiatria e psiquiatras recém-graduados, por exemplo, evidencia suas dificuldades em atender pacientes que não precisam de medicação. Escutam-se, de médicos residentes, palavras tais como "mas para que é necessário atender, então?"; ou ainda "pensei que atenderíamos apenas pacientes que necessitassem de tratamento medicamentoso". Estes questionamentos retratam a ênfase que é dada, na formação destes jovens psiquiatras, à crença de que a psiquiatria pode contribuir apenas com intervenções farmacológicas, o que sabemos que para os pacientes histéricos, frequentemente, é insuficiente.

Pode ser observado na prática de pacientes, hoje nomeados pela psiquiatria como diagnóstico de Transtornos Somatoformes, que, de modo semelhante aos pacientes histéricos de outrora, mobilizam uma grande parte dos profissionais responsáveis por este público. Dentre as possíveis explicações para as dificuldades enfrentadas pela equipe estariam a resistência dos pacientes em abrir mão de seus sintomas e em aderirem ao tratamento; os ganhos obtidos por estes frente ao seu adoecimento, sendo eles, o auxílio-doença, a atenção dos familiares e cônjuges e a diminuição do conflito familiar. Mas a dificuldade dos médicos concentra-se, principalmente, no fato destas pessoas identificadas mediante testes diagnósticos alegarem que o tratamento oferecido não é suficiente ou inadequado para elas. Inúmeras vezes demandam encaminhamentos para outras especialidades, que possam descobrir o que se passa com elas, já que não aceitam que os seus sintomas sejam essencialmente de cunho psicológico e costumam queixar-se muito dos médicos, terapeutas, enfermeiros e da equipe de saúde, de modo geral, despertando, por vezes, sentimentos de hostilidade. Na tentativa de superar esses sentimentos hostis contra seus pacientes, os profissionais intensificam a busca das causas físicas. Ainda assim, e pelo que se sabe, a busca é insuficiente.

> O ensinamento da história é o ensino pela reflexão, pela crítica. Nunca existirá um "tratado da histeria", pois a histérica criaria sempre o imprevisto, o desconhecido, demonstrando que ele estaria sempre incompleto. Por isso, torna-se inevitável um confronto entre a histérica e o médico, confronto entre o ensino da histeria e o saber da medicina. (ISRAËL, 1976, p. 1)

Para Berlinck (1997), um dos motivos possíveis para o desaparecimento do termo "histeria" dos manuais psiquiátricos estaria no fato de que atualmente a atenção dos médicos concentra-se muito mais em prescrever as medicações ou escrever no prontuário o relato do atendimento do que na escuta dos pacientes e de suas queixas que, na realidade, estão muito além dos sintomas. Segundo o autor, os profissionais atualmente se percebem cada vez menos preparados ao término do curso e ao entrarem em contato com estes pacientes, geralmente, no primeiro ano de residência, lidando com este tipo de caso que não é objeto de ensino nas aulas de anatomia, fisiologia, farmacologia ou outras disciplinas que compõem a formação médica. A relação com pacientes histéricos exige poder suportar a cena transferencial aí implicada, com seus intensos e contraditórios sentimentos de amor e ódio. As palavras do autor remetem, assim, à constatação da insuficiência da informação e da ausência de análises que permitam o confronto com o não saber e com os limites dos conhecimentos adquiridos.

Observa-se dessa maneira que a histeria é um caso extremamente desafiador para os que de algum modo pensam que "o problema está no corpo, logo, deve ser resolvido pelo médico".

Vale lembrar Maurano (2010) que diz que a histeria consiste em uma forma subjetiva do indivíduo conseguir expressar-se e clamar por um modo de satisfação e um lugar subjetivo nas inter-relações e na sociedade. A necessidade de recorrer ao corpo para exprimir o sofrimento, hoje, em um momento no qual o espaço de acolhimento das demandas psíquicas encontra-se cada vez mais restrito, provavelmente faz com que os histéricos tenham que manifestar os seus sintomas de modo ainda mais intenso para que possam ser ouvidos por mais tempo, uma vez que os atendimentos em instituições públicas demoram muito para serem realizados chegando até a levar meses) e as consultas têm curta duração. Esses elementos não podem ser deixados de lado quando se analisa a posição dos profissionais e suas reações.

Pelo que foi dito até o momento, ler a histeria é uma operação que desafia a medicina. Seu expurgo como classificação não atenua a questão: as hipóteses de categorias que a substituem esbarram sempre no limite da inexistência da causalidade orgânica. Contesta-se assim o saber médico. A delegação dos casos aos psicólogos e psicanalistas, no quadro das instituições hospitalares, faz-se como iniciativa das equipes multidisciplinares, mas atesta também um modo peculiar de ler o sofrimento e os sintomas; é na prática, quase como se tivessem se esgotado todos os recursos médicos e a escuta psicoterápica fosse então o que restou. O caso de L., tal como aqui se analisa, foi lido da forma descrita e essa leitura que a destinou ao setor dos Transtornos Somatoformes e ao acompanhamento psicoterápico.

ESCREVER A HISTERIA

Se ler a histeria é a base para atribuir a alguém essa patologia de tons/nomes cambiantes, e no caso médico desencadeia o diagnóstico, escrever a histeria pode ser reconhecido nas diversas maneiras pelas quais desde muito tempo se tem procurado construir compreensões desses processos. Podemos conhecer o escrever a histeria nos textos de Freud, Lacan ou dos contemporâneos em um trabalho de assinalar o que está comprometido no sujeito, nesse tipo de sofrimento. Do que sofre o histérico? E o que parece ser, há muito tempo, o que a escrita da histeria busca responder. Que seja o corpo a sede aparente do sofrer, que seja o inconsciente em luta para expressar-se ou um corpo imaginado que se impõe ao outro, em diversas formas de escrever a histeria encontramos linhas de continuidade que, por vezes, se esgarçam na prática do diagnóstico lançando os profissionais ao desalento. Assim, foram aqui incluídas algumas das explicações já formuladas para poder recorrer à sua força na tentativa de analisar o caso L.

A dinâmica de um sintoma histérico se evidencia e se ancora no contexto histórico e cultural no qual se apresenta e, portanto, eventuais mudanças ou adaptações ocorrem em função de determinado período do qual se refere, uma vez que cada época traz consigo particularidades culturais, tecnológicas, científicas, morais e éticas. As demandas da época e da sociedade fornecem o colorido das manifestações sintomáticas. Pensar na histeria como sendo uma patologia contemporânea, obriga a uma reflexão inclusive acerca da manifestação dos sintomas, sejam eles conversivos ou não. Se antes a sociedade dizia aos homens e às mulheres quais eram os seus papéis e o que eles deveriam fazer, hoje isto não é tão explícito e a forma como os sintomas histéricos são expressos no próprio corpo, as relações com o sofrimento e com o saber também acabam por serem reformuladas.

Os histéricos contemporâneos, em grande número de casos, fazem pleno uso de seu corpo e de suas habilidades físicas. O uso do corpo como objeto demonstra, nestas situações, que o sujeito, ainda, se apresenta com sintomas físicos, todavia avançando nos conceitos de quantidade e qualidade da excitação estritamente freudiana, e pensa-se atualmente que os sintomas não ocorram exata ou exclusivamente por vias conversivas. A busca pela forma corporal perfeita atrai tanto mulheres como homens, a constatação permite pensar a existência da histeria em ambos os gêneros e afirmar a possibilidade destes sujeitos posicionarem-se enquanto objeto de desejo e de observação do outro. A busca, quase insistente, pode ser tomada como histérica na medida em que o funcionamento psíquico desta incessante procura se (in)satisfaz no encontro com o outro. A concepção de um sofrimento psíquico que se transforma em doença e se aproveita de uma determinada "fraqueza" do sujeito para se apresentar e se instalar, mantém-se na atualidade. Um exemplo pode ser dado pelos blefaroespasmos no caso aventado.

A desordem física encontrada atualmente parece se localizar na ordem do ideal, do imaginário, ou seja, está ancorada nos processos identificatórios que se deslocam, de forma particular a cada paciente ou sujeito, em manifestações patológicas físicas ou em doenças psicogênicas. O vigoréxico deseja os músculos de outro homem; a anorexia a magreza de outra mulher, bem como a posição masculina do "chefe de família" ou a posição feminina da mulher que a todos seduz (ALONSO, FUKS, 2004; ISRAËL, 1976). Vale apontar que, embora a histeria feminina seja a mais mencionada e discutida até os dias atuais, sabe-se que tal manifestação, desde os tempos de Freud, pode ser identificada também no sexo masculino. Um exemplo disso é mencionado em 1886 no texto intitulado "Observação de um caso grave de hemianestesia em um homem histérico", em que se chama a atenção para estes tipos de sintomas referindo-se, tal como Charcot, aos estigmas histéricos e afirmando:

> Na medida do que me permite o material clínico de que disponho (apresentarei) perante os senhores um homem histérico que mostra o sintoma da hérnia anestesia, num grau que poderia se descrever como o mais elevado. Antes de começar minha demonstração, quero apenas observar que estou longe de pensar que o que lhe estou mostrando é um caso raro ou peculiar. Pelo contrário, considero-o um caso muito comum de ocorrência frequente, embora amiúde possa passar desapercebido. (CHARCOT, p. 51)

Segundo revisão bibliográfica da produção dos últimos 15 anos sobre a somatização em populações de origem latino-americana, os resultados confirmam a dificuldade de categorizar os quadros com sintomas sem explicação médica (TOFOLI et al., 2011). Os autores discutem que pode haver um "traço somatizador" nas culturas latinas em decorrência da expressão cultural e linguística. Os sintomas sem explicação médica são frequentes e estão associados ao sofrimento mental em vários contextos. Estes quadros incluem a maioria dos transtornos somatoformes, um grupo conhecido pela presença de sintomas físicos que sugerem uma condição médica geral, contudo, não são completamente explicados e frequentemente geram nos pacientes fortes incapacitações em diversas áreas e, com isso, promovem altos custos para os cofres públicos que arcam com estes tratamentos, além de afastamentos do trabalho, tal como aconteceu no caso mencionado anteriormente, da paciente L.

Existe uma alta prevalência de somatização em território latino-americano quando comparado à população mundial; tais índices podem sugerir que as diferenças culturais, linguísticas e qualitativas interferem neste processo, portanto, mesmo que a medicina busque formas gerais e ateóricas de classificação, os contextos social e temporal são variáveis indissolúveis das manifestações sintomáticas no campo da saúde mental. A aproximação entre a compreensão psicanalítica e psiquiátrica dessas formas de sofrimentos pode ser uma via fértil que conduzirá a um maior entendimento dos problemas aí envolvidos.

Tófoli, juntamente com outros autores, (2011) demonstra que os fatores psicossociais ligados às diversas categorias e quadros de somatização possuem múltiplas causas e relações com a cultura. Os autores afirmam que a nova classificação internacional de transtornos mentais (a ser nomeada Classificação Internacional de Doenças CID-11) deve considerar o impacto destes aspectos; incorporá-los, por assim dizer, às novas escritas da histeria.

A propósito da identificação física dos sintomas vale destacar aqui um dado digno de nota acerca da relação entre a histeria e os comprometimentos dos órgãos da visão no século XIX:

> Marcos diagnósticos estáveis traziam em si o selo somático preciso do neurologista e eram estes os encontrados com maior frequência nos setores da Salpêtrière: 79% dos casos apresentavam estigmas localizados, 76%, anomalias visuais (em particular, estreitamento do campo da visão ou, às vezes, cegueira histérica), em contraste com apenas 12% cujo quadro de sintomas incluía o grande ataque. (APPIGNANESI, FORRESTER, 2010)

Observe-se que no caso de L., o recurso à expressão física do sofrimento valeu-se do mesmo órgão, no quadro do que hoje se nomeia como "somatização". A localização do sintoma físico no olho da paciente em questão é algo a ser compreendido na perspectiva de sua própria história. A ideia de que a associação entre ver e sofrer esteja originalmente relacionada ao evento traumático é algo que já foi explicado. O percurso que associa a questão "olhar, ver, sofrer" aparece, de maneira ilustrativa, explicado ao final do livro de Nasio (1991), que se propõe a identificar o problema da cegueira histérica nas teorias de Charcot, Janet, Freud e Lacan. Ao fazer isto, o autor nos permite compreender o percurso evolutivo, como ele mesmo nomeia, da cegueira histérica. Trata-se da escrita de Nasio. De algum modo, trata-se da reescrita da histeria em pontos assinalados do pensamento dos quatro estudiosos. Retomar aqui esse modo de escrever a questão pode dar elementos para pensar sobre L. Para Charcot, o sintoma era o resultado de um pensamento que se expressava no próprio corpo, fosse de modo positivo ou negativo. O evento traumático resultante no sintoma patogênico era provoca do pelo agente externo; para comprovar tal teoria Charcot se valia da hipnose. A hipótese de Janet partilhava das ideias de seus ante censores, ou seja, ele sustentava que quando algum pensamento experimentado é carregado de afeto produz-se uma alteração soma tica, entretanto, diferentemente de Charcot que supõe que o "eu"era forte o bastante para produzir pensamentos repetitivos sobre a hipótese de não enxergar e, a partir da repetição destas ideias, levar ao desencadeamento do sintoma – no caso, a impossibilidade de ver –, Janet julgou que era exatamente pela fragilidade do "eu" que ele passaria a apresentar a cegueira histérica, pois o "eu" não seria capaz de fazer tais articulações e restringiria estas experiências ao subconsciente. Assim, o sujeito deixaria de enxergar pela ausência de representação, diferentemente da concepção anterior, na qual a perda da visão dava-se pela ação da representação. Tais aspectos formulados por Janet poderiam ser entendidos como semelhantes aos de Freud, porém, a divergência entre estes autores consiste no fato de que para Freud a sexualidade era fator decisivo para a manifestação de tal sintoma. Para o fundador da psicanálise, o "eu" era ofuscado pelo conteúdo sexual, que por não ter condições de lidar com tais ideias as afastaria da consciência, mas frente a esta batalha o resultado seria a produção de uma cegueira. Segundo Nasio:

> Se compararmos a teoria freudiana da psicogênese do sintoma de conversão às duas outras teorias da Escola Francesa, estaremos na presença de três concepções bem distintas do "eu" histérico: o eu demasiadamente permeável de Charcot, o eu excessivamente fraco de Janet e o eu desesperado demais de Freud. (NASIO, 1991, p. 141)

Por fim, se chegarmos ao pensamento de Lacan, constataremos que ele se vale da teoria de Freud para transformar a compreensão do olhar que ocorre entre o eu e o outro; assim, tem-se um eu a procura da falha no outro na tentativa de denunciar o que este não possui, uma vez que o eu já foi castrado, ver no outro qual a sua impotência ou a sua potencialidade. Vale indicar, ainda que não se vá desenvolver neste momento uma análise específica com base em Lacan, que com o seu pensamento outras implicações se configuram para o exame das somatizações que incidem sobre a visão.

A propósito da questão da localização dos sintomas e da diferenciação entre o corpo da anatomia e o corpo da histeria, vale lembrar as formulações de Fernandes (2003, p. 110), que observa:

> Partindo da descoberta de que a fala afeta o corpo, Freud, ouvindo suas histéricas, salienta, na verdade, a ideia de um conflito inconsciente que remete a um desejo de ordem sexual. Se o corpo da histérica se afasta do corpo da anatomia, ele se aproxima, no entanto, de um corpo representado a partir de uma linguagem popular e não científica. Essa diferença, entre o corpo científico e o corpo popular, evidenciada de forma exemplar pelo fenômeno da conversão histérica, inaugura a distinção entre o corpo biológico e o corpo psicanalítico. Enquanto o corpo biológico obedece às leis da distribuição anatômica dos órgãos e dos sistemas funcionais, constituindo um todo em funcionamento, isto é, um organismo, o corpo psicanalítico obedece às leis do desejo inconsciente, constituindo um todo em funcionamento coerente com a história do sujeito. (FERNANDES, 2003, p. 110)

Na tentativa que se faz aqui de contribuir para a escrita da histeria a partir do caso de L., como objetivo de elaborar um entendimento de mudanças e permanências e dos sentidos destas, acompanha-se o que escreveram os outros. As observações acerca das especificidades do corpo psicanalítico, tal como indicado acima, sugerem a importância dos sintomas que associados à visão fazem ressoar a história e o sofrimento de L. Mostram as proximidades e os afastamentos de sua condição e do que dizem sobre seus sintomas com relação ao que já se pensou e escreveu acerca da histeria.

O texto *A concepção psicanalítica da perturbação psicogênica da visão* (1910) nos permite pensar o que pode ter acontecido no caso aqui analisado. Embora não tenha ocorrido uma cegueira de fato, tal como na clínica de Freud, há uma perturbação no órgão da visão. Freud discorre, no mesmo texto, sobre outras perturbações e também sobre a diferença entre ver e olhar. Fica claro que a vista se utiliza das funções que circundam o enxergar e perceber o que é visto. Um elemento importante referido por Freud diz respeito a uma alteração ou cegueira vivida no consciente. No nosso exemplo clínico vemos que há uma perturbação pela qual L. não consegue manter os olhos abertos por muito tempo, pois eles tendem a se fechar involuntariamente.

Freud ressalta que a emoção vivenciada neste tipo de órgão não é percebida pelo próprio sujeito; quanto a L., entre seus sintomas, ela se percebe com dificuldades para enxergar, no entanto, no plano inconsciente, a partir de uma concepção freudiana podemos reconhecer que ela conta com a possibilidade de visualizar o mundo sem qualquer impedimento. Isto é, embora exista um prejuízo da paciente em enxergar, uma vez que o seu órgão do sentido apresenta alteração, ela não se percebe desta maneira. Aliás, vale lembrar que uma das coisas de que L. gosta, segundo diz, é sair para "olhar as coisas supérfluas do mundo", sem notar que, em seu cotidiano, geralmente experimenta dificuldades em decorrência do problema nos olhos, dificuldades estas que acabaram por afastá-la do trabalho.

Ao recorrermos à formulação de Nasio (1991, p. 15), a análise feita aqui em "Os olhos da firma" pode ganhar força. O que está em questão para ele é a histeria como "o nome que damos ao laço e aos nós que o neurótico tece em sua relação com os outros a partir de sua fantasia". No caso de L., em sua fantasia, ela passa a desempenhar o papel de "vítima infeliz e constantemente insatisfeita" a requerer a companhia e os cuidados do outro. Entre aquela que foi incumbida de "olhar" ou "vigiar" os outros e aquela que não pode, não vê e não consegue, fica a figura da mulher que consegue a atenção do homem por ser o contrário do que desejou ser. Das limitações impostas pelo problema no olho – o sintoma do corpo que parece não resultar de causa orgânica – decorre a necessidade do cuidado. Nasio "refere-se também a um sofrimento somático que depende de uma anatomia fantasística" (p. 14) que age sem o conhecimento do paciente.

Além disso, a partir do desenvolvimento do caso clínico, e na tentativa de compreendê-lo teoricamente, surgem elementos que confirmam a hipótese psicanalítica de que ver, enxergar e olhar, são matérias diversas e estabelecem funções diferentes. O olhar é pulsional em todas suas dimensões, e a pulsão antecede a capacidade orgânica de enxergar e pode prevalecer sobre ela, como Freud (1915) bem descreveu. Pensar a partir desta formulação teórica nos permite compreender o motivo pelo qual L. diz que nas horas vagas gosta de ir olhar as coisas supérfluas e bonitas do mundo, dentre elas "ver as vitrines" (sic). Para a paciente, as coisas supérfluas do mundo são muito importantes, pois estas permitem a satisfação de ver e ser vista pelo mundo, conquistar e recortar a realidade por meio do olhar e ser olhada pelo outro. Em mais de um sentido, "ser para L. equivale a ser reconhecida: a mulher que vê vitrines com um homem ao seu lado; a mulher que em casa, se doente, é "olhada" pelo marido, cuidada, acompanhada, desejada. Segundo Quinet (2002) "o outro me vê, logo existo". Por meio da ação ativa de olhar da ação passiva de ser olhado, produz-se uma erupção pulsional e passional. A primeira ação é direcionada ao objeto e a segunda à manutenção narcísica. O vínculo do sujeito com o objeto pulsional se dá na posição de objeto em que o sujeito "faz-se ver", "faz-se desejar pelo desejo do outro".

Para Assoun (1999, p. 24), "as histéricas não veem, porque são cegas em consequência da dissociação entre processos inconscientes e processos conscientes no ato de ver". É preciso admitir que, apesar da dificuldade vivida pelo indivíduo, há um ganho implicado no sintoma; vale dizer que isso não seria um "privilégio" apenas das perturbações da visão, mas de qualquer tipo de sintoma. Existe uma experiência ou ideia prazerosa que foi recalcada, pois para o ego foi vivida como uma ameaça. Assim, este tipo de ideia é reprimida para que o princípio de autoconservação possa vigorar, mas essa excitação necessita ser descarregada e por não poder, torna-se um sintoma, uma formação de compromisso entre as duas forças que entraram em luta no conflito; o sintoma é a satisfação de algum desejo sexual ou um recurso para impedir tal satisfação. Deste modo, o órgão passa servir a uma exigência dupla, tal como pode ser identificado em L.

INSCREVER A HISTERIA

Valer-se da expressão inscrever a histeria para a parte final do texto pede que se retome a diferença de nuanças admitidas (no dicionário) para "*inscrever*" e "*escrever*". "*Inscrever*" deve ser guardado para os casos em que se entalha, se grava, se perpetua e se eterniza. Caso queira, pode-se usar quase sem distinção "*escrever*" e "*inscrever*", mas para algumas situações ao usar o primeiro dos dois verbos perde-se o sentido da força com que se marca algo (*se inscreve*), ou se atribui um lugar que se prolonga no tempo. A propósito, Freud *inscreveu* a histeria no quadro da teoria psicanalítica, assinalou para ela um lugar. Noutro sentido, pode-se ainda estender o recurso ao termo para pensar nas lógicas subjacentes a *inscrever* (gravar e perpetuar), no corpo, os sintomas do sofrimento que não pode ser lido ou escrito pelo próprio sujeito. L. se identifica com a referência que a define como "os olhos da firma", e assim realiza a incorporação de tal papel, fato que a adoece por ser insuportável assumir o lugar de "visibilidade na empresa". Por mais contraditório que seja no estatuto pulsional de L., ela adoece por e para estar visível frente ao outro.

O laço social na histeria é o encontro com o impossível de se satisfazer na realização, seja no âmbito profissional ou emocional, pois o sintoma atualiza-se exatamente no fracasso do sujeito. Possivelmente, algum traço da fala de seus chefes lhe causou grande angústia e a ideia foi recalcada, pois ter mais autoridade, poder e comando faz com que a paciente se identifique com tais qualidades. O conteúdo inconsciente da sentença atua como pilar fundamental dos mecanismos psíquicos do seu adoecimento, uma vez que, sua principal atribuição na empresa seria observar os funcionários. Nesse contexto, L. deixa de ver para não ter que olhar para o reconhecimento recebido de seus patrões e para poder ser vista por seu cônjuge e estar ao lado dele por mais tempo. Este caso continua a demonstrar que o órgão da visão, tal como afirmou Freud (1910), possui a necessidade de servir a dois senhores, ao eu que é capaz de apreender o mundo ao seu redor e às pulsões sexuais.

No caso histérico o seu discurso se caracteriza por apresentar o sujeito como dividido (MAURANO, 2011). L. quer ganhar poder e autoridade frente à empresa, porém, ao se ver em tal lugar, "fica cega". Ela oscila entre submeter-se às possíveis traições de seu cônjuge e desafiar convocar o lugar do companheiro amoroso; monta-se um verdadeiro teatro e um atuante "dar-se a ver e ser amado".

No discurso histérico ocorre a construção de um saber sobre a própria sexualidade. Para a paciente, o que os outros "têm" também pode ser observado, mas como algo particular; a saber, sua própria verdade inconsciente que é "tem algo aqui que merece ser visto com outros olhos". A verdade de L. de que pode ser vista em relação ao laço social histérico – a localiza como objeto para o outro. E por fim, na relação entre L. e o outro, sua doença continua servindo como uma forma de demonstrar sua insatisfação tal como é a característica da estrutura histérica. Isto é, faz uma demanda incessante do conhecimento médico que não se apresenta como resolver seus sofrimentos. Frente à falta de explicação para este adoecimento, a impotência vivida por L. parece com partilhada pelos médicos quando confrontados com a dificuldade ou a impossibilidade de curá-la.

Se observarmos o modo como a histeria se apresenta e é explicada, seja nos dias de hoje ou em sua descoberta, defrontamo-nos com os processos de identidade e identificação como centrais para sua compreensão. O processo de identificação é algo bastante primitivo no que diz respeito à constituição do aparelho psíquico; é ele que proporciona a formação do sujeito e as suas fantasias. O fenômeno da identificação é imperceptível aos sentidos, pois acontece a partir da interação de duas instâncias inconscientes, para que exista a identificação faz-se necessária a presença de outro sujeito que produza algum tipo de ação sobre o indivíduo, mas sem que este perceba.

A identificação consiste em uma assimilação vivida no inconsciente – a partir da presença de outro inconsciente, mas que difere de uma simples imitação e resulta no surgimento de um novo sujeito (FREUD, 1921). Para Mezan (1986), o sujeito se constitui, aos poucos, a partir dos elementos oferecidos a cada um de nós por figuras próximas e na interação entre o biológico e o equipamento psíquico. Todos estes traços incorporados permitem a construção de identificações. Ainda, segundo o autor, o estatuto de traço na identificação é um processo que constitui e instaura o aparato psíquico cuja ação necessita de um ideal. O que significa dizer foi preciso que alguém investisse naquele sujeito, que o libidinizasse, para que, então, fosse criada uma separação entre o eu e o outro e isto permitisse a idealização, ou seja, uma projeção de que aquela pessoa teria algo que poderia completar o sujeito em questão. A partir das formas de separação se poderá falar em faltas e identificação. Mais adiante, incluem-se observações acerca da falta específica na identificação histérica. Sobre o processo de identificação, em geral, Freud sublinha que:

> Não constitui uma simples imitação, mas uma assimilação baseada numa alegação etiológica semelhante; ela expressa uma semelhança e decorre de um elemento comum que permanece no inconsciente. (1900, p. 164)

Existem vários tipos de funcionamento que contribuem para a compreensão de como a identificação acontece, tais como; a noção de incorporação oral, o narcisismo, o complexo de Édipo entre outros. A primeira noção que envolve o conceito de identificação é a incorporação, a tentativa de se apropriar do seio da mãe e fundir-se a ela; a segunda seria o narcisismo, em que o indivíduo vai se formar a partir de modelos que lhe remetam às figuras parentais; por fim, o complexo de Édipo, que consiste em um acordo que o sujeito estabelece de que será possível localizar outras pessoas no futuro que possam lhe proporcionar algum tipo de satisfação semelhante à vivida na época. Ao tratar da mesma questão, Nasio (1991) sugere que, de maneira concomitante ao processo de identificação, a constituição da subjetividade é algo que ocorre permanentemente na vida do sujeito. Porém, para que isso aconteça são necessárias também algumas mutações; estas mutações fazem com que as imagens e as apreensões que temos do mundo se renovem e se flexibilizem a todo o momento e, com isto, colaborem para que ocorra a constituição do sujeito. E por meio da identificação que supomos o que os outros veem, acreditam e esperam de nós, e são estes elementos que moldam as nossas relações. A imagem torna-se o veículo de acesso para alcançar a felicidade prometida e, para tal, é imprescindível que o sujeito consuma. Se anteriormente a questão do nome, do sobrenome, da história de vida era suficiente para nos dizer o que deveríamos ser, esses aspectos hoje nos parece insatisfatórios; almeja-se um espaço e reconhecimento de outrem que proporcione ao sujeito o lugar, único e que dele se obtenha visibilidade e prestigio.

No caso da histeria, a identificação diz respeito a uma tentativa de se apropriar do sujeito ao qual este estaria identificado. Não significa que seja uma imitação, mas um desejo de ser como o outro, que produz um determinado sintoma e está relacionado ao sexual. As mulheres histéricas, em geral, possuem uma identidade sexual cindida, mostram-se muito femininas, porém, em relação às demandas da sociedade, apresentam-se muito masculinizadas e com o "falo nas mãos"; ao mesmo tempo em que exibem severa inibição, vestem-se com seus corpos à mostra para que o outro a deseje (MAYER, 1989). Em a Interpretação dos sonhos, Freud relata aquele que ficou conhecido como "o sonho da bela açougueira", instaura o estatuto da identificação histérica e determina que por não se tratar de uma imitação, o mecanismo atua por meio de um traço encontrado e assim identificado no outro, um processo que constitui e instaura o aparato psíquico, cuja nova ação necessita de um ideal, ou seja, ter o melhor corpo, a melhor roupa, o melhor cargo etc. (ALONSO; FUKS, 2004).

Ao pensarmos no adoecimento de L. podemos perceber que ela situa o surgimento dos sintomas à formulação que a define como os olhos da firma. Em "*Psicologia das massas e análise do eu*", Freud (1921) trabalha com a construção segundo a qual o processo identificatório não precisa ser necessariamente atrelado a todo um objeto; é possível que o ser humano se identifique apenas com um único traço. Este processo é construído ao longo da vida do sujeito, muito embora, a primeira relação aconteça a partir de um traço singular que dará origem ao ideal do eu. Vale lembrar que este tipo de identificação é a forma mais primitiva do laço emocional e social, ou seja, trata-se de uma tentativa de resgatar as primeiras experiências afetivas que foram vividas junto aos pais. Deste modo, o sujeito tenta, a partir da identificação por meio de um único traço, substituir estas figuras frente às novas relações afetivas. A identificação do sintoma pode ser compreendida como uma tentativa de acordo e uma aproximação entre os dois sujeitos, entre os dois "eus". O histérico, a todo o momento, em seu modo de se relacionar como outro ou com o seu próprio sintoma parece realizar uma simbolização desenfreada (ANDRÉ, 1998).

Ainda sobre L. há outra informação que merece ser retomada na sua história de vida, e que diz respeito a uma característica da histeria: o fato dessas pacientes atribuírem muita importância às outras mulheres. No caso L. isto pode ser observado nas traições que ela viveu/imaginou nos casamentos anteriores ou mesmo no relacionamento atual. Existe uma valorização e uma preocupação de imaginar quem seria esta outra mulher – a da traição – e o que ela teria. É exatamente a isso que remonta a preocupação da histérica: *o que é ser uma mulher, o que quer uma mulher?* A histérica supõe que a outra mulher tem o que a faria ser desejada pelo outro. A identificação histérica faz com que ela se coloque no lugar da outra, para ser amada e admirada de modo a compreender um pouco mais acerca do que seria a feminilidade, pois segundo a sua percepção, a figura da outra mulher seria a que deteria a chave do que é ser uma mulher. Há uma expectativa de que ao se descobrir quais são os enigmas desta questão acerca do feminino, que lhe é tão obscura, isso lhe garantirá ser amada e não ter mais que lidar com a frustração de não possuir o pênis, o que para ela é inadmissível. Desta maneira, tal como pensou Lacan, a histérica precisa ter o falo, uma vez que ela nasceu sem ele. A histérica apresenta uma resistência à posição feminina, pois reconhecer isto implicaria suportar a castração; deste modo, a figura da outra ganha intensa visibilidade (FREUD, 1933; LACAN, 1958). "A histeria foi vista como doença exclusiva das mulheres, depois como comum aos dois sexos e, finalmente, como não exclusiva, mas predominantemente feminina" (POLLO, 2003, p. 15).

A histeria masculina, embora tenha recebido destaque mais tarde em estudos, sempre foi levada em consideração. Tanto Briquet quanto Charcot sabiam da possibilidade de manifestação destes fenômenos na população do sexo masculino (NASIO, 1991). No ano de 1885, Charcot publica um trabalho com a apresentação de seis casos de homens histéricos. Os homens histéricos não têm, muitas vezes, uma manifestação direta de seus sintomas no corpo; o que se pode observar são as atitudes deles. Acabam por trocar de cidades, de mulheres, de se sentirem incapazes de trabalhar etc. Isso não significa que não existe a possibilidade de que eles tenham sintomas corporais, tão frequentes na população feminina: "A histeria masculina tem a aparência de uma doença grave; os sintomas que ela produz quase sempre são rebeldes ao tratamento" (FREUD, 1888, p 95).

Nos casos em que Freud (1886) encontrou histeria em homens, pode comprovar a presença acentuada da passividade sexual e, segundo o autor, o caráter histérico masculino não difere muito do feminino. Se o corpo masculino era algo com o qual o homem não se ocupa muito, hoje nos deparamos com uma atenção excessiva, no caso de adolescentes e adultos que, às vezes, optam por uma renúncia ao alimento mediante dietas radicais ou lotam as academias em busca de corpos musculosos. O homem histérico quer seduzir, ser amado por todos para não ter que renunciar e não se permite perder nada. Apresenta uma necessidade de se mostrar superviril, ter supercarros, enamorar-se de supermulheres, vestir-se com supermarcas, como uma forma fantasiosa de ser desejado por todos (WINTER, 2001). Note-se também que, a partir da observação acerca do superinvestimento do corpo na atualidade, Fernandes (2003, p. 17) pondera que "As problemáticas internas vêm migrando progressivamente para o corpo; a ênfase na cor polaridade parece sugerir que a plataforma dos conflitos migra para o exterior do sujeito". A partir destas informações e com base nos atendimentos oferecidos em hospitais da rede pública é possível dizer que este processo de identificação é recorrente nos pacientes histéricos. A busca por um reconhecimento, um nome e um significado que sejam oferecidos aos sujeitos, parecem essencial na vida destes que procuram através de uma doença, ou da palavra de pessoas que lhe são significativas, uma ancora para lhes dizer quem são. As repercussões das narrativas e as palavras parecem ser, para o paciente histérico, um processo fundamental na estruturação da subjetividade e de comportamentos posteriores. As narrativas consistem nas formas encontradas pelo ser humano para descrever e organizar as suas experiências para si e para o outro, a partir dos fatos vividos (CARROY, 1993). A forma como se conta uma história está intimamente ligada ao modo como apreende-se o mundo ao redor de si. A construção das fantasias, que darão conta do que a criança não sabe, consiste em uma espécie de ficção que ela elabora para si. Pode-se, a propósito, reiterar a ideia de que a ficção e a realidade se confundem desde muito cedo para o sujeito. Assim, o nosso relato e as nossas ficções são moldados, organizados e construídos por meio do contexto familiar, social e cultural no qual estamos imersos.

No caso de L., a doença possui forte atuação em seu relacionamento amoroso, oferecendo uma possível solução para que esta seja observada e receba o cuidado e a atenção que não vinha obtendo de seu parceiro, uma vez que este estaria possivelmente envolvido com outras pessoas. A presença do sintoma faz com que o companheiro de L., que antes ia com frequência a bailes – local onde eles se conheceram, deixasse de frequentar tais ambientes e diminuísse suas atividades de lazer para acompanhar a esposa às consultas médicas e com os cuidados necessários ao seu tratamento. O fenômeno do blefaroespasmo pode ser compreendido como emblemático na questão histérica tratada aqui; o sintoma é uma solução para um conflito psíquico, entretanto, paga-se um alto preço para que o desejo ganhe espaço. Desta forma, uma mulher fica cega para ser olhada. Tal como se apontou anteriormente, trata-se de buscar ser vista, reconhecida e desejada pelo outro para existir. Que isso custe a "cegueira" faz parte do caminho trilhado por L. O sintoma histérico anuncia o desejo de ser, ter e se colocar no lugar do próprio falo, ou seja, busca exatamente ser aquilo que pode satisfazer o outro. L. identifica-se com as pessoas observadas por seu companheiro, e por não ser vista com "bons olhos" faz-se cega para receber o olhar desejado.

> Aos olhos do histérico, o sexo do Outro não é nem o pênis nem a vagina, mas sua falha, revelada por uma fraqueza demasiadamente grande ou por um excesso de potência. O que comove o histérico não é o encanto do sexual (no sentido genital), mas o encanto que emana da força ou, ao contrário, da fragilidade do parceiro. Freud afirmou que o olho cego do histérico não via na consciência, mas via no inconsciente o erótico do outro amado. Com Lacan, propomos que o olho cego do histérico é seduzido pelo encanto erótico que se desprende de uma outra pessoa que não é nem viril nem feminina, mas falha ou onipotente. (NASIO, 1991, p. 142)

Assim, o que a trajetória de L. exemplifica é a extrema complexidade dos casos histéricos que, nos dias de hoje mais do que noutros, precisam ser vistos e ouvidos para serem reconhecidos. O que os médicos leram no corpo de L. conduziu ao diagnóstico – blefaroespasmos – ausência de comprometimento físico que possa atuar causalmente. Ela pode seguir adiante no ambulatório de Transtornos Somatoformes que a acolheu e ouviu, e onde os especialistas partilharam seu entendimento. Concordaram com o fato de que se trata de um caso de histeria. O prosseguimento das situações nas quais L. pode expressar seu sofrimento conduziu a alguns ganhos na configuração da compreensão que ela tem da sua própria situação. Inscritas no corpo e em sua história, as manifestações do sofrimento exigem em seu estudo o recurso às múltiplas leituras de médicos e depois de psicoterapeutas que, ao lançar mão do que sabem, transitam pelo campo da produção do conhecimento da psicanálise, da medicina e da interdisciplinaridade. Seu caso faz aflorar os limites de cada uma das teorias, contribuindo para que se prossiga em uma escrita (sem fim), não só da doença, mas também de um fenômeno social que mobiliza práticas de leitura (observação), investimentos de classificação e luta pela legitimidade de oferecer a explicação mais plausível ao problema.

REFERÊNCIAS BIBLIOGRÁFICAS

ALONSO, S. L.; FUKS, M. P. *Histeria*. São Paulo: Casa do Psicólogo, 2004 (Coleção Clínica Psicanalítica).

ANDRÉ, S. *O que quer uma mulher?* Rio de Janeiro: Jorge Zahar, 1998.

APPIGNANESI, L.; FORRESTER, J. *As mulheres de Freud*. São Paulo: Record, 2010.

ASSOUN, P. *O Olhar e a voz: lições psicanalíticas sobre o olhar e a voz*. Rio de Janeiro: Companhia de Freud Editora, 1999.

ÁVILA, L. A. *O eu e o corpo*. São Paulo: Escuta, 2004.

BERLINCK, M. T. *Histeria*. São Paulo: Escuta, 1997.

BOMBANA, J. A. *Sintomas somáticos inexplicados clinicamente: um campo impreciso entre a psiquiatria e a clínica médica*. Jornal Brasileiro de Psiquiatria, Rio de Janeiro, v. 55, n. 4, 2006.

BURSZTYN, D. C. *O Tratamento da histeria: um desafio para a rede de saúde mental*. Psicol. Cienc. Prof., [S. 1.1, v. 31, n. 4, p. 734-747, 2011

CARROY, J. *Les personnalités doubles et multiples: entre science et fiction. Paris*: PUF, 1993

COPPEDÊ, D.; DUNKER, C. I. L. *Usos e abusos da psicossomática no Brasil: um estudo de casos clínicos*. In: RAMIREZ, H. H. A; ASSADI, T. C.; DUNKER, C.I.L., (Orgs). *A pele como litoral: fenômeno psicossomático e psicanálise*. São Paulo: Annablume, 2011.

COURTINE, J. *Histoire du corps: les mutations du regard*. Le XXe siècle, Edition du Seuil, 2006. v.3.

FERNANDES, M. H. *Corpo*. São Paulo: Casa do Psicólogo, 2003.

FREUD, S. (1886). *Observação de um caso grave de hemianestesia em um homem histérico*. In: Edição Standard Brasileira das Obras Psicológicas Completas de Sigmund Freud. Rio de Janeiro: Imago, 1996. v. 1.

____. (1888). *Histeria*. In: Edição Standard Brasileira das Obras Psicológicas Completas de Sigmund Freud. Rio de Janeiro: Imago, 1996. v. 1.

____. (1894). *As neuropsicoses de defesa*. In: Edição Standard Brasileira das Obras Psicológicas Completas de Sigmund Freud. Rio de Janeiro: Imago, 1996. v. 3.

____. (1895). *Estudos sobre a histeria*. In: Edição Standard Brasileira das Obras Psicológicas Completas de Sigmund Freud. Rio de Janeiro: Imago, 1996. v. 2.

____. (1900). *A interpretação dos sonhos*. In: Edição Standard Brasileira das Obras Psicológicas Completas de Sigmund Freud. Rio de Janeiro: Imago, 1996. v. 4.

____. (1910). *A Concepção psicanalítica da perturbação psicogênica da visão*. In: Edição Standard Brasileira das Obras Psicológicas Completas de Sigmund Freud. Rio de

Janeiro: Imago, 1996. v. 11.

____. (1915). *A pulsão e suas vicissitudes.* In: Edição Standard Brasileira das Obras Psicológicas Completas de Sigmund Freud. Rio de Janeiro: Imago, 1996. v. 14.

____. (1921). *Psicologia das massas e análise do eu.* In: Edição Standard Brasileira das Obras Psicológicas Completas de Sigmund Freud. Rio de Janeiro: Imago, 1996. v. 18.

____. (1923). *O eu e o isso.* In: Edição Standard Brasileira das Obras Psicológicas Completas de Sigmund Freud. Rio de Janeiro: Imago, 1996. v. 19.

____. (1933). *Feminilidade.* In: Edição Standard Brasileira das Obras Psicológicas Completas de Sigmund Freud. Rio de Janeiro: Imago, 1996. v. 22.

ISRAËL, L. *L'hystérique, le sexe et le médicin.* Paris: Masson, 1976.

LACAN, J. (1958). *Diretrizes para um Congresso sobre a sexualidade feminina.*In: Escritos. Rio de Janeiro: Jorge Zahar, 1998.

MAURANO, D. *Histeria*: o princípio de tudo. Rio de Janeiro: Civilização Brasileira, 2010.

MAYER, H. *Histeria.* Porto Alegre: Artes Médicas, 1989.

MEZAN, R. *Psicanálise, judaísmo*: ressonâncias. Campinas: Escuta, 1986.

NASIO, J. D. *Histeria Teoria Clínica e Psicanalítica.* Rio de Janeiro: Jorge Zahar, 1991.

POLLO, V. *Mulheres histéricas.* Rio de Janeiro: Contra Capa Livraria, 2003.

QUEIROZ, E. F. de. *A trama do olhar.* Latin-American Journal of Fundamental Psychopathology on Line, v. 1, 89-100, 2005.

QUINET, A. *Um olhar a mais: ver e ser visto na psicanálise.* Rio de janeiro: Jorge Zahar, 2002.

TÓFOLI, L. F. et al. *Somatização na América Latina: uma revisão sobre a classificação de transtornos somatoformes, síndromes funcionais e sintomas sem explicação médica. Revista Brasileira de Psiquiatria,* [S. l.], v. 33, suplemento 1, maio, 2011.

WINTER, J. *Os Errantes da Carne: estudos sobre a histeria masculina.* Rio de Janeiro: Companhia de Freud, 2001.

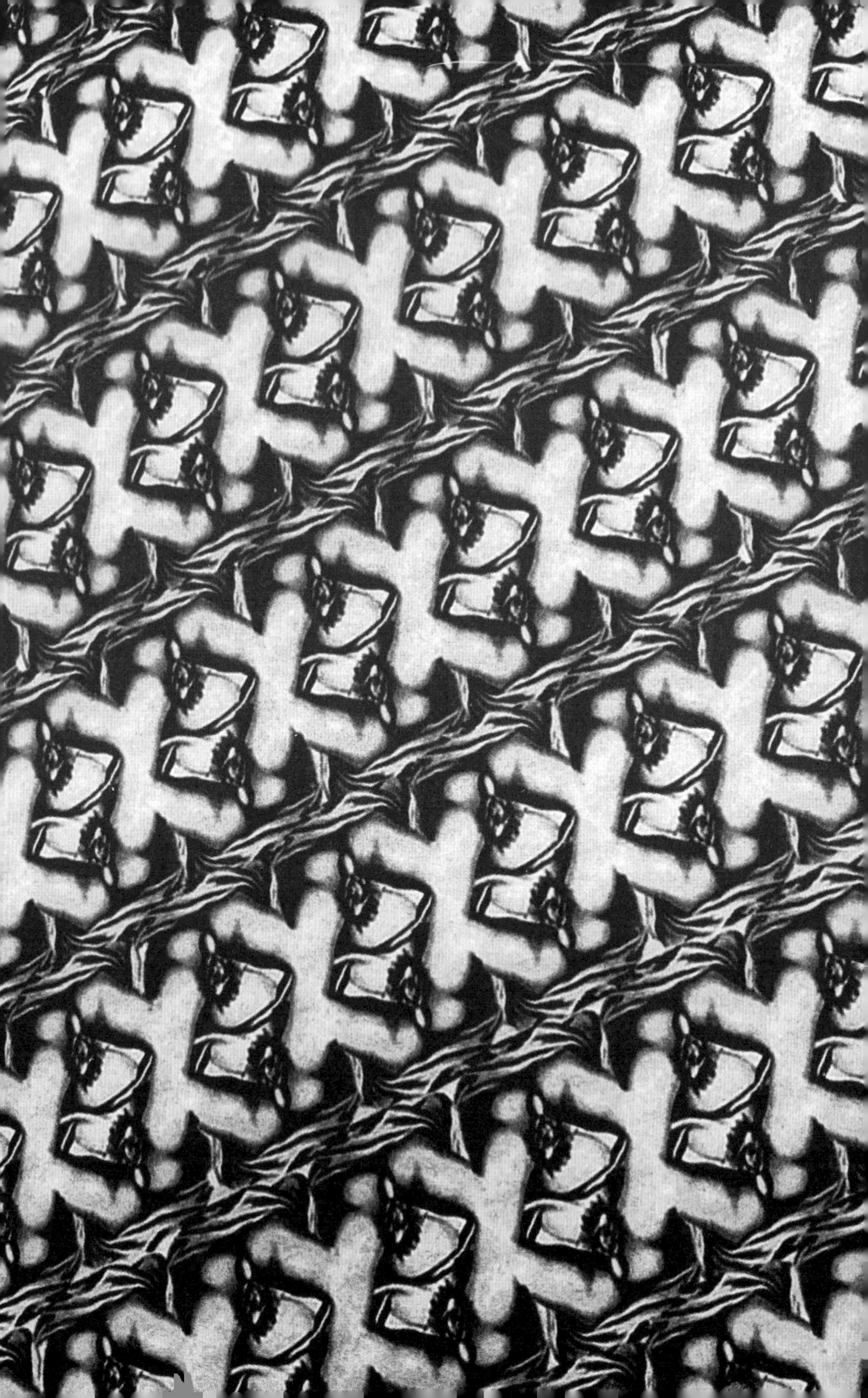

A histeria como discurso: da estrutura clínica ao laço social

Julio Cesar Lemes de Castro

Este texto visa explicitar o *modus operandi* do discurso da histeria, tomando como referência a estrutura clínica histérica. Como se sabe, em sua teoria dos discursos, articulada Seminário XVII (LACAN, 1969/1970) em outros trabalhos coetâneos, Lacan concebe cada discurso como uma modalidade fundamental de laço social. Sendo uma dessas modalidades, discurso da histeria pode muito bem caracterizar situações envolvendo sujeitos que não são necessariamente histéricos na acepção estrita. Suas aplicações, por isso mesmo, transpõem amiúde as fronteiras da clínica. De toda forma, fato que tal discurso se deriva da categoria nosográfica que lhe presta o nome e com qual ele mantém uma homologia estrutural; o único integrante da matriz lacaniana dos discursos, aliás, inspirado inequivocamente em uma patologia. Trata-se aqui de mostrar em que ele é tributário da histeria propriamente dita. Nessa rota, espera-se, por outro lado, evidenciar os traços estruturais da histeria, precisando a conceitualização freudiana a respeito desta, com base em utensílios teóricos supridos por Lacan. Além disso, considerando que o laço social histérico vai além de seus avatares clínicos, mas também os engloba, propõe-se um critério para discriminar entre suas vertentes patológica e não patológica.

Esses propósitos são desenvolvidos em várias etapas. O ponto de partida é a formalização mais geral dos discursos. Depois, o texto aborda a dinâmica específica do discurso da histeria, esmiuçando passo a passo os sentidos que assumem cada elemento em cada posição no algoritmo, bem como as relações entre os diversos elementos. Finalmente, se esclarece como a fixação nas disjunções de impotência e impossibilidade podem conferir a esse laço social uma configuração patológica.

FORMALIZAÇÃO DA TEORIA DOS DISCURSOS

Segundo a esquematização lacaniana, cada discurso é representado por um algoritmo com quatro posições fixas: o agente, o outro, a produção e a verdade.

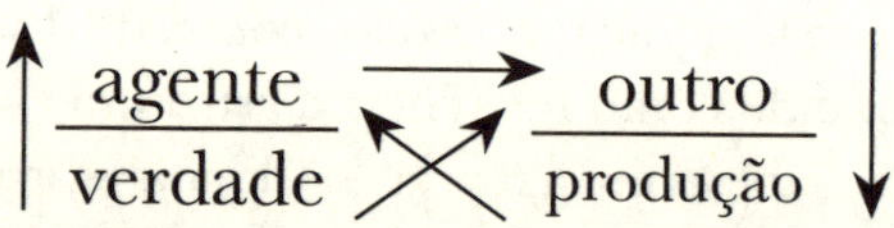

Essas posições são ocupadas por quatro elementos distintos: o significante-mestre (S_1), a bateria de significantes ou o saber (S_2), o sujeito barrado ou dividido ($) e o objeto *a* (a).

Como esses quatro elementos são distribuídos nas quatro posições sempre na mesma ordem, temos quatro possibilidades de discurso: do senhor, da universidade, da histeria e do analista.

Discurso do senhor

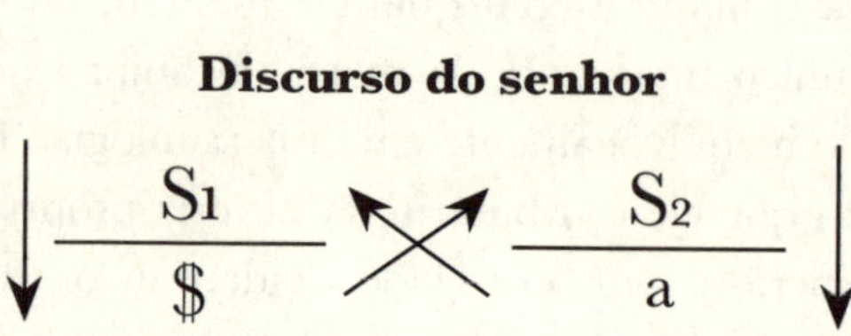

Discurso da universidade

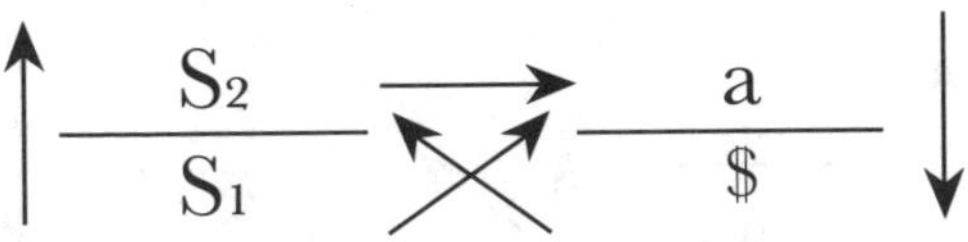

Discurso da histeria

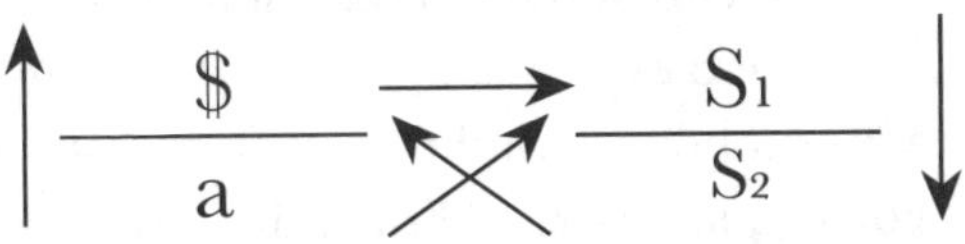

Discurso do analista

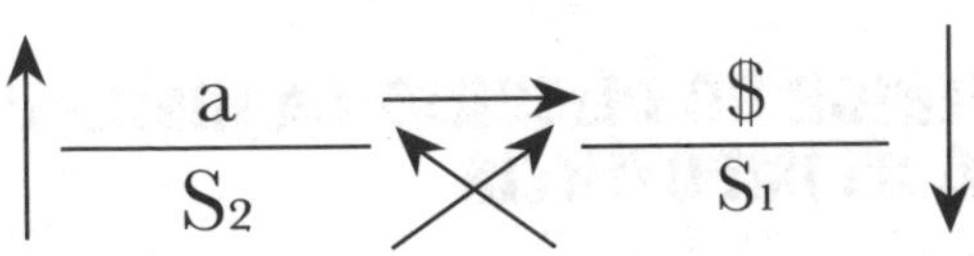

Em uma alocução em Milão, Lacan (1972) acrescenta a esses discursos, ditos radicais, um quinto, o do capitalismo, que consiste numa variante do discurso do senhor obtida através da inversão das posições dos elementos no lado esquerdo do algoritmo e do rearranjo das setas.

Discurso do capitalismo

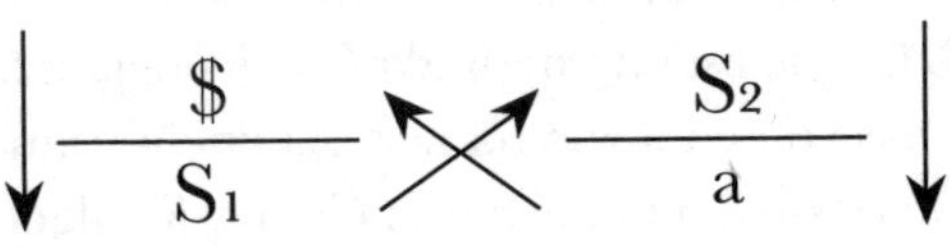

Em cada um dos discursos, os elementos executam diferentes funções conforme as posições que ocupam e as relações que mantêm com os demais. Para discernir o que acontece no discurso da histeria, o tema que iremos explorar, retomaremos o algoritmo que o define:

Discurso da histeria

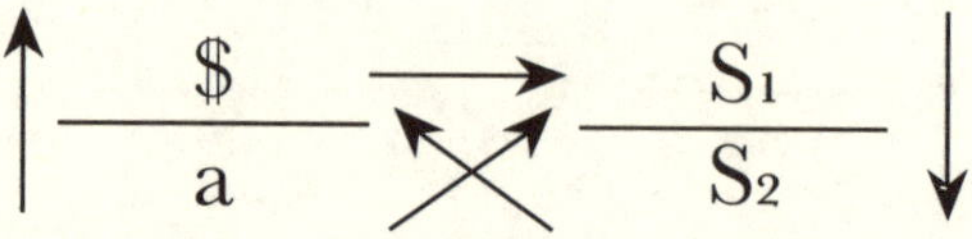

No lado direito temos a linguagem, um conjunto de significantes (S_2) organizado em torno de certos parâmetros (S_1). No lado esquerdo, advém o efeito subjetivo da linguagem – a cisão entre o sujeito barrado ($) e o objeto a (a), consolidada mediante a castração. Alçado ao simbólico, via linguagem e castração, o sujeito aparta-se do gozo, que em sua dimensão absoluta, passa a ser para ele algo traumático – e é isso que subjaz ao discurso da histeria. Por isso, em vez de descrever o mecanismo desse discurso a partir da posição dominante do agente, como é de praxe, vamos adentrar nosso percurso pela linha de baixo.

LINHA INFERIOR DO DISCURSO DA HISTERIA: GOZO E DISJUNÇÃO DE IMPOTÊNCIA

AVERSÃO ESTRUTURAL AO GOZO COMO FUNDAMENTO DO DISCURSO

O aspecto traumático da relação com o gozo, presente em cada um, assume um caráter peculiar na histeria. Já em 1893, Freud e Breuer (1895d, p. 48, destaque dos autores) detectam nela a fixação em uma experiência primitiva: "*Os histéricos sofrem principalmente de reminiscências*". O que está na berlinda é a vivência infantil da sexualidade: "Na base da etiologia da histeria encontramos um evento de sexualidade passiva, uma experiência à qual alguém se submeteu com indiferença, ou com pequeno grau de aborrecimento ou terror" (FREUD, 1896a, p. 178). Ou seja, o traumatismo primevo, "na histérica, é uma sedução sofrida, uma intrusão, uma interrupção do sexual na vida do sujeito" (LACAN, 1957/1958, p. 399), acompanhada da sensação de algo insatisfatório, desagradável.

Não se trata necessariamente de uma intervenção exterior, como chega a acreditar Freud no início, pois as próprias reações do corpo são sentidas pela criança como algo vindo de fora. Essa divisão subjetiva vem a tomar a forma da angústia da castração, na qual a integridade narcísica está em xeque. E é sobretudo como temor de perder essa integridade que se manifesta a aversão estrutural ao gozo na histeria: sucumbir ao gozo traria, aos olhos do sujeito histérico, o risco da dissolução de seu ser.

OBJETO *a* COMO FALTA

Diante disso, a estratégia histérica consiste na valorização da falta, designada pelo objeto *a* que ocupa a posição da verdade no discurso da histeria. Para eludir o gozo, cultiva-se a insatisfação. Em sua discussão do caso Dora, Freud (1905 e, p. 107) faz uma constatação aplicável a todos os histéricos: "Se aquilo que desejam com mais intensidade em suas fantasias lhes apresenta na realidade, eles não obstante o evitam; e abandonam as suas fantasias tão logo não precisem temer vê-las realizadas". De acordo com a fórmula de Lacan (1958/1959), "a histeria caracteriza-se pela fundação de um desejo enquanto insatisfeito". Em outras palavras, o que se deseja na histeria é um desejo insatisfeito. É o caso da mulher do açou gueiro, paciente freudiana na qual Lacan (1975b, p. 557) reconhece o paradigma do funcionamento da histeria. Ela conta ter sonhado algo que aparentemente contradiz a tese, segundo a qual o sonho é a realização de um desejo:

> Queria dar uma reunião onde fosse servida uma ceia, mas não tinha mais nada em casa senão um pequeno salmão defumado. Pensei em sair e comprar alguma coisa, mas me lembrei que era domingo de tarde e que todas as casas comerciais estariam fechadas. Em seguida, tentei telefonar para alguns fornecedores, mas o telefone estava defeituoso. Assim, tive que abandonar o meu desejo de dar uma recepção. (FREUD, 1900 a, v. 4, p. 156)

Em uma interpretação engenhosa, Freud destaca que a mulher do açougueiro não tencionava, inconscientemente, realizar seu desejo explícito de preparar um jantar para servir salmão defumado a uma amiga. Além disso, na análise, descobre-se que ela própria entretinha um desejo insatisfeito por caviar. "A questão 'o que a espirituosa açougueira deseja?', pode-se responder: caviar. Mas essa resposta é sem esperança, porque caviar é ela também que não o quer" (LACAN, 1958d, p. 625).

BARREIRA ENTRE *a* E S_2, COMO INSATISFAÇÃO

A insatisfação apoia-se na disjunção do patamar inferior do discurso, anunciada pela ausência de seta entre as posições da produção, à direita, e da verdade, à esquerda: "No nível dessa segunda linha, não há a mínima flecha. E não somente não há comunicação, mas há alguma coisa que obtura" (LACAN, 1969/1970, p. 203). O que aparece nesse ponto é a impotência: "A estrutura de cada discurso necessita de uma impotência, definida pela barreira do gozo, a diferenciar-se como disjunção, sempre a mesma, de sua produção a sua verdade" (LACAN, 1970e, p. 445). Predicado de todos os discursos (à exceção do discurso do capitalismo), no caso particular do discurso da histeria a disjunção de impotência opera entre S_2 e *a* denotando que o Outro não é capaz de solucionar a falta.

S_2 COMO OUTRO BARRADO

Isso significa que o sujeito, não querendo ser satisfeito, pode atribuir esse intento ao Outro, que de fato nunca poderá saciá-lo inteiramente. Localizando a fonte da insatisfação no Outro, o sujeito histérico desponta, na esteira da "bela alma" de Hegel, como vítima de um mundo em desordem. No sonho da paciente freudiana a quem Lacan se refere precisamente como "bela açougueira", o desejo de que seu desejo não seja realizado é camuflado por circunstâncias alheias a seu controle: não há salmão na despensa, o comércio está fechado por ser domingo, não é possível contatar fornecedores porque o telefone está com defeito. Já Dora rebela-se contra a aparente tentativa de fazerem dela peão de um jogo de interesses recíprocos, no qual seu pai, enamorado da Sra. K., faz vistas grossas às investidas do Sr. K. em direção à filha.

A insuficiência do Outro concerne, antes de mais nada, à provisão de um saber sobre o objeto *a*, nomeadamente um saber em conexão com o desejo e o gozo. No segundo sonho de Dora, seu pai morre e, em lugar de ir velá-lo, ela vai até sua casa e lê um livro grande, em formato de dicionário, o que para Freud remete a uma busca de saber sobre o sexo (lembremos que essa adolescente em especial, consoante o relato do caso, estava habituada a procurar esse saber nos livros). Ou seja, ao endereçar-se à posição paterna em pós de um saber, Dora depara-se com alguém morto. Esse fragmento de sonho condensa, de modo sutil, uma limitação mais geral da condição paterna, que já transparecia no caso – seu pai era impotente – e é uma faceta da histeria - basta recordar a doença do pai de Anna O., paciente emblemática de Breuer no período pré-psicanalítico. A incapacidade do saber constituído em lidar com a histeria é arraiga da; descrita ao longo da história como santa, bruxa, epiléptica etc., ao sabor da conjuntura, a histérica escapa sucessivamente a todas as determinações. O próprio saber do analista, na medida em que ele consente em ocupar o lugar do Outro, revela-se insuficiente, como comprova, mais uma vez, o caso Dora, no qual Freud, que recém publicar *A interpretação dos sonhos*, esbanja confiança em seus dotes interpretativos exibidos num curso vertiginoso, mas esbarra na indiferença da paciente.

A insuficiência do Outro significa que o próprio Outro também é barrado, havendo uma falta Outro – nos termos do discurso da histeria, S_1, no lugar do outro do discurso, não unifica S_2, no lugar da produção. O discurso da histeria desvela, assim, o segredo do senhor: “E essa verdade, para dizê-la enfim, é que o senhor é castrado” (LACAN, 1969/1970, p. 110). Esse fato combina-se com outro: posicionar-se como senhor implica abdicar de gozo, pois não é possível ser senhor sem dominar seu próprio gozo (no discurso do senhor, o gozo está do lado do escravo). Na verdade, a própria entrada no discurso (que se dá via discurso do senhor), vale dizer, no simbólico, é viabilizada pela castração, como demonstra o mito freudiano de *Totem e tabu*. O que ocorre é que o discurso do se senhor esconde a castração deste na posição do agente, ao acomodar o sujeito barrado na posição da verdade, cabendo ao discurso da histeria pô-la a nu.

A emergência da ciência moderna, colateral à derrocada das pretensões totalizantes do saber mítico e religioso, envolve justamente essa passagem do discurso do senhor ao discurso da histeria. E, de maneira mais geral, a relação entre a ciência – associada à quebra constante de paradigmas – e discurso da histeria é recorrente em Lacan: "ao inscrever a ciência no registro do discurso histérico" (LACAN, 1970e, p. 431); "por paradoxal que seja a asserção, a ciência toma seus impulsos do discurso da histérica" (Ibid., p. 436):"não falemos do discurso histérico, é o próprio discurso científico"(LACAN, 1971/1972), p. 66); "o discurso científico e o discurso histérico têm quase a mesma estrutura" (LACAN, 1974a, p. 523, destaque do autor).

OBJETO *a* COMO MAIS-DE-GOZAR

A insatisfação do desejo, ainda que esteja ligada a uma tensão psíquica, não implica ausência de gozo. Na histeria, extrai-se um gozo da privação: goza-se de não gozar. Trata-se de um resto de gozo, que Lacan denomina "mais-de-gozar" por analogia à mais-valia de Marx. O objeto *a*, na posição da verdade reprimida do discurso da histeria, atesta, portanto, não apenas a lacuna no sujeito, a causa de seu desejo, mas também o mais-de-gozar. O gozo excedente decorre tanto da falta no sujeito, quanto da revelação da falta no Outro. E esse modo substituto de satisfação alimenta a insatisfação, dando-lhe um sentido e fazendo com que o sujeito histérico se apegue a ela.

LINHA SUPERIOR DO DISCURSO DA HISTERIA: DESEJO E DISJUNÇÃO DE IMPOSSIBILIDADE

SETA DE $ A S_1, COMO SEDUÇÃO

Ao mesmo tempo que denuncia a falta no Outro, o sujeito histérico se oferece para tamponá-la. Chegamos com isso ao patamar de cima do algoritmo do discurso da histeria, em que o sujeito ($), na posição de agente, interpela o Outro (ora representado por S_1, o significante-mestre que incide sobre a bateria de significantes), na posição de outro do discurso. Essa interpelação tem o sentido de sedução, de fazer desejar. O sujeito histérico mira o desejo do Outro, perscruta incessantemente se o Outro deseja e o que ele deseja e, a partir daí, dedica-se a satisfazer esse desejo. Basta verificar que algo está faltando ao Outro para que ele se empenhe em completar essa falta, o que lhe concede uma extrema plasticidade. "O sujeito histérico constitui-se quase inteiramente a partir do desejo do Outro" (Ibid., p. 365). Seu desejo é subordinado ao desejo do Outro: o que ele deseja em última instância é o desejo do Outro. "O desejo da histérica não é desejo de um objeto, mas desejo de um desejo, esforço para manter-se diante desse ponto de onde ela chama seu desejo, o ponto onde está o desejo do Outro" (Ibid., p. 407). Vê-se que a fórmula do desejo histérico é válida para o desejo em geral; o sujeito histérico ilustra por excelência o mote lacaniano "*o desejo é o desejo do Outro*". Face a um parceiro amoroso, por exemplo, a dúvida histérica por excelência não é sobre seu próprio amor pelo outro, mas sobre o amor do outro por si. É a mesma atitude, aliás, atribuída por Freud (1914c, p. 105) ao tipo narcisista de escolha objetal: "Sua necessidade não se acha na direção de amar, mas de serem amadas; e o homem que preencher essa condição cairá em suas boas graças".

$ DESDOBRA-SE COMO OBJETO *a*

Tamponar a falta do Outro, satisfazer seu desejo, implica propor-se como objeto desse desejo: "Ela [a histérica] identifica-se [..]

a um objeto" (LACAN, 1957/1958, p. 407). Isso significa que o sujeito histérico se relaciona com o Outro, seja na condição de sujeito ($\$$) que o interpela, seja na condição de objeto (a) que defronte seu desejo. A seta de $\$$ a S_1, se desdobra na seta de a a S_1, (deparamo-nos aqui, como se pode ver, com mais uma determinação diferente de a nesse discurso).

No matema da fantasia histérica, enunciado no Seminário VIII e não recuperado ulteriormente, a é o objeto com o qual o sujeito histérico se identifica para ocultar $-\varphi$, símbolo da castração do Outro, resultando desse procedimento a, o Outro não castrado:

$$\frac{a}{-\varphi} \lozenge A$$ (LACAN, 1960/1961, p. 294)

A premissa subjacente a esse movimento é que, se o Outro superasse a sua castração (passasse de A barrado para A), graças à iniciativa do sujeito histérico, este, por tabela, prevalecerá também sobre sua própria castração (indo de $\$$ a S).

Para fixar-se como objeto do desejo do Outro, o sujeito histérico tenta enredar o Outro em sua própria trama, fazendo o Outro acreditar na possibilidade de adquirir completude através de si. Ao mesmo tempo, aproveita-se de estratagemas para deixar o Outro in satisfeito: "O desejo só se mantém pela insatisfação que lhe é dada ao se escapar-lhe como objeto" (LACAN, 1960c, p. 824). Quando a bela açougueira impede o marido de oferecer-lhe caviar, ela frustra, simultaneamente, seu próprio desejo por caviar e o desejo do marido de atender seu desejo (o que é natural: se o desejo do sujeito é o desejo do Outro, a insatisfação do primeiro é consentânea à insatisfação do segundo). Para ser objeto do desejo do Outro, é mister evitar tornar-se objeto de seu gozo. Daí a postura proverbial da mulher histérica, de provocar o desejo do Outro e em seguida evadir. Ou, conquanto não se esquive do intercurso com o parceiro, de recorrer a artifícios, devaneando, por exemplo, que é outra mulher que está em seu lugar, ou que ela é outra mulher ou que ele é outro homem; ou, ainda, de entreter fantasias em que se imagina como prostituta ou vítima de estupro. De todo modo, comenta Lacan (1958/1959), "para a histérica, não é dela que se goza".

SETA DE $ A S_1, COMO IMPOSSIBILIDADE

A incitação para o Outro desejar confronta-se com a disjunção entre as duas posições superiores, marca de todo discurso, traduzida pelo vetor da impossibilidade. "A primeira linha comporta uma relação que é indicada aqui por uma flecha, e que se define sempre como impossível" (LACAN, 1969/1970, p. 202). O vetor aponta da esquerda para a direita, coincidindo com a interpelação de S_1, por $ e assinalando que, para o agente, exprimir exatamente seu desejo para o outro é algo inexequível. O que está em jogo, nesse caso, é a verdade que está barrada, um desejo que, por ser reprimido inconscientemente, não pode ser comunicado em sua inteireza. A impossibilidade não é absoluta, mas informa simplesmente a existência de um limite. Cada discurso gira em torno de uma impossibilidade a ele inerente. Numa famosa passagem, Freud (1925f,p. 341) afirma: "Aceitei o *bom mot* que estabelece existirem três profissões impossíveis – educar, curar e governar". Mantendo-se o dito tradicional, *Analysieren* acha-se subsumida em *Kurieren*, mais tarde, toma seu lugar. "A análise é nova, e Freud a alinha na série por substituição" (LACAN, 1969/1970, p. 193). Na formulação emendada, 12 anos depois, lê-se: "Quase parece como se a análise fosse a terceira daquelas profissões 'impossíveis' quanto às quais de antemão se pode estar seguro de chegar a resultados insatisfatórios. As outras duas, conhecidas há muito mais tempo, são a educação e o governo" (FREUD, 1937c, p. 282). O paralelo com os discursos salta aos olhos, nota Lacan (1969/1970, p. 194): "Não se pode deixar de ver a sobreposição desses três termos aos que eu distingo este ano". Assim, as tarefas impossíveis de governar, educar e curar/analisar enviam, respectivamente, aos discursos do senhor, da universidade e do analista. E, a elas, pode-se adicionar a impossibilidade de "fazer desejar, para completar por uma definição o que seria próprio do discurso da histérica" (Ibid., p. 201). Como nos outros discursos, o que está em pauta é um desejo que não se realiza plenamente; no discurso da histeria, contudo, esse desejo é o de suscitar o próprio desejo, sem contar que a insatisfação de um desejo se reporta à natureza intrínseca da histeria – por conseguinte, tal disjunção tem uma conotação inconfundível nesse discurso.

A impossibilidade de fazer desejar, o limite à sedução, é algo que se impõe a todo sujeito, desde a infância: "O primeiro objeto que ele propõe a esse desejo parental cujo objeto é desconhecido é sua própria perda: Ele pode perder-me?" (LACAN, 1964, p. 194–195). Na histeria, todavia, ela é realçada. Nos primórdios de uma estrutura psíquica histérica podemos atinar, no vínculo entre o bebê e a mãe, com uma sensação de inadequação, de não ser apto a satisfazer o desejo materno, correlata à dimensão traumática distintiva dessa estrutura. Por outro lado, o pai tampouco se mostra à altura de satisfazer o desejo materno, tornando igualmente problemática a senda da identificação com ele. A insegurança perante o desejo do Outro persiste no sujeito histérico adulto; posto que presta mais atenção ao desejo do Outro e espera mais do Outro que seria o usual, ele vislumbra mais facilmente os empecilhos ao fazer desejar. Até a bela açougueira, embora seja feliz com o marido, que tem preferência por mulheres mais roliças, como ela própria, repara que ele não tem olhos exclusivamente para ela; com efeito, o açougueiro deixa entrever uma ponta de interesse por sua amiga, apesar da magreza desta. Assolado pela impossibilidade última de fazer desejar, o sujeito histérico passa a encarar essa empreitada como um verdadeiro repto ele insiste em agradar, tenta seduzir quem parece inacessível, enfileira uma sucessão de conquistas, pretende ser tudo para o Outro, engaja-se, enfim, num esforço assintótico para completar o Outro. Como observa Freud (1950, p. 287) na carta 72 a *Fliess*, "ansiar ardentemente é o principal traço de caráter da histeria".

DISCURSO DA HISTERIA COMO CIRCUITO DE SABER

A interpelação de $ a S_1, não se dá somente no registro do desejo, mas também no do saber. Além da noção de sedução, ela embute a noção de demanda de um saber, o que o sujeito histérico busca no Outro rebate-se sobre ele próprio; adaptar-se ao desejo do Outro pressupõe no Outro um saber sobre o sujeito. É bastante apropriado que, no algoritmo do discurso da histeria, a posição dominante seja ocupada por $, pois o sujeito histérico é o sujeito dividido exemplar, envolto em dúvida e questionamento. Na forma clássica de histeria, os vestígios do significante são exibidos no próprio corpo sob a forma de sintomas, que funcionam como enigmas a serem decifrados, fazendo do sujeito um ponto de interrogação ambulante, uma incógnita a ser interpretada. "No nível do discurso da histérica, está claro que essa dominante nós a vemos aparecer sob a forma do sintoma. E ao redor do sintoma que se situa e se ordena aquilo que é do discurso da histérica"(LACAN, 1969, p. 48). Na posição da verdade, daquilo que move o sujeito, mas é inacessível a ele, encontramos o objeto causa do desejo (a). O desejo da histérica manifesta-se sob a forma da interpelação, dirigida a um outro, que versa sobre essa verdade à qual a histérica não tem acesso: *quem eu sou? O que eu quero?* Trata-se, mormente, de uma interrogação que tange à sexualidade e à feminilidade; para Lacan (1955/1956, p. 193) a questão primária que define a histeria é "*O que é ser uma mulher?*". Ao interrogar aquele que se aloja na posição do outro do discurso, o sujeito encarrega-o de fornecer respostas, dá-lhe o condão de outorgar sentido às coisas como um significante-mestre (S_1); e, com sua perquirição, compele-o a suprir um saber (S_2). Não estamos às voltas com a mera reprodução de um saber assentado, como no discurso da universidade, mas com a inovação: "O que conduz ao saber [...] é o discurso da histérica" (LACAN, 1969/1970, p. 23). O saber, na posição da produção, tenta fazer frente à causa do desejo da histérica, o objeto *a*. Trata-se de um lado, da condição de todo sujeito, definido a partir do Outro (nesse caso disposto verticalmente com $\frac{S_1}{S_2}$) pode-se dizer que o sujeito falante é, enquanto tal, histérico. De outro lado, temos um Outro que, atraído pela perspectiva de completar seu saber, e obturar assim sua falta, caso se revele capaz de deslindar o enigma que o sujeito lhe propõe, se esforça em prover respostas.

O próprio surgimento da psicanálise pode ser entendido no contexto de um desdobramento a partir do discurso da histeria, como um saber suscitado no curso do tratamento de pacientes histéricas por Freud. O questionamento das pacientes ($), na posição de agente, leva Freud (S_1), na posição do outro do discurso, a produzir o saber psicanalítico (S_2), na posição da produção. Cumpre ressaltar que, restrita aos confins do discurso da histeria, a postulação de um saber no analista se chocaria com a disjunção de impossibilidade. Mas Freud, no ofício de analista, não responde diretamente a esse pleito. O saber psicanalítico não é meramente teórico, ele inaugura um novo dispositivo e acarreta um giro do discurso da histeria para o discurso do analista, que realiza todos os termos, inclusive o saber. Esse movimento, que preside o nascimento da psicanálise, é reiterado em cada análise individual, a qual implica "a histericização do discurso", ou seja, "a introdução estrutural, por condições artificiais, do discurso da histérica"(LACAN, 1969/1970, p. 35-36). Isso significa que o analisado, ainda que não seja histérico, deve passar por uma etapa em que se posicione como tal, isto é, como um sintoma que reclama interpretação, para que se possa instaurar a análise.

S_1 COMO SENHOR E RELAÇÃO AMBÍGUA ENTRE $ E S_1

Dispondo-se a preencher a falta do Outro, subordinando-se ao Outro, o sujeito o entroniza como um senhor.

> O que a histérica quer – eu digo isso para aqueles que não tem a vocação, deve haver muitos – é um senhor. Isso é absolutamente claro. A tal ponto inclusive que é preciso colocar a pergunta se não é daí que veio a invenção do senhor. (LACAN, 1969/1970, p. 150)

Se no discurso do senhor este expropria o saber do escravo, no discurso da histeria é o senhor que é desafiado a dispensar um saber: "A histérica não é escrava. [...] Ela faz à sua maneira uma certa greve. Ela não entrega seu saber. Ela desmascara, entretanto, a função do senhor com a qual permanece solidária" (Ibid., p. 107). A posição da histérica em relação ao senhor é, portanto, ambígua. Por um lado, ela o comanda, a partir da posição de agente, quando requer dele a produção de um saber, o induz a entrar em seu jogo oferece-lhe a possibilidade de ser um senhor; por outro lado, ela depende dele, na proporção que se deixa definir por ele e seu saber. A histérica sustenta o senhor e ao mesmo tempo o desafia, espera dele respostas, mas põe em suspeição sua pertinência. A impossibilidade de fazer desejar, ou de obter um saber adequado, torna a relação com o senhor inevitavelmente insatisfatória. Ele é continuamente posto em xeque, seus limites são testados o tempo todo, o que cria um cenário no qual não está claro quem está efetivamente ao leme: "Dito de outro modo, ela quer um senhor sobre o qual ela reina. Ela reina, e ele não governa" (Ibid., p. 150). É o caso de Dora, que "crescera acostumada a rir dos esforços dos médicos" (FREUD, 1905e, p. 20) e desdenha da meticulosidade e pertinácia de Freud em interpretar seus sintomas. O questionamento infindável do senhor pode desembocar, inclusive, na busca por um novo senhor, fomentando um ciclo ininterrupto.

Aqui podemos resgatar a analogia entre a engrenagem da ciência e a do discurso da histeria: como o sujeito histérico, o cientista ($), movido por sua curiosidade (o objeto *a*, causa do desejo), afronta um significante-mestre estabelecido (S_1) para lograr suas descobertas (S_2). Para lançar mão do vocabulário de Kuhn (1962), o discurso da histeria está relacionado à ruptura de um paradigma, ao passo que o discurso da universidade se relaciona à consolidação de um paradigma; ambos, cujos algoritmos são simétricos, correspondem a faces de uma mesma moeda.

Vale lembrar, igualmente, que quando Lacan introduz o esquema dos discursos no Seminário XVII, ainda reverberam fortemente na França os ecos da agitação política de maio de 1968. A própria capa da edição desse seminário chama a atenção para a atmosfera da época, ao estampar uma foto do líder estudantil Daniel Cohn-Bendit (que granjeou o apodo "Dany le Rouge", tanto por ser ruivo, como por sua orientação política) fitando sorridente, mas desafiador, um policial. Outro sinal dos tempos é o fato de Marx figurar como um interlocutor central, ao lado de Freud e Hegel – a maior parte das alusões a Marx no ensino de Lacan, aliás, concentra-se no final dos anos 1960 e começo dos anos 1970. E, em duas ocasiões ao longo do seminário, a fala de Lacan é interrompida por contesta ações. Em uma delas, as luzes são apagadas e ele retira-se. Em outra, um *impromptu* especial em Vincennes, então cognominada "universidade de vermelha", os manifestantes engajam-se numa acirrada discussão com ele, transcrita num apêndice. No meio desse debate, Lacan (1969/1970, p. 239) equipara o comportamento dos estudantes ao laço histérico: "É a isso que vocês aspiram como revolucionários, a um senhor. Vocês o terão". O próprio Lenin (1918, p. 346) tinha usado essa qualificação, em um panfleto, com uma conotação similar: "Os esquerdistas e anarquistas são notáveis exemplos de maus revolucionários. Eles estão agora gritando histericamente". E, na mesma linha, Gramsci (1921, p. 374) mencionou os "caprichos históricos" da pequena burguesia.

Podemos ainda associar a construção da sociedade de consumo ao modelo do discurso da histeria, ideia aventada originalmente em outro texto (CASTRO, 2009). O consumidor, como sujeito dividido, instala-se no lugar do agente, impelido pela falta no lugar da verdade.

Ao inquirir a mídia sobre seu desejo, o consumidor toma-a como significante-mestre na posição do outro do discurso. Esse papel é exercido tanto pelo publicitário que atua nos bastidores, como pelos modelos utilizados para seduzir o consumidor e pelos alvos que este é encorajado a seduzir. O saber engendrado na operação tenta haver-se com o desejo do consumidor e, como bateria de significantes, rebate-se sobre o universo das mercadorias. A disjunção de impotência indica que nesse processo há gozo parcial, bem como insatisfação, razão para que ele se retroalimente. Nesse quadro, o questionamento do senhor aparece como uma reivindicação perene por novidades.

IDENTIFICAÇÃO HISTÉRICA E FIXAÇÃO PATOLÓGICA NAS DISJUNÇÕES

No discurso da histeria vemos, afinal, a conjunção de duas disjunções. A disjunção de impotência, isto é, a não coincidência entre a produção e a verdade, está conectada com a disjunção de impossibilidade: o outro só conseguiria gerar um resultado compatível com a verdade do agente se pudesse assimilar fielmente esta através do agente. E, como o efeito do discurso, a produção não é igual à sua causa última, a verdade, o circuito do discurso jamais se perfaz, que o leva a recomeçar a cada turno.

Se o esquema do discurso da histeria elucida a existência de um núcleo histérico no sujeito e no desejo, fica mais fácil compreender como um conceito utilizado na clínica pode ser elevado à categoria de laço social fundamental. Por outro lado, é a fixação nesse núcleo que dá à histeria uma dimensão patológica. Tal fixação incide exatamente nas duas disjunções. Para prendê-la, é crucial levar em consideração os vetores de identificação.

O valor da identificação na histeria é salientado por Freud (1900a, v. 4, p. 159) em *A interpretação dos sonhos*:

> A identificação é um fator altamente importante no mecanismo dos sintomas histéricos. Ela permite aos pacientes expressarem em seus sintomas não somente suas próprias experiências como também as de um grande número de outras pessoas; ela lhes permite, por assim dizer, sofrer em nome de toda uma multidão de pessoas e desempenhar todos os papéis isoladamente numa peça.

No mesmo diapasão, Lacan (1998, p. 467) afirma que o desejo da histérica lhe abre "um mundo de identificações que a põe em uma certa relação com a máscara".

Visto que se preocupa em desvendar o desejo do Outro e moldar seu desejo a partir dele, o sujeito histérico acaba identificando-se com o Outro a ponto de desejar como ele, de tomar seu posto. A bela açougueira, ao perceber no marido um desejo pela amiga, a despeito dela não ter o tipo físico que normalmente o atrairia, fica intrigada quanto ao funcionamento de seu desejo: "Não teria ele também um desejo que permanece atravessado, quando tudo nele está satisfeito?" (LACAN, 1958d, p. 626). Por isso, ela coloca-se no lugar do marido e deseja sua amiga pelo ponto de vista dele, de sorte a cingir seu desejo. "É esta questão que se torna o sujeito aqui mesmo. Em que a mulher se identifica com o homem" (Ibid., p. 626). Algo semelhante ocorre com Dora: "É por intermédio do Sr. K. que ela deseja, mas não é ele que ela ama, e sim a Sra. K." (LACAN, 1960/1961, p. 429). A ligação com a Sra. K. não é direta, mas requer um vínculo libidinal com o Sr. K., a assunção por Dora do desejo dele como sendo dela: "Por meio do Sr. K., na medida em que ela é o Sr. K., no ponto imaginário que constitui a personalidade do Sr. K., é como Dora está vinculada com a personagem da Sra. K." (LACAN, 1956/1957, p. 138).

Por outro lado, o sujeito histérico identifica-se com quem compartilha com ele a posição de objeto de desejo do Outro:

> É na medida em que ela e ele reconhece num outro, ou numa outra, os indícios de seu desejo, a saber, que essa outra ou esse outro está diante do mesmo problema de desejo que ela ou ele, que se produz a identificação – com todas as formas de contágio, de crise, de epidemia, de manifestações sintomáticas que são tão características da histeria.(LACAN, 1957/1958, p. 407-408)

No sonho da bela açougueira, especula Freud, quiçá ela estivesse fazendo o papel de sua amiga. A partir da posição comum de ambas como objeto de desejo de seu marido, entre elas se estabeleceria uma identificação. E o modo pelo qual se efetuar essa identificação o desejo por um desejo não realizado: tal como ela não aplacava seu desejo por caviar, a amiga não aplacava seu desejo por salmão.

Embora as identificações histéricas possam dar-se concomitante mente em várias direções, os vetores precípuos de identificação são o Outro e o objeto de desejo do Outro. No triângulo do desejo, "a histérica se reconhece nas homenagens prestadas a uma outra, e oferece a mulher em que ela adora seu próprio mistério ao homem do qual ela toma o papel sem poder gozar dele" (LACAN, 1956a, p. 425). Para além das identificações, essas referências externas ser vem como alvo de idealização: os marcos no horizonte da histeria são o pai ideal e a mulher ideal.

Por um lado, o sujeito histérico sustenta a crença num Outro absoluto, sem falhas, não submetido à castração. Esse Outro é inspirado no mito freudiano do pai da horda primordial, que tem acesso a um gozo irrestrito e cujo assassinato leva à instituição da ordem simbólica. Perfilham do como uma regra o que é uma exceção, o sujeito histérico espera que cada encarnação concreta do Outro se conforme a esse modelo. Essa expectativa, naturalmente, está fadada ao fracasso, fazendo de cada senhor alguém em falta, insatisfatório. Mas, por trás da idealização do Outro, o que se almeja é um saber com o dom de dar conta plenamente do objeto *a*, negando a disjunção de impotência entre S_2 e *a*.

Por outro lado, o sujeito histérico nutre a crença em um objeto de desejo ideal, que na nomenclatura lacaniana é *A Mulher*, aquela que segundo Lacan não existe, à falta de um significante que sintetize o predicamento de todas as mulheres, possibilitando que se capte a essência da condição feminina. Caso existisse de fato *A Mulher*, como o objeto de desejo perfeito, representaria a negação da disjunção de impossibilidade entre $ e S_1, a abolição do limite ao fazer desejar e a obturação efetiva da falta do Outro.

Tanto sujeitos histéricos, do ponto de vista clínico, como sujeitos não histéricos podem fazer laço social por meio do discurso da histeria. A diferença é que os primeiros se aferram ao questionamento de suas disjunções. Ora, é justamente em virtude das disjunções típicas de cada laço social que esses laços não se rematam e que há uma mobilidade entre eles. Agarrando-se às disjunções, os sujeitos histéricos detêm-se na dinâmica interna do discurso, o que compromete sua capacidade de deslizar para outros discursos. Sua inserção no mundo acaba dando-se majoritariamente pelo viés do discurso da histeria. E isso se aplica não apenas a indivíduos, mas também a grupos, que são passíveis de funcionar histericamente, em grau patológico, na medida em que haja neles uma fixação indevida nesse discurso.

REFERÊNCIAS BIBLIOGRÁFICAS

BREUER, J; FREUD. S. (1895d). *Estudos sobre a histeria.* In: FREUD, S. Edição standard brasileira das obras psicológicas completas. Rio de Janeiro: Imago, 1974. v. 2.

CASTRO, J. C. L. *Consumo de massa e discurso da histeria.* In: Anais do II Colóquio Binacional Brasil-México de Ciências da Comunicação, São Paulo, 2009.

FREUD, S. (1896 a). *Hereditariedade e a etiologia das neuroses.* In: ____. Edição standard brasileira das obras psicológicas completas. Rio de Janeiro: Imago, 1976. v. 3, p. 161

____. (1900a). *A interpretação dos sonhos.* In: ____. Edição standard brasileira das obras psicológicas completas, Rio de Janeiro: Imago, 1972. v. 4.

____. (1905e). *Fragmento da análise de um caso de histeria.* In: ____. Edição standard brasileira das obras psicológicas completas. Rio de Janeiro, Imago, 1972. v.7, p. 1-119.

____. (1914c). *Sobre O narcisismo: uma introdução.* In: ____. Edição standard brasileira das obras psicológicas completas. Rio de Janeiro: Imago, 1974. v. 15, p. 83-119.

____. (1925f). *Prefácio a Juventude desorientada de Aichhorn.* In: ____. Edição standard brasileira das obras psicológicas completas. Rio de Janeiro: Imago, 1976. v. 19, p. 337-343.

____. (1937c). *Análise terminável e interminável.* In: ____. Edição standard brasileira das obras psicológicas completas, Rio de Janeiro: Imago, 1975. v. 23, p. 239-287.

____. (1950a). *Extratos dos documentos dirigidos a Fliess.* In: ____. Edição standard brasileira das obras psicológicas completas. 2 ed. Rio de Janeiro: Imago, 1987. v. 1, p. 193-300.

GRAMSCI, A. (1921). *The monkey-people.* In:____. Selections from political writings. London: Lawrence and Wishart, 1977. p. 372-374.

KUHN, T. S. (1962). *A estrutura das revoluções científicas.* São Paulo: Perspectiva, 1982.

LACAN, J. (1955/1956). ____.*Le séminaire, livre III:* les psychoses. Paris: Seuil, 1981.

____. (1956a). *La chose freudienne ou Sens du retour à Freud en psychanalyse.* In: ____. Ecrits. Paris: Seuil, 1966. p. 401-436.

____. (1956/1957). *Le séminaire, livre IV*: la relation d'objet. Paris: Seuil, 1994.

____. (1957/1958). *Le séminaire, livre V:* les formations de l'inconscient. Paris: Seuil, 1998

____. (1958d). *La direction de la cure et les principes de son pouvoir.* In:Ecrits. Paris: Seuil,

____. 1958/1959). *Le séminaire, livre VI:* le désir et son interprétation. Paris:Association Freudienne Internationale, [S. d].

____. (1960c). *Subversion du sujet et dialectique du désir dans l'inconscient.* In: __ Ecrits. Paris: Seuil, 1966, p. 793-827.

____. (1960/1961). *Le séminaire, livre VIII:* le transfert. Paris: Seuil, 2001.

____. (1964a). *Le séminaire, livre XI:* les quatre concepts fondamentaux de la psychanalyse.

____. 1969/1970). *Le séminaire, livre XVII: l'envers de la psychanalyse.* Paris:Seuil, 1991.

____. (1970e). *Radiophonie.* In: -__Autres écrits. Paris: Seuil, 2001. p. 403-447.

____. (1971/1972b). *Je parle aux murs: entretiens de la Chapelle de Sainte-Anne.* Paris: Seuil, 2011

____. (1972). *Discours de Jacques Lacan à l'Université de Milan le 12 mai 1972.* In: ____ Lacan in Italia 1953-1978/En Italie Lacan, Milan: La Salamandra, 1978.

____. (1974a). *Télévision.* In:__ Autres Écrits.. Paris: Seuil, 2011. P. 509-545

____. (1975b). *Introduction à l'édition allemande d'un premier volume des.* In : __Autres écrits. Paris: Seuil, 2001. p. 553-559.

____. LENIN, V. I. (1918). *Left-wing childishness and the petty-bourgeois mentality.* In:__ Collected works. Moscow: Progress Publishers, 1974. v. 27, p. 323-354.

Gênero como categoria de análise... e da psicanálise?

Adriana Perassi Bosco
& Vera Paiva

A família, a sexualidade e os gêneros têm estado no centro das mudanças na organização social na cultura desde a segunda metade do século passado (CASTELS, 2002). Autores que não atuam segundo o referencial psicanalítico, e se dedicam a estudar e compreender essas mudanças nas últimas décadas, costumam apontar a rarefeita contribuição de psicanalistas de referencial clássico, sobretudo freudiano e da escola inglesa, no âmbito dessas mudanças.

Jeffrey Escoffier (2006) nos lembra que, logo depois da Segunda Guerra Mundial, a articulação entre sexualidade e teoria social era quase sempre feita pelos intelectuais mais ilustres da esquerda freudiana: William Reich, Herbert Marcuse, Erich Fromm, Norman Brown e Paul Goodman. Bastante preocupados com a normatização da sexualidade e com base na hipótese repressiva, como projeto de mundo e de homem pensavam uma sexualidade "saudável" e em sua libertação. A catarse seria a saída, inclusive política. Desde então, a produção acerca das sexualidades e das questões de gênero, em um viés mais sociopolítico, ficaram em segundo plano no campo vasto das psicanálises. Décadas depois, foram as estudiosas do gênero como Luce Irigaray, Julia Kristeva e Judith Butler que introduziram a psicanálise, sobretudo aquela de referencial lacaniano neste debate.

Pensar a produção dos femininos e dos masculinos, de homens, mulheres e transgêneros, no âmbito dos processos de subjetivação atravessados pelo contexto social, cultural e intersubjetivo é, ainda assim, prática que precisa ser expandida no campo das humanidades, no qual incluímos a psicanálise. Na segunda década do século XXI não se pode estranhar a necessidade de debatermos teorias sobre o corpo, que o coloquem em "uma posição determinada no seio do simbolismo geral da sociedade" (LE BRETON, 2011, p.17). Se não é novidade a profunda importância da significação social de todos os processos e produções humanas acerca do corpo e seus desejos, a novidade que o tema impõe no campo psicológico não é de pouca monta, na medida em que permanece na formação das mentalidades e nas leituras disponíveis sobre o sujeito uma forte tendência às interpretações essencialistas sobre o corpo, sobretudo, quando tratam das sexualidades e dos gêneros.

A vertente construcionista que pretendemos discutir neste texto, validada nas últimas décadas, especialmente no campo das ciências sociais, da saúde pública e da psicologia social, interpelou radicalmente a produção científica essencialista, afirmando a contextualização e a historicização das relações sociais entre os sexos. No âmbito do debate retomado por este livro, o objetivo deste texto é sintetizar a produção teórica de autores e autoras ancestrais do "paradigma construcionista", segundo o qual as relações de gênero e as construções sobre as sexualidades se estruturam por meio das interações entre sujeitos implicados em um mundo social, atravessado pela desigualdade. É neste campo que as autoras deste texto se posicionam para convidar ao debate colegas de outros campos teóricos que se beneficiaram dessas formulações.

Como já se discutiu em outro texto (PAIVA, 2008/2012), desde os anos de 1980, os autores do campo construcionista, em várias disciplinas, fundamentaram a crítica ao "paradigma sexológico", que sustenta a natureza essencial da diferença entre os sexos e apoia intervenções técnicas, como no campo da saúde ou na escola, orientadas pela noção de "desenvolvimento psicossexual normal", universal e natural, cujo sentido é uma certa heteronormatividade. Ao criticar o paradigma sexológico, os autores que incluímos no "paradigma construcionista" questionam a noção de instinto biológico herdada da esquerda freudiana, e incluem no campo sexológico boa parte da produção psicanalítica.

No debate sobre estes dois paradigmas, que convivem na formação dos profissionais de saúde mental, não se deve esquecer que toda pesquisa, e logo o campo de teorias e técnicas que informam a prática, se estabelece ao responder a uma questão ou a um conjunto de problemas a serem enfrentados. O campo sexológico, em que se inclui autores como Freud (e seguidores), Reich, Ellis, Hirschfeld, Stopes, Kinsey e colaboradores, Masters e Johnson, entre outros, afirmou-se respondendo a "problemas" – primeiro do âmbito da saúde mental e, depois dos anos 1960, também da saúde sexual (GAGNON; PARKER, 1995). Suas respostas conceituais, que trataram de questões no âmbito da saúde e da demografia, contribuíram para produzir boa parte dos discursos que Foucault depois analisou em sua obra extensa, dedicada a compreender o estabelecimento do saber-poder e, em especial, em sua *História da sexualidade* (1988/1990), em que discutiu a sexualidade produzida por construções discursivas, e não apenas por mecanismos repressivos".[14]

Em outra direção, a questão básica que move a pesquisa e produção teórico-prática construcionista, institucionalizada mais fortemente nas últimas duas décadas, tem sido compreender (e interpelar) a desigualdade entre os sexos, a subordinação das mulheres, a discriminação sexual, para então teorizar sobre a sexualidade (os sexos e os gêneros) como fenômeno social. Se as abordagens referidas ao discurso biológico que se apresentaram até hoje colocam, em sua maioria,

14. Embora adotando Foucault como inspirador ancestral, a maior parte dos autores construcionistas do hemisfério sul nota tratar-se da história da sexualidade no ocidente colonizador. Seria uma violência reducionista e eurocêntrica pressupor que a história da sexualidade brasileira (ou em qualquer lugar da América Latina, África ou Ásia) é espelho da europeia, sem a marca das tradições culturais nativas.

uma determinação essencialista das diferenças entre os sexos e das organizações do gênero que decorreriam de tais determinações, o construcionismo afirma que o que se constrói socialmente pode ser desconstruído, renovado e reinventando. A produção discursiva sobre a sexualidade não é da ordem da determinação biológica ou da lógica da hipótese repressiva, mas expressa e sustenta desigualdades socialmente produzidas.

Foi em resposta à epidemia da Aids e à violação de direitos, em especial os direitos sexuais e reprodutivos das mulheres, que a abordagem construcionista validou-se definitiva e fortemente na academia e mais fortemente nas práticas de promoção da saúde e de intervenção psicossocial (PAIVA, 2012). Na construção da resposta ao sofrimento pessoal de homens e mulheres, nestes dois campos da experiência cotidiana, descreveu e refletiu criticamente sobre a sexualidade e os gêneros, renovou a teoria e as técnicas/metodologias de ação, concebidas sempre nesse paradigma como algo da ordem psicossocial. Além de contribuir, nos últimos 50 anos, com as formulações que questionaram intelectualmente uma versão sobre a "natureza dos sexos", fundamentando um novo ordenamento jurídico[15] e o debate político que tornou a versão que sustenta a violação de direitos inaceitável como verdade que fundamenta a organização social, baseada na desigualdade entre os sexos.

Muitos construcionistas foram, de algum modo, marcados pela obra de Foucault e de Freud, pela chamada esquerda freudiana e pela antropologia estruturalista, como a de Lévi-Strauss, ou pela etnografia de Margareth Mead e Malinowsky, autores que todos leram. Esses autores clássicos inspiraram a produção de relevante etnografia que descreveu a diversidade da experiência sexual e de gênero, seguida de um campo vasto de estudos socioculturais

15. Em 2011, a mudança nas mentalidades e a produção teórica permitiram ao Supremo Tribunal Federal derrubar a tese da natureza" do casamento, dos gêneros, da família, e dos sexos, ao adotar como centro do argumento o "propósito de felicidade em seu julgamento unânime e favorável à equiparação da união homoafetiva à heterossexual. Tema a ser explorado em outro texto, essa decisão resultou da compreensão densa da laicidade do Estado brasileiro e da validação da superação de uma versão biológica da diferença sexual. O voto do relator, Ministro Ayres Britto, é bastante emblemático www.stf.jus.br/arquivo/cms/noticiaNoticiaStf/anexol/ADI4277.pdf

sobre os sexos em várias regiões do mundo (tradicionais, urbanas e rurais). Uma parte considerável dos construcionistas compartilha os ancestrais da psicologia social sociológica inspirada em G. Mead e Goffman (FARR, 1988) e o campo de questões que moveu o interacionismo simbólico desde os anos de 1950. Menos interessados nos temas clássicos da doença mental ou em alcançar qualquer definição de normalidade ou saúde sexual, estes autores interpelam, há décadas, a natureza da desigualdade social entre os sexos, as descrições sobre uma "normalidade sexual", ou noções sobre o feminino e o masculino generalizáveis para a humanidade, cuja definição seria independente do contexto social e do momento histórico em que operam.

Quando pensamos nas possibilidades de diálogo entre o gênero como categoria de análise[16], por exemplo, e a tradição teórica psicanalítica em suas várias vertentes, as questões seriam: até onde se pode chegar dentro do paradigma psicanalítico em relação ao tema, sendo esta disciplina tão peculiar e específica na definição da sexualidade como um núcleo simbólico operativo na construção da realidade do sujeito?

AS MUDANÇAS AO LONGO DO SÉCULO XX A EMERGÊNCIA DO GÊNERO

Para os que nunca se debruçaram sobre o tema do gênero na perspectiva proposta, é interessante começar por um sociólogo, Manuel Castells. Castells, em sua obra clássica *A Era da informação*, fez um extenso inventário de pesquisas sociais com dados de vários países até o início dos anos 1990, quando publicou a coletânea. Argumentou como as mudanças no modo de organizar a família, o casamento e a posição social da mulher não podem ser desconsiderados em qualquer debate sobre sexualidade, os sexos e o gênero. O segundo tomo de sua coletânea, *O poder da identidade*, é primoroso.

Castells (2002) descreve como questionamento das posições de poder, em relação à diferença sexual em nossa sociedade, resultou de

16. Um texto clássico sobre gênero como categoria de análise é o de SCOTT, J. (1990).

mudanças econômicas do pós-Segunda Guerra Mundial e produziu uma economia informacional global. A partir dos anos 1960, um movimento feminista multifacetado e em vários países se configurou como força política, paralelamente ao desenvolvimento da regulação e das técnicas de reprodução humana, à crescente incorporação das mulheres[17] na força de trabalho remunerado e no deslocamento dos homens do lugar social de provedores. Castells argumenta que "nos países industrializados, a grande maioria das mulheres considera-se igual ao homem, com direito às mesmas prerrogativas e de controlar seus corpos e suas vidas". Embora esse posicionamento tenha permitido a diminuição da discriminação legal contra as mulheres, por outro lado, não evoluiu para uma "revolução de veludo". Nas palavras do autor:

> A violência interpessoal e o abuso psicológico têm se expandido, justamente em virtude da ira masculina, tanto individual quanto coletiva, ante a perda de poder [..]. A paisagem humana da liberação feminina está coalhada de cadáveres de vidas partidas, como acontece em todas as verdadeiras revoluções. (CASTELLS, 2002, p. 171)

Castells considera a família patriarcal, organizada em torno da autoridade do pai, fundante da dinâmica social nas sociedades que abordou em sua coletânea e mostra como esta autoridade tem sido contestada, de diversas maneiras, ao longo dos últimos 30 anos, embora siga imprimindo sua influência. As sociedades contemporâneas ocidentais ou ocidentalizadas têm suas formas de organização social assentadas sobre uma série de estruturas, diz ele, e uma das mais importantes ainda é o patriarcalismo, caracterizado "pela autoridade, imposta institucionalmente, do homem sobre a mulher e filhos no âmbito familiar" (2002, p. 169). Para além do âmbito familiar, o patriarcalismo permeia toda a sociedade e atravessa os relacionamentos, as organizações sociais, as produções científicas e simbólicas e a própria constituição dos sujeitos.

---

17. O termo "mulheres" refere-se à categoria sociológica, mas vale apontar que a noção de "entrada da mulher no mercado de trabalho remunerado" se refere, sobretudo, às classes médias, já que as mulheres das classes mais baixas já eram trabalhadoras e seu trabalho assumia características políticas e sociais diferentes, que não se pretende discutir aqui.

Movimentos discursivos que acompanharam ou produziram as mudanças descritas por Castells, costumam acionar respostas variadas, algumas no sentido de um maior igualitarismo, outras no sentido da afirmação de uma diferença hierarquizada, outras no sentido da afirmação da "igualdade na diferença". No caso dos discursos sobre o gênero, constituem questionamentos sobre o que é da ordem do masculino, o que é da ordem do feminino, o que são homens e o que são mulheres e se há uma verdade absoluta na diferença sexual. De todo modo, esses movimentos de discurso trazem mudanças fundamentais para a organização social como um todo, incluindo aí o desenvolvimento das subjetividades, e produzem questões acerca da maneira pela qual produzimos as relações de gênero: quais mecanismos de produção de sujeito organizam os lugares subjetivos e sociais, e quais mecanismos nos levam a repetir e a reafirmar desigualdades hierarquizadas?

Apesar de importantes diferenças entre autores, Haraway (2004) ressalta que todos os significados modernos sobre a categoria "gênero"[18] se enraízam na observação de Simone de Beauvoir, no pós-guerra, de que "não se nasce mulher". As condições sociais do pós-guerra possibilitaram a construção das mulheres como um coletivo histórico, sujeito em processo e as noções de gênero; por tanto, foram desenvolvidas para contestar a naturalização da diferença sexual em múltiplas arenas de luta social. A teoria e a prática feminista em torno da categoria "gênero" buscam compreender e transformar sistemas históricos de diferença sexual nos quais homens e mulheres são socialmente constituídos e posicionados em relações de hierarquia e antagonismo.

Para a historiadora Joan Scott (1990), gênero é necessariamente uma categoria histórica, social, construída, temporal; as relações que podemos vislumbrar através do conceito são também construídas e mutáveis. Segundo Scott, a constituição do termo

18. Trata-se de uma "categoria de análise e não uma realidade substantiva, como o gênero que hoje, erroneamente, materializa-se em tabelas que comparam resultados obtidos com o estudo de homens e mulheres, incluídos no estudo por serem geneticamente machos e fêmeas – não se encontra nesses textos nenhuma análise de gênero, com base nesta categoria de análise social e psicossocial das desigualdades e das diferenças.

também tem uma história. O termo "gênero", no sentido que assumiu mais recentemente, surgiu com maior força no discurso das feministas norte-americanas a partir dos anos 1960. Buscou-se aí marcar uma diferença: se sexo ou diferenças sexuais eram termos com uma tradição que os ligava ao determinismo biológico, era necessário cunhar outro termo para indicar que as diferenças entre homens e mulheres assumiam um caráter social, cultural e, portanto, mutável. Scott discute que a categoria "gênero" pode ser definida como a organização do discurso da diferença entre os sexos que permeia as instituições sociais, as práticas cotidianas e as relações; "gênero" sublinha também o aspecto relacional das definições normativas de feminilidade.

A produção social de identidades sexuais que interpela a desigualdade no exercício de direitos, é posterior e se expressa em qualquer das letras que representem os grupos incluídos no segmento da população, no Brasil, chamados de LGBT (lésbicas, gays, bissexuais, transgêneros e travestis), sigla formada por letras que definem ora a orientação sexual, ora identidade de gênero. Trata-se de um exemplo de como se multiplicaram, exponencialmente, os discursos que participam da conversação e da socialização no mundo ligado eletronicamente e globalizado nas últimas décadas. Como afirma Appadurai (2003), a cultura não pertence mais a um povo, não está mais localizada apenas no espaço (de um discurso científico, de um ritual religioso ou de uma obra de arte) e essa dinâmica mobiliza um arquivo virtual de referências e diferenças que são, conscientemente, utilizadas pela fantasia individual. A produção sobre a igualdade de gênero e a cultura LGBTT, a literatura da pesquisa social tem demonstrado"[19], se dissemina como projeto de sociabilidade, conjugalidade e sexualidade, e permanentemente renovada localmente e globalmente desde os anos 1970. Trata-se de um exemplo de como a imaginação coletiva disseminada massivamente pode ser combustível para ação e inovação social.

19. A produção da pesquisa sociológica e antropológica, no campo da epidemiologia e da saúde pública, da ciência política e da psicologia social que descrevem esse movimento pode ser encontrada nas revistas cientificas dessas áreas disciplinares, ou em periódicos dedicados especificamente ao tema da sexualidade.

A INVENÇÃO DOS SEXOS, DA SEXUALIDADE E A CRÍTICA FEMINISTA

Nas sociedades ocidentais de matriz europeia, em que a ciência assumiu o estatuto de produtora de verdade a partir de uma proposta racionalista-empirista e de formulação de visão de mundo, o conhecimento sobre o corpo que foi legitimado discursivamente e organizou-se em torno de uma noção de corpo máquina e práticas normativas – um substrato biológico que determinaria de maneira peremptória as diferenças entre os seres. Determinaria inclusive que a diferença significa desigualdade entre homens e mulheres.

No paradigma construcionista, por outro lado, no corpo nada é intrinsecamente sexual, ou melhor, qualquer coisa pode ser sexualizada – como ressaltaram Gagnone Simon, autores de um dos livros mais marcantes no campo, *Sexual conduct* (1973).Inspirados na tradição do pragmatismo e em autores da Escola de Chicago, Gagnon e Simon estenderam à sexualidade o modelo de "carreira, que permitia pensar o modo como se aprende socialmente a executar tarefas, adquirir informações especializa das e lidar com os demais atores sociais, de determinado meio, fossem estes atores donas de casa e banqueiros (posições "normais") ou bandidos e prostitutas (ditas posições "desviantes"). Com a preocupação de não estigmatizar, estavam especialmente interessados em como as escolhas da vida, observáveis mesmo entre os "desviantes e anormais", modificavam o eu. Distantes de qualquer noção de sexualidade instintiva, sua contribuição foi a concepção de "conduta sexual" – que distinguiam da noção de comportamento, porque é produzida e avaliada simbólica e socialmente – como implicada no processo de construção de uma carreira (sexual), trajetória de assimilação ou modificação de estilos de vida.

A contribuição de Gagnon foi, nos anos 1990, fundamental para avançar em direção a uma visão mais dramatúrgica das relações sexuais e de gênero na resposta à Aids e à questão dos direitos sexuais. Nesse segundo período de sua obra, inclui a noção desenvolvida com Simon de roteiros culturais para a produção de carreiras sexuais em uma matriz social concebida no âmbito teoria das "redes sociais" (LAUMANN et al, 1994). O cenário cultural é um sistema semiótico de instruções e espaço intersubjetivo do sociocultural, que deriva roteiros interpessoais e roteiros intrapsíquicos (que dependem da copresença/ausência de atores e de roteiros ordenados para aquele tipo de encontro).Esta abordagem levou a resultados bastante produtivos no trabalho da prevenção e promoção da saúde que se desenvolveu no Brasil (PAIVA, 2008/2012).

Simon e Gagnon antecederam Foucault quando abordaram a interação de sujeitos sociais na atividade sexual por meio da coordenação corporal e simbólica, embora não focalizassem o relato histórico da produção do discurso sobre a sexualidade, abordado também pelo filósofo francês nos anos 1970. Foram leitores de Freud e produziram os textos sobre a conduta sexual em debate com um psicanalista muito importante, Robert Stoller. Distanciavam-se de Freud porque, como relembra Gagnon em entrevista de 2006:

> Na presença de fatores de influências diferentes, Freud sempre escolheu o sexual para explicar todos os demais. Com essa simplificação, é comum se eliminar o mais interessante, que é o fato de o sexual ser um componente numa rede dinâmica de forças, que incluiu o gênero, a classe, a raça/etnicidade e a nacionalidade. (p. 406)

Gagnon distingue o naturalismo de Freud e o de Kinsey, com quem trabalhou. Ressalta que a visão kinseyana sobre a natureza dos sexos era mais benéfica, pois acreditava na beleza da natureza, embora reconhecesse que a cultura impõe limites.

No Brasil, na interface da psicanálise que pratica na clínica e em sua crítica do "sintoma social", também inspirado pelo pragmatismo neopragmatismo, Jurandir Freire Costa (1995) compartilha das preocupações construcionistas; discute as identidades sexuais, tomando como referência Foucault e Laqueur. Freire Costa afirma que a invenção do sexo e da sexualidade, tal como entendemos hoje, não tem um referente único, um "estado puro à imediatez indubitável de nossas consciências" (FREIRE COSTA, 1995, p. 5). Em vários textos, Freire Costa sintetiza a tese central de *Laqueur*, em seu clássico livro *Inventando o sexo – corpo e gênero dos gregos a Freud* (2001), que basicamente se caracteriza por uma leitura histórica das teorias médicas acerca da sexualidade, demonstrando o caráter construído e discursivo das ditas "verdades" biológicas e médicas predominantes no campo ao longo dos tempos.

Relevante para o campo das humanidades, a questão da identidade sexual e a existência de sistemas distintos para pensar os sexos (homens e mulheres), as sexualidades (a vida sexual e os erotismos) e os gêneros (femininos, masculinos e transgêneros), mobilizou o debate no campo construcionista das últimas duas décadas.

Weeks (2000, p. 43) define gênero sinteticamente como a diferença social entre homens e mulheres e a sexualidade como "a série de crenças, comportamentos, relações e identidades socialmente construídas e historicamente modeladas que se relacionam com o que Michel Foucault denominou 'o corpo e seus prazeres'". Autor, historiador e teórico fundamental no campo das homossexualidades, Scott (1990) ressalta que o gênero se define como a organização do discurso da diferença entre os sexos que permeia as instituições sociais, as práticas cotidianas e as relações.

O gênero organiza socialmente a diferença sexual e, por meio da percepção das diferenças de gênero, identidades de gênero diversas podem constituir-se e dão conta de experiências variadas, inclusive as eróticas (HEILBORN, 2004). Tanto as relações de gênero quanto as práticas sexuais e os nomes que damos a elas são construídos e valorados socialmente. Se observarmos a literatura antropológica e histórica acerca do tema, perceberemos uma variação na construção dos sentidos do sexo e do gênero tão grande que fica difícil concebê-los com base em características universais e essenciais. Em diferentes culturas, e em uma mesma cultura em períodos históricos diversos, o corpo, as práticas corporais ligadas à sexualidade e as significações sociais das diferenças sexuais, em termos de divisão de trabalho e de permissões e interdições, são ordenadas de infinitas maneiras. Ao redor das diferenças sexuais produzem-se modos de dar sentido à evidencia das diferenças morfológicas entre macho e fêmea, e organizações sociais que institucionalizam a vida cotidiana implicada nesses sentidos.

Ainda assim, a tendência hegemônica, em várias disciplinas, é tomar a inspiração do discurso biológico para essencializar os sentidos da diferença como "naturais", tendo como base a construção característica das ciências de nosso tempo que aponta a fisiologia como base da vida, enquanto tudo o mais seria um aglomerado de epifenômenos decorrentes deste mesmo processo fisiológico. Isso faz com que concepções historicamente determinadas sobre o funcionamento dos corpos sejam naturalizadas e assumam um estatuto de verdade. Por outro lado, se tudo mais é plástico, se comportamentos são intercambiáveis, se a cultura varia, restaria ainda a diferença essencial, "natural": mulheres gostam, menstruam e amamentam, homens fecundam (PAIVA, 1990).

Moore (1997), outra autora seminal neste paradigma, discute que a palavra "natural" tende a ser usada de maneira enganosa nas discussões sobre sexo e gênero. Descrevem-se as diferenças entre homens e mulheres na vida social, incluindo aí as hierarquias e valorações, como algo advindo de um substrato biológico. "Natural" e "biológico" passam a ser utilizados como sinônimos. Retoma Fausto-Sterling para argumentar que se estabelece uma relação de reta entre, por exemplo, hormônios masculinos e comportamento agressivo, que a biologia e comportamento permanecem em relação simples de causa e efeito – posição rejeitada pela pesquisa contemporânea em que "a biologia é um componente dinâmico de nossa existência e não um determinante de mão única" (MOORE, 1997,p. 1). Estar no mundo é fruto de relações complexas entre biologia, percepção e ambiente social e o determinismo biológico seria uma leitura extremamente redutiva, tanto da ciência natural como da ciência social.

O SISTEMA SEXO, O SISTEMA GÊNERO E O SUJEITO

Em 1975, Gayle Rubin apresentou uma crítica à leitura estruturalista do parentesco em seu texto clássico *O tráfico de mulheres: notas sobre a "economia política" do sexo*, estabelecendo a noção de sistema sexo/gênero como dois sistemas distintos. Ampliaram-se, portanto, as discussões acerca dos conceitos de sexo e de gênero, ressaltando a característica relacional do conceito de gênero, Como fazer sexo, onde, com quem, que atributos deve ter o parceiro, o que é um homem, o que é uma mulher, como e quando deve ocorrer o casamento, que estatuto tem a homossexualidade, que valores são atribuídos ao masculino e ao feminino: todas estas questões se constelam em sistemas de sexo/gênero estabelecidos em cada sociedade. Segundo Rubin (1993), um sistema sexo/gênero é uma "série de arranjos pelos quais uma sociedade transforma a sexualidade biológica em produtos da atividade humana, e nos quais essas necessidades sexuais transformadas são satisfeitas". A autora segue argumentando:

> O que é uma mulher do lar? Uma fêmea da espécie. Uma explicação é tão boa quanto a outra. Ela só se transforma numa criada, numa esposa, numa escrava, numa coelhinha da Playboy, numa prostituta, num ditafone humano, dentro de determinadas relações. (RUBIN, 1993, p. 3).

As configurações tomadas por estas relações determinam arranjos variáveis de cultura para cultura. Nelas percebe-se que toda sociedade tem algum tipo de divisão de tarefas de acordo com o sexo, mas que o que determina se uma tarefa é masculina ou feminina varia enormemente. Ainda argumenta Rubin:

> Em alguns grupos, a agricultura é trabalho para as mulheres, em outros, para os homens. Existem até exemplos de mulheres caçadoras e guerreiras e de homens encarregados de cuidar das crianças. (Ibid., p. 26)

A variação das formas de organização humana nos permite perceber que nossa espécie transforma o mundo de maneira a se organizar para garantir sua sobrevivência, e que somos organismos com a potencialidade para o estabelecimento de relações para a produção de símbolos, para o desenvolvimento de culturas. O acúmulo de etnografia sustenta a visão de um ser humano que não apenas transforma o mundo material no sentido de sua sobrevivência, mas o faz de maneiras múltiplas. Assim:

> Fome é fome, mas o que interessa, quando se trata de comida, é determinado e obtido culturalmente. Toda sociedade tem alguma forma de atividade econômica organizada. Sexo é sexo, mas o que interessa em matéria de sexo é igualmente determinado culturalmente. Toda sociedade tem também um sistema de sexo/ gênero – uma série de arranjos pelos quais a matéria-prima biológica do sexo humano e da procriação é moldada pela intervenção humana, social, e satisfeita de um modo convencional, por mais bizarras que algumas dessas convenções sejam. (Ibid., p. 11)

A autora prossegue nos dando alguns exemplos bastante interessantes de etnografia para corroborar esta visão:

> Relações sexuais com vários parceiros sucessivos é um costume bastante arraigado entre os marind-anim [.). Em todas as grandes festas se faz o chamado oliv-bombari, no qual o sêmen é colhido para fins rituais. Algumas mulheres têm relações sexuais com muitos homens e o sêmen que sai resultado é recolhido em cascas de coco [...]. Entre os etoros, a relação heterossexual é tabu durante 205 a 260 dias por ano. (Ibid.)

Em outro texto, de 1984, *Thinking sex: notes for a radical theory of the politics of sexuality*, a autora afirma que há um "sistema sexo" e um "sistema gênero"; o primeiro se referindo à ordenação de prazeres e formas de obtê-los e a permissão ou pressão social em termos de práticas sexuais, e o segundo se referindo à ordenação social das relações entre homens e mulheres. Estes dois sistemas se atravessam mutuamente, mas não se confundem.

Vance (1995) ressaltará que, antes de Rubin, gênero e sexualidade se confundiam como fenômenos, sendo a sexualidade entendida como completamente derivada do gênero. A organização da sexualidade derivaria da organização desigual do gênero. Mas a partir de Rubin (1984), podemos concordar que sexualidade e gênero são inegavelmente inter-relacionados, mas demandam categorias de análise diferentes. Assim, teorias de sexualidade não podem explicar o gênero, enquanto teorias de gênero não dão conta de explicar a sexualidade. A autora afirma:

> Sexualidade e gênero são sistemas separados que se interconectam em muitos pontos. Embora os membros de uma cultura experimentem estas interconexões de forma natural, orgânica e continua, os pontos de junção variam histórica e culturalmente. (VANCE, 1995, p. 12).

Variam também ao longo de uma singular trajetória pessoal (PAIVA, 1990; 2012). Operamos no mundo por meio do que percebemos como uma identidade pessoal, parcialmente continua, por ser recriada todos os dias através de processos de memória e narração de si, que nos dá a percepção de sermos nós mesmos ao longo do tempo. Da mesma forma, somos diversos a cada momento, e nossa identidade se configura também como um fluxo. Sobretudo, nossas identidades pessoais são intertecidas pelas identidades que assumimos socialmente. Identidades são diálogos que se estabelecem pelo posicionamento do sujeito; este sujeito que pode ser definido como uma história singular de intersecções de discursos e enuncia ações na esfera das práticas sociais. Entre outras coisas, as maneiras como nos posicionamos no mundo como homens, mulheres ou transgêneros, ou a maneira como praticamos sexo e as cenas sexuais nas quais nos envolvemos; o que é social e historicamente possível para uns e outros faz parte deste cenário. Podemos, então, pensar que temos identidades sexuais e identidades de gênero que não coincidem, nem se confundem, mas se relacionam e produzem subjetividade de maneira particular, historicizada e contextualizada.

Autores dedicados a compreender a dimensão performativa da subjetivação e da socialização observam que, no século XXI, essas passam a ser cada vez mais fragmentárias por conta das diversas tradições culturais e discursos aos quais temos acesso desde a infância, no processo de socialização, como já se discutiu em outro texto (PAIVA, 2008). A intuição de G. Mead sobre o que chamou de "personalidade múltipla," implicada em cada uma das distintas relações no mundo do trabalho, na família, na igreja, na vizinhança, na ONG ou no sindicato, materializa-se de modo mais evidente. Enrique Malo, por exemplo, ao pensar na dominação de classe, pensa na diversidade dessa experiência, se esta for pensada como articulada à dominação de gênero. Ou seja, nos termos de Mead se discutirá que não haveria apenas um "outro generalizado", mas vários "outros generalizados que constituem nossos auditórios interiorizados, aos quais replicamos", o que produz subjetividades de classe, no plural (MALO, 2007, p. 17).

O senso comum, entretanto, imagina que existe um sujeito que será descoberto com o progredir do processo de autoconhecimento, como diria Freire Costa; sujeito representado como uma "espécie de núcleo de uma cebola, cujas cascas são pouco a pouco retiradas, quando desfazemos as sucessivas camadas de nossa ignorância sobre nós mesmos" (FREIRE COSTA, 1995, p. 3). O autor lembra que Freud já propôs que ao chegarmos, então, ao esperado "núcleo," na verdade encontramos um vazio, ou seja, somos apenas as "camadas". Freire Costa admite um "sentimento do eu", ou sentimento de identidade, uma vez que não se pode prescindir do pronome "eu", ou dos predicativos indicativos de características pessoais, ou viver em comunidade sem artefatos de fixação de identidade, sem passado, presente ou futuro ou responsabilidade social. As fixações são "reações a contingências pessoais e históricas" e a noção de identidade sexual seria uma delas.

Ainda assim, o ser mulher/ser homem imediatamente coloca a questão da diferença sexual como determinante de uma diferença de hierarquia social. A vida social não é sexualmente igualitária e, segundo Rubin: "A literatura sobre mulheres – tanto feminista como antifeminista – é uma longa reflexão sobre a questão da natureza e da gênese da opressão e subordinação social das mulheres. (1992, p. 1)."

Segundo a autora, a partir desta reflexão é possível delimitar as possibilidades e planos de ação em relação a essas formas de opressão. O campo do sexo e do gênero parece ser, sobretudo, um campo de debate, de jogos de força de discursos e práticas. Ao problematizar sexo e gênero e observar que os termos masculino e feminino assumem diferentes significados em diferentes culturas, parece lógico, como ao construcionismo, derivar que esses não estão submetidos a uma verdade natural segundo a qual a opressão de um pelo outro poderia ser justificada.

Um dos argumentos mais resistentes do paradigma sexológico está impregnado pela tradição judaico-cristã. Como ressalta Moore (1997, p. 9), tanto em relação ao sexo como ao gênero, esta tradição produz o sentido das diferenças sexuais biológicas (naturais) como binárias subjacentes. No entanto, discute a autora, não há a possibilidade de um sujeito humano (e de um sexo) que seja pré-cultural, puramente biológico, natural, despido de significados atravessados pelo contexto histórico, social, intersubjetivo. Desde a interpretação da maneira como se deve nascer, interpretada como dolorosa e não prazerosa, ou do alimento a ser oferecido ao bebê, há marcas relacionais determinadas por hábitos, costumes e formas socialmente determinadas de um fazer. Se questionarmos esta concepção segundo a qual a biologia seria uma espécie de infraestrutura em relação a uma superestrutura cultural, podemos derivar, segundo Moore (1997, p. 10), que não há um sexo biológico puro sem que esteja atravessado por um discurso sobre o sexo (o discurso da biologia ou da psicologia, por exemplo). Corpos, processos psicológicos e partes do corpo, portanto, não têm sentido fora de interpretações socialmente construídas. O intercurso sexual e a reprodução humana são também atividades sociais, além de processos fisiológicos.

Na abordagem construcionista é mais produtivo pensar interfaces entre natureza e cultura, biologia e sociedade, de maneira a não considerar a priori as relações como binárias antitéticas (homem x mulher, normal x anormal ou patológico, santo x pecado), hierarquizadas ou desenhadas segundo uma lógica de causa e efeito. Ou seja, tem sido fecundado colocar em perspectiva a produção discursiva dos últimos séculos.

Se a ciência biológica participa da multiplicidade de discursos, se é parte da cultura como local de prática e da performance, poderíamos postular que não há uma verdade última consagrada pelo discurso biológico de um certo tempo. Em outras palavras, se a ciência biológica é também um discurso histórico, a naturalização do corpo-objeto como fronteira material última pode ser questionada em seu estatuto de verdade absoluta. O mesmo vale para boa parte da psicologia que versa sobre o desenvolvimento sexual "normal" de uma maneira implicada com a sua ambição de universalização dos seus conceitos fundamentais, sem considerar o contexto discursivo, social e cultural de seu tempo.

TODO SEXO É POLÍTICO

Se indagamos "*o que é uma mulher?*", "*o que é um homem?*", "*O que é um heterossexual?*" ou "*o que é um homossexual?*", de acordo com o que foi formulado até aqui é possível obter uma resposta contextual, na medida em que se conceba as identidades de gênero e identidades sexuais constituídas como práticas cotidianas, a cada cena referida a cenários culturais específicos (PAIVA, 2008). Suspende-se, assim, a essência cujo sentido é garantir um traço comum a todas as fêmeas da espécie e evoca-se a noção de múltiplas possibilidades, de relações historicizadas encarnadas no corpo subjetivante. Suspendem-se também as naturalizações ou impulsos à patologização acerca das personificações dos gêneros inventados nas últimas décadas, até pela cirurgia ou diante da multiplicidade de sentidos e experiências com a atividade sexual. As relações de gênero e a sexualidade são construídas ao longo da história e de uma trajetória pessoal, interpeladas e marcadas pela multiplicidade de discursos-ato, temporalmente determinados.

Impossível esquecer, como Rubin (1984), que "todo sexo é político", como discutem M. Pecheny e colaboradores (2008). Os autores ressaltam que a maior ou menor legitimidade das identidades sexuais, ou de suas práticas, não se dá aleatoriamente ou "naturalmente" por conta de certo desenvolvimento sexual normal, ou apenas por relações objetais primárias que se deram desta ou daquela maneira. Trata-se, também, de relações de poder configuradas por processos históricos e plasmadas em estruturas sociais contingentes. A controvérsia gerada pelas políticas contra a discriminação de direitos de pessoas que fogem às definições da normalidade da sexologia e, ainda, implicadas na religião, indica que essas concepções não afetam apenas as abordagens clínicas no nível pessoal, oferecidas à classe média que pode pagar; afetam especialmente o plano programático das políticas de estado, das políticas de assistência social, justiça, segurança, educação e saúde, com a participação direta da orientação teórica e técnica de profissionais do campo que chamamos de Psi.

Quando pensamos em homens e mulheres, heterossexualidades e homossexualidades e outras sexualidades, assim no plural20, concebemos necessariamente diferenças e igualdades em um jogo de poder e de relações de poder, uma tensão/negociação que pode ser descrita no âmbito dos scripts intrapsíquicos e interpessoais, como diria Gagnon; nas interações intersubjetivas a cada cena, com qualidades distintas em distintos cenários culturais, em dia tintas configurações das relações de gênero ou das políticas sobre os sexos.

Além da sexualidade, que estabelece um sistema próprio de construção intersubjetiva, ainda há o gênero, ou seja, a análise das relações socialmente construídas e estabelecidas entre os sexos produzidos discursivamente. O gênero tem sido, pelo menos desde os anos 1980, uma categoria de análise que, além de produzir um campo de estudos, gerou um questionamento em

20. O uso de sexos, sexualidades e gêneros no plural não é consenso no campo dos estudos de gênero. Alguns autores, para marcar a dimensão hierárquica na dominação feminina, preferem o singular.

relação às teorias científicas previamente estabelecidas. As teóricas feministas que construíram o campo de estudos de gênero, e abriram caminho para o debate conceitual sobre as sexualidades, pretendiam, além de denunciar as desigualdades entre homens e mulheres e questionar seus mecanismos de reprodução social, denunciar uma produção científica que estruturava sua visão de mundo em torno de pressupostos falocêtricos (e eurocêntricos), e que podemos afirmar, logicamente, que corresponde à totalidade da produção científica em ciências sociais e psicologia até, pelo menos, a década de 1970. Embora essa denúncia não pretendesse buscar a invalidação de toda a produção científica do ocidente, parecia urgente para as teóricas feministas, que constituíram esse campo de estudos, uma revisão radical que chegasse à resolução de certos problemas epistemológicos à luz da problematização da desigualdade de gênero. Esta é uma tarefa, ainda em grande parte, por fazer.

FINALMENTE

Nosso interesse até aqui tem sido apresentar o campo dos estudos de gênero e o paradigma construcionista como um campo que pode levantar questões a outros campos de saber. O sentido deste debate é estimular uma compreensão mais ampla da reinvenção permanente dos gêneros e a experiência intersubjetiva dos sexos, que possa ser levada em consideração nos processos de historicização e contextualização dos saberes psicológicos. Essa perspectiva nos parece mais interessante para abarcar a fluidez das diversas culturas sexuais produzidas e sustentadas como projeto de felicidade, neste século XXI, em uma sociedade em rede e globalizada; mais produtiva do que um ímpeto, ainda que sutil, de classificar as relações de gênero e os sistemas sexuais em termos que nos remetem à projetos universalizantes, normatizadores e normalizadores.

Resta, depois desta exposição, perguntar se este é o panorama que se delineia a partir da concepção do gênero como categoria de análise e da definição de dois sistemas – sexo e gênero, imbricados e distintos – como podemos pensar a teoria psicanalítica atravessada por estes questionamentos, que apontam para um eixo epistemológico que está implicado, abertamente, em um horizonte ético-político?

Além da apresentação das pistas e das indicações de autores e leituras construcionistas que pudemos fazer aqui, deixamos ao leitor a apreciação do esforço coletivo do presente volume, no sentido da aproximação e do debate de dois campos que têm diálogos a fazer, bem como diferenças radicais a reconhecer.

REFERÊNCIAS BIBLIOGRÁFICAS

CASTELLS, M. *A era da Informação: economia, sociedade e cultura; o poder da identidade*. Rio de Janeiro: Paz e Terra, 2002. v. 2.

COSTA, J. F. (1995). *A construção cultural da diferença dos sexos. Sexualidade, Gênero e Sociedade*, [S. 1.), v. 3, p. 3-8, jun. 1995.

ESCOFFIER, J. *Uma interpretação do desejo: ensaios sobre o estudo da sexualidade*. Rio de Janeiro: Garamond, 2006.

FARR, R. *As raízes da psicologia social moderna.* Petrópolis: Vozes, 1988.

FOUCAULT, M. *A vontade de Saber: história da sexualidade*. Rio de Janeiro:Graal, 1988. v. 1.

____. *O uso dos prazeres*: **história da sexualidade**. Rio de Janeiro: Graal, 1990.v.2.

GAGNON, J.; SIMON, W. *Sexual conduct.* London: Hutchinson, 1973.

GAGNON, J.; PARKER, R. *Conceiving Sexuality.* In:____. Conceiving Sexuality: approaches to sex research in a postmodern world. New York:Routledge, p. 3–19, 1995.

GAGNON, J. *Uma interpretação do desejo: ensaios sobre o estudo da sexualidade*, Rio de Janeiro: Garamond, 2006.

HARAWAY, D. *Gênero para um dicionário marxista*. Cadernos Pagu, [S. L], n. 22, p. 201-246, 2004.

HEILBORN, M. L. *Dois é par: gênero e identidade sexual em contexto igualitário*. Rio de Janeiro: Garamond, 2004.

LAQUEUR, T. *Inventando o Sexo: corpo e gênero dos gregos a Freud*. Rio de Janeiro: Relume Dumará, 2001.

LAUMANN, E. D. et al. *The social organization of sexuality:* sexual practices in the United States. Chicago/London: The University of Chicago Press, 1994.

LE BRETON, D. *Antropologia do Corpo e Modernidade.* São Paulo: Vozes, 2011.

MOORE, H. *Compreendendo Sexo e Gênero.* In: INGOLD, T. Companion Encyclopedia of Anthropology. London: Routledge, 1997.

PAIVA, V. *Evas, Marias e Liliths: as voltas do feminino. São Paulo*: Brasiliense, 1990.

____. *A psicologia redescobrirá a sexualidade.* Psicologia em Estudo, Maringá, v. 13, n. 4, p. 641-651, out./dez. 2008.

____. *A dimensão psicossocial do Cuidado.* In: PAIVA; CALAZANS; SEGURADO (Org.). *Entre indivíduos e Comunidades. Vulnerabilidade e Direitos Humanos: prevenção e promoção da saúde*. Curitiba: Editora Juruá, 2012. v. 2.

PETCHENY, M.; FIGARI, C.; JONES, D. *Todo sexo es político: estudios sobre sexualidades en Argentina. Buenos Ayres*: Livros del Zorzal, 2008.

RUBIN, G. *O tráfico de mulheres: notas sobre a economia política do sexo*. In: REITER, R. (Org.). Toward an anthropology of women. New York: Monthly Review Press, 1975. p. 157-210.

____. *Pensando sobre sexo: notas para uma teoria radical da política da sexualidade.* In: VANCE, C. Pleasure and Danger: exploring female sexuality.New York: Routledge & Kegan, 2008. p. 267-319.

SCOTT, J. *Gênero: uma categoria útil de análise histórica.* In: Educação e Realidade, [S. l.), v. 16, n. 2, p. 5-22, 1990.

VANCE, C. *A antropologia redescobre a sexualidade: um comentário teórico*. Physis - Revista de *Saúde Coletiva*, [S. l.), v. 5, p. 7-31, 1995.

WEEKS, J. O corpo e a sexualidade. In: LOPES, G. (Org.). *O corpo educado: pedagogias das sexualidades*. Belo Horizonte: Autêntica, 2000.

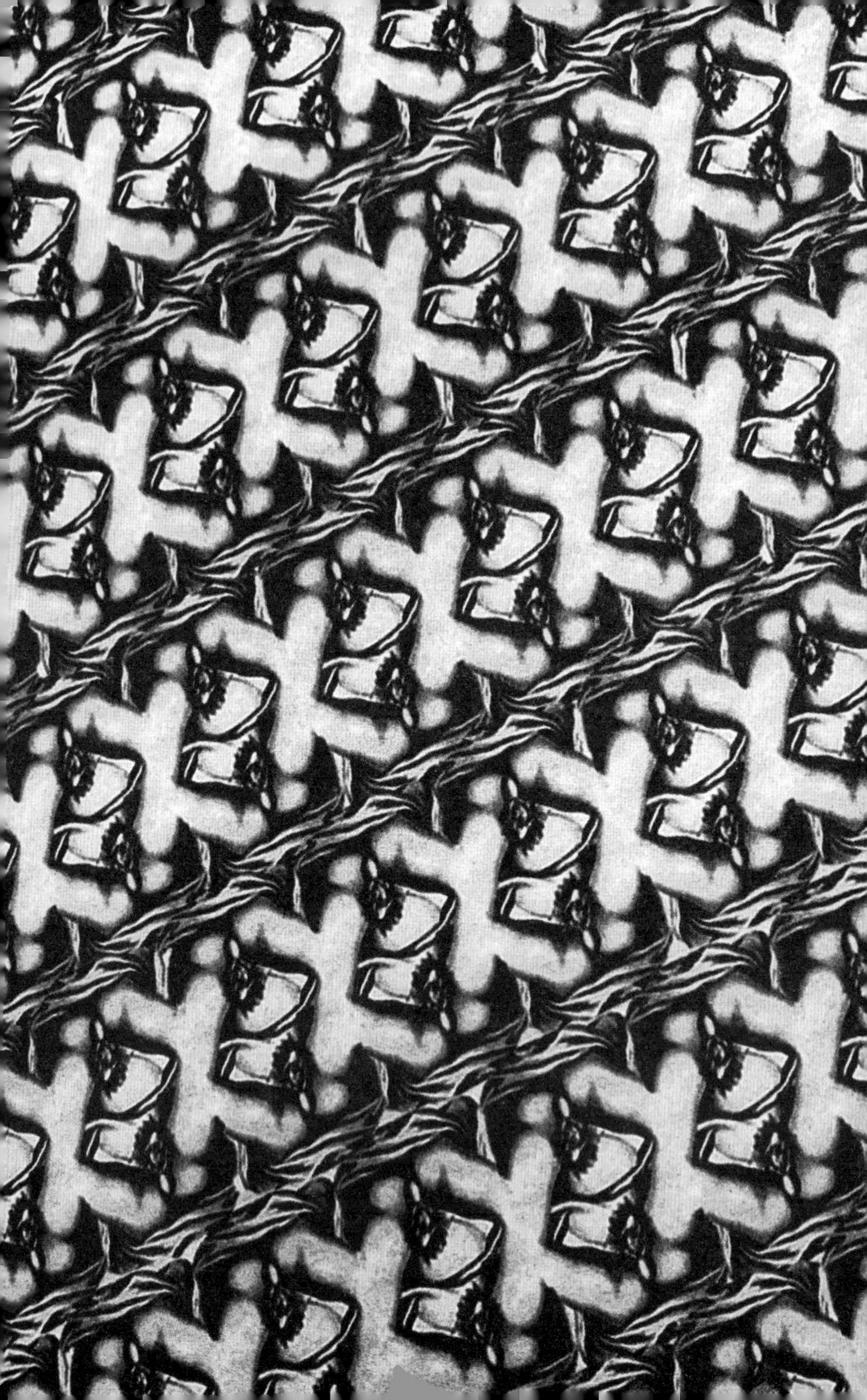

A histeria entre discurso e sexuação

Christian Ingo Lenz Dunker

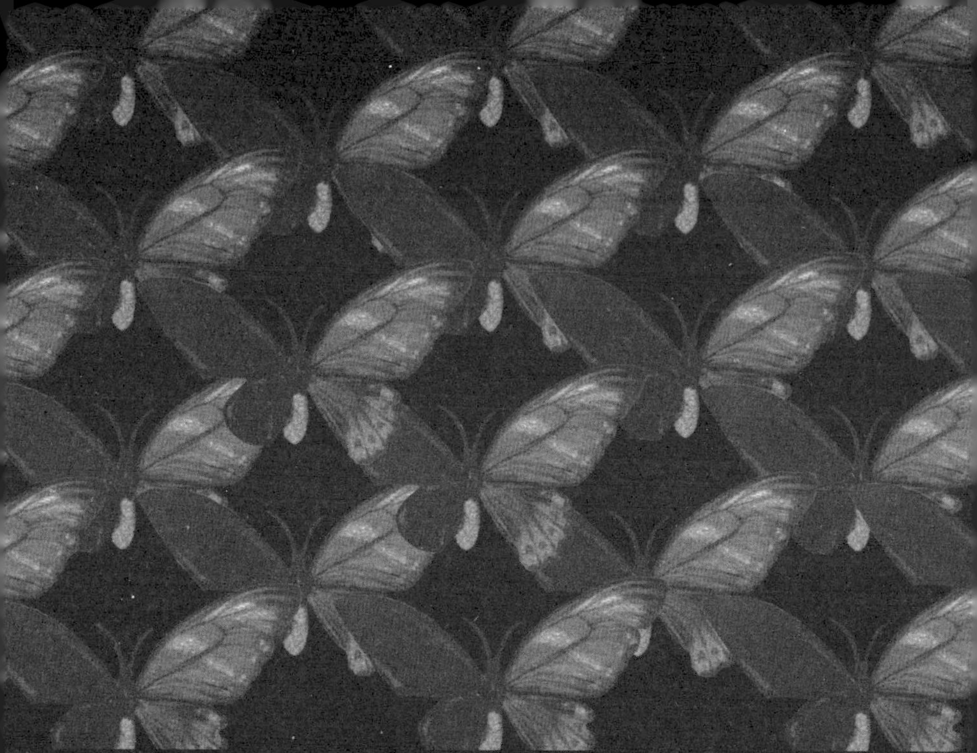

DESTINOS DA HISTERIA FREUDIANA

No presente estudo, pretendo mostrar como as acepções mais amplas ou mais específicas da histeria, construídas e dispersas ao longo de mais de um século de desenvolvimento psicanalítico, distribuem-se entre um polo que a entende como laço social discursivo até outro polo que a pensa como recusa de algo bastante preciso, no que diz respeito à feminilidade. Argumento que definir a histeria pela alteridade, pelo gênero, pela sexualidade ou pela feminilidade não difere apenas quanto à extensão ou restrição do escopo diagnóstico. Manter a unidade da histeria, apesar da sua diversidade de acepções, é essencial para pensar clinicamente sua lógica de transformação. Essa lógica não se mostra apenas histórica e culturalmente dependente quanto à prevalência e variedade de seus tipos e subtipos. Ela pode nos ajudar a entender porquê no interior de um mesmo tratamento podemos encontrar mudanças na apresentação clínica de um paciente. O revezamento dos sintomas, sua ordem de transformação, sua alternância ao longo do tempo, podem ser efeito de uma estrutura mais extensa do que a que se define como defesa baseada no recalcamento.

Partimos de um artigo de Zetzel (1968) que nos permite refazer os destinos da histeria na psicanálise, sugerindo que o que comumente se considera como histeria compreende muito mais e muito menos do que a histeria descrita por Freud e Breuer, nos anos 1890. A hiperinflação e o desgaste sofrido pela histeria como categoria diagnóstica pode ser atribuído à sua dupla função de paradigma metadiagnóstico da psicanálise, do qual os outros diagnósticos poderiam ser deduzidos e, ao mesmo tempo, um tipo clínico muito especifico, com sintomas envolvendo a dissociação da consciência, a suspensão dos afetos associada a experiências traumáticas e o retorno, sob forma de sintomas conversivos, do recalcado. É preciso notar que a histeria, assim definida, apresenta-se como uma disposição a produzir sintomas corporais. Isso ignora uma série de elementos clínicos importantes, a saber: o papel da economia intersubjetiva de identificações, a dialética edipiana entre demanda e desejo e, sobretudo, a importância da feminilidade. Segundo a argumentação persuasiva de Van Heute e Geyskens (2010), até o caso Dora, Freud prescindia destes elementos para construir sua teoria da histeria. O que define a histeria, até então, é a experiência de indefinição de gênero, o trauma em sua ação diferida, o recalque orgânico e a complacência somática.

Mas, segundo Zetzel e a maior parte dos intérpretes da histeria, na origem está o Édipo. "A verdadeira e boa histérica" dos tempos primordiais da psicanálise, com sua versão charcotiana, é aquela que é interpretável por um conflito edipiano genuíno. O declínio social da histeria está baseado, ao contrário, por mães devastadoras que começam a assumir o centro de gravidade identificatório da histeria nos anos 1960. Também o conflito entre a sexualidade pré-edipiana e a edipiana, pulsionalmente tematizado pela oposição entre oralidade e a felicidade, teria sido substituído por uma apresentação mais assexualizada e por uma migração dos temas relativos à sexualidade para a esfera do narcisismo, da agressividade e dos ideais. Vemos assim, de relance, como a história da histeria é a história da supressão de sua dimensão de corporeidade, de sexualidade e de feminilidade. Portanto, quando Lacan retorna à problemática histérica da recusa da feminilidade, em meados de 1950, ele está sendo extremamente freudiano. Contudo, na década de 1960, quando coloca o problema da histeria no circuito da metáfora paterna, acompanha a onda pós-freudiana.

A histeria freudiana torna-se progressivamente definida por suas relações com o infantil, com o pulsional, com a angústia e com a identificação. Não se percebe que a recusa da feminilidade poderia ser usada como princípio diagnóstico. O protesto viril, a recusa da sexualidade e a maternidade, três saídas freudianas para a feminilidade, além do "*torna-se mulher*", são também três variantes da histeria. Cada uma delas acentua um aspecto diferente da formação de sintomas: o recalcamento, as formações transitórias de angústia e os ataques histéricos. Quanto mais clara for a recusa da feminilidade, mais evidente é o quadro. Mas é justamente esta forma de negação simples entre feminilidade e histeria que seria preciso desfazer. Afinal, era este o consenso pré-freudiano na matéria:

> Sem querer faltar com o respeito, eu observar que a maioria dos traços de caráter das histéricas é apenas uma exacerbação do caráter da mulher. O que nos leva a conceber a histeria como uma exacerbação do temperamento feminino, o temperamento feminino transformado em neurose. (GRASSET, 1907 apud ISRAËL, 1995, p. 71)

Histeria e feminilidade confundem-se primordialmente pela atitude diante do tratamento; antes do conceito de transferência falava-se na bela indiferença. De fato, a histeria clássica possuía uma atitude de entrada, inclusive nas entrevistas preliminares, marcada por um tipo específico de indiferença provocativa: "você não vai me curar", "você não entende", "você não sabe".

Há um segundo tipo de histeria que se expande no pós-guerra, de nominado por Zetzel de "boas histéricas potenciais"; histéricas que se colocadas sob transferência tornam-se "verdadeiras e boas histéricas". Se no primeiro caso a histeria emana de uma problemática sexual, no segundo se acrescenta o conflito de esquiva, dependência e imaturidade egóica. A histérica freudiana tem um ego extremamente forte; Dora desafia Freud (1905/1988), Emmy Von N. (FREUD, 1893/1988) o manda calar a boca e ficar imóvel; Ana O. pede para falar. Quase todos os casos de histeria, inclusive se acrescentamos a jovem homossexual, apresentam uma atitude valente, forte e desafiadora. As histéricas que se apresentam infantilizadas, imaturas, vivendo estados de desorientação são também as que apresentam flutuações de sintomas não tipicamente histéricos, tais como obsessões e fobias. Em *A predisposição à neurose obsessiva* (1913/1988), Freud descreve uma mulher que, a partir da convicção de que a impotência de seu marido é irreversível, desenvolve uma obsessão com cuidados de limpeza da casa e ideias obsessivas ligadas à privação da maternidade. O quadro associa-se a um momento de crise narcísica; entrando no impasse que coloca o ego para trabalhar, dividindo-o, fracionando-o entre o amor ao marido e o desejo de ter filhos. Mas como explicar que nestas circunstâncias desencadeantes não encontremos conversões? Ela não faz uma gravidez psicológica, mas uma crise de pânico; cria ideias obsessivas, não uma hipersensibilidade cutânea; fobias de assalto, não ataques de angústia. Sua resposta à indisponibilidade do objeto (*Versagung* não passa por fantasias de sedução, por meio das quais, por exemplo, poderia encontrar outro pai para seu filho, mas por uma versão do conflito edipiano retinta de desamparo. Mesmo que o desamparo desempenhe certo papel como sedução pela imagem de vulnerabilidade, passividade ou fragilidade, a psicose doméstica (que também afligia a mãe de Dora) é mais uma forma de assexualização do que uma simbolização sexuada da falta.

Na "boa e velha histeria" a sexualidade vem intrusivamente, desde o outro, com a incerteza vacilante: "são meus olhos que estão produzindo 'isto?" ou "isto' realmente aconteceu?". Ou seja, certa vacilação do juízo de existência é um traço marcante da histeria charcotiana. Em Dora é a imagem de um pai que entra no quarto e a ajuda a dormir, mas aparece um pouco além da conta e a "faz pegar fogo em seus sonhos". Ora, este traço que faz vacilar a ligação entre saber e crença, que confere o signo de realidade necessário ao juízo da existência, é a angústia. Lembremos que a angústia não é perfeitamente explicável pelo modelo freudiano original. Ela tinha que vir de fora, como excesso de toxina sexual, como efeito das práticas atuais do paciente, uma vez que não poderia vir do interior do aparelho psíquico (a não ser na fase pré-crônica de formação do sintoma), segundo a hipótese de que a libido se converteria ao órgão (portanto não podia aparecer, ao mesmo tempo, como angústia). Por isso o diagnóstico preponderante dos casos de *Estudos sobre Histeria* não é de histeria, mas de neurose mista. A neurose mista é o verdadeiro diagnóstico de Elisabeth Von R. e de Anna O. Ou seja, ao lado da histeria de defesa, proveniente do retorno de experiências sexuais historicamente simbolizáveis, havia sintomas, notadamente ligados ao espectro da angústia, que procediam na atividade sexual atual do paciente. A neurose de angústia, a neurastenia e a hipocondria, originadas na abstinência sexual, no coito interrompido, na impotência psíquica ou física, que conviviam com os sintomas da histeria de defesa. Quando Freud muda seu entendimento de angústia, de forma a torná-la compatível com a emergência do objeto, surge um subtipo clínico que incorpora as diferentes fases da angústia à histeria, a saber: a histeria de angústia, da qual o pequeno Hans é o caso fundamental.

No terceiro tipo de histeria, chamado por Zetzel de "histéricas subjacentes", encontramos a histeria incubada, definida mais pela aptidão a produzir sintomas do que pela sua efetiva presença. Ela pode ser aproximada do que os pós-freudianos chamavam de "caráter histérico". Há um precedente freudiano para esse subtipo de histerias nas histerias breuerianas, definidas pela "não reação social adequada na expressão de afeto", ou seja, a histeria de retenção. E aqui temos que lembrar dos impasses que cercam a evolução das primeiras pesquisas freudianas. Não havia dúvida de que algumas histerias tinham ligação com a sexualidade; a controvérsia com Breuer, que chegou a pedir para abandonar o projeto de redação conjunta de *Estudos sobre histeria*, reside na insistência de Freud de que "todas as histerias" seriam causadas pela ocorrência do trauma sexual. Seja por coartação do afeto, seja pelo caráter fálico narcisista ou ainda pela prática sexual atual, vemos que, a partir dos anos 1950, este terceiro subgrupo da histeria passa a se definir, sobretudo, por sua disposição comportamental e não por sintomas histéricos como a dissociação, a conversão (sensorial ou motora), o devaneio ou pela economia da angústia ou pelos ataques histéricos. O ponto chave neste terceiro grupo seria a depressão e o histrionismo. A histeria estaria distribuída entre um tipo de formação de sintomas, uma síndrome de angústia e uma absorção do conflito por parte do caráter. Esbocemos uma caracterização das histerias freudianas:

Data	Oposição Diagnóstica	Subtipos
Antes de 1893	Epilepsia Histeria Traumática	Astenia ou psicastenia
1893-1895	Histeria de Defesa Histeria de Retenção Histeria Hipnoide	
1895-1905	Histeria de Conversão Neuroses Atuais Neurose Mista (combina as anteriores)	Sensorial ou motora Neurastenia, Neurose de Angústia, Hipocondria
1905-1915	Histeria de Conversão Histeria de Angústia (Fobia)	Ataques histéricos Ataques de angústia
1915-1939	Neurose histérica Neurose Narcísica	

Mais do que um rebaixamento ocasional, a depressão histérica baseia-se em uma oscilação entre o sentimento de si (*Selbstgefühlt*) e a progressão da idealização do objeto (*Uberschätzung*). Podemos pensar, com Lacan, em uma patologia da demanda, uma conversão da demanda em identificação. Em vez de percorrer seu caminho desde o "te peço" que "recuses" o que "eu te ofereço", porque "não é isso", há uma restrição na pequena circulação entre "eu te peço" e "você me recusa". Como o sujeito histérico não se dá conta do que demanda, ele não tem a menor ideia do que está pedindo. Temos então o sintoma colateral, sempre presente nas patologias da histeria comportamental, a saber, a perda da experiência, a recusa ao outro, a anorexia mental do desejo. Isso ocorre também na face histriônica na qual há uma agnosia histérica da capacidade de "experimentar a recusa do outro". Como se diz, destes casos de feitio erotomaníaco, mesmo que "ele não saiba, ele continua a me amar".

Freud, em *Três ensaios sobre a teoria da sexualidade* (1905/1988) já remetia à origem da autoridade à idealização. A histérica depressiva está entre a idealização do objeto e a degradação (*Erniedrigung*) do sentimento de si, na versão histriônica dá-se o contrário. A presença ou ausência do mestre, a criação e sustentação do laço com o outro, a posição decisiva do mestre, tudo isso está bem aquém da produção de um verdadeiro sintoma. Trata-se apenas de circulação desta demanda reduzida à identificação.

O quarto e último tipo clínico da histeria seria o "pseudoedípico" ou "pseudogenital". Aqui encontramos o que o século XIX chamou de "psicose histérica" ou "loucura histérica", caracterizada pelo exagero de sintomas, por inadaptação e pela inconformidade de social (DUNKER, 2005). São sintomas coloridos, extravagantes, impulsivos que implicam em dissociações importantes, como na síndrome de Ganser e nos transtornos factícios (Síndrome de Münchhausen). Sublinhamos aqui, como diferença maior, a problemática central da agressividade e da raiva, como sublinhar Morel:

> Pela extrema mobilidade dos fenómenos patológicos cos (sucessão de períodos de exaltação, de prostração e remissão completa), pela presença de alucinações e delírios "extravagantes", pelas propensões impulsivas (homicídio, suicídio, incêndio e outros "atos de natureza ruim", e pela tendência a términos deploráveis na hebetude. (BERCHERIE, 1985/1989)

Trata-se de tipos histéricos que levam a vingança até suas últimas consequências, como Medeia, que mata os filhos para punir Jasão, seu marido infiel. Esse tipo de histeria se caracterizaria por uma transferência intensa, exagerada e erótica, definida por um conflito entre esquizoidia e narcisismo, localizável entre histeria e *borderline*. Ela poderia incluir ainda a síndrome de Briquet, definida como:

> Um transtorno somatoforme marcado pelo dramatismo, pela ingratidão, pela frivolidade, pela promiscuidade e pelo pouco ajustamento social, associado com formações psicossomáticas, gastrointestinais, urinárias e dores![21]

Não estamos diante de uma recusa simbólica, mas uma recusa no imaginário, na dimensão da percepção, daí a presença de alucinações negativas, mitomanias e, principalmente, "a-percepções" do próprio corpo. Este quarto subtipo de histeria pode se apresentar em uma variante que nos coloca em contato com o primeiro. Ou seja, frequentemente os fenômenos impulsivos são substituídos por sintomas psicossomáticos como

21. É assim que encontramos a sobrevivência da histeria no DSM-IV, dividida no interior dos Transtornos Somatoformes, subtipo Transtorno de Somatização; subtipo Trans torno Somatoforme Indiferenciado; subtipo Transtorno Conversivo; subtipo Transtorno Doloroso; subtipo Hipocondria; subtipo Transtorno Dismórfico Corporal. O "Transtorno no de Somatização (historicamente chamado de histeria ou síndrome de Briquet) é um transtorno polissintomático que se inicia antes dos 30 anos, estende-se por um período de tempo e é caracterizado por uma combinação de dor, sintomas gastrointestinais, sexuais e pseudoneurológicos"

infecções urinárias recorrentes, dores que não se configuram como conversões, mas antes como somatizações e alexitimias, tais como as que encontramos na fibromialgia.

Podemos supor que este tipo de histeria se caracteriza pela tentativa de refletir o caráter não-todo do gozo feminino, pela sua redução ao gozo fálico (o sintoma conversivo, o protesto masculino e a identificação com a excepcionalidade). A falicização extrema do objeto se combina, no entanto, com igual exigência identificatória em termos de bissexualidade. Assim como os tipos anteriores de histeria acusavam respectivamente uma suspensão do juízo de existência ou de negação, temos no terceiro e no quarto tipos de histeria uma suspensão do juízo de universalidade. São histerias marcadas pela indeterminação de sua inclusão, quer no laço social (depressão), quer na partição sexuada homem/mulher.

Na psicose, esses dois movimentos são bem conhecidos: o empuxo à mulher e a inflação do Outro, porém, esse movimento serve a fins distintos; trata-se aqui de construir a fantasia e não de praticá-la. Na psicose, a relação com a fantasia está marcada pela relação de descrença (*Unglauben*). Maleval e Champanier (1977), em um estudo clássico sobre a loucura histérica na psicanálise, assinalaram exatamente essa diferença de função do delírio na psicose para a histeria. Na histeria, o delírio é um sintoma que visa tornar habitável o corpo sexuado. Na psicose, o corpo sexuado não se inscreve no simbólico, ele permanece em situação de estranhamento. Disso se poderia depreender uma incidência diferencial entre o delírio como certeza-dúvida (psicose) para o delírio como crença-dúvida (histeria).

Podemos, agora, apresentar um quadro comparativo dos destinos pós-freudianos da histeria.

Zetzel	Freud	Outros Diagnósticos	Traços clínicos
(1) Verdadeira e boa histérica	Elizabeth Von R. Dora	Histeria de defesa Neurose traumática	Recalcamento da sexualidade Conversões por identificação histérica Oralidade e falicismo Imago paterna sedução
(2) Boa histérica potencial	Katharina	Neuroses Atuais Histeria de angústia	Imaturidade egóica Copresença de conversões, obsessões e fobias Desamparo e angústia Mãe devastadora e pai impotente (sem mestria)
(3) Histeria subjacente	Lucy	Neurose de caráter Neurose de destino Personalidade "como se"	Idealização do objeto e depreciação do eu Depressão e masoquismo "Dar-se a ver" e inveja Formações psicossomáticas Inscrição de maestria (governar, educar)
(4) Histeria pseudoedípica	Anna O. Jovem homossexual Emmy Von N.	Loucura histérica Psicose histérica Síndrome de Briquet	Precariedade do laço com o outro Esquizoidia e narcisismo Agressividade e raiva Impulsividade e somatização

HISTERIAS LACANIANAS

É possível iniciar um percurso ao longo da obra de Lacan sobre a histeria a partir do texto *Complexos familiares*, de 1938. Nele, Lacan propõe que, por conta de mudanças no laço social, ou seja, em função do declínio da função social da imago paterna, haveria cada vez menos casos de histeria e de neuroses de defesa, e cada vez mais casos de neuroses de caráter. Também o texto *Intervenção sobre a transferência* (LACAN, 1951/1998), uma reinterpretação dialética do caso Dora, mostra esse sentido evolutivo da histeria, de uma afecção ligada a sintomas corporais a uma problemática sobre a sexualidade feminina. É possível que Lacan tenha enfrentado o problema da dispersão das formas histéricas recorrendo ao método estrutural, por meio do qual as diferentes versões deste "mito individual" poderiam ser reduzidas à sua estrutura lógica oposicional. E assim que no Seminário III, a histeria é definida por uma questão, a saber: o que quer uma mulher? (LACAN, 1955/1988). Ou seja, enquanto pela via do laço social a histeria se transforma em histeria de caráter, em patologia narcísica, em personalidade *como se*, pela via da feminilidade ela se unifica como reação comum e constante. Falar da neurose como mito individual é abordar uma patologia da linguagem, pois o mito é um gênero de linguagem e uma patologia da individualização. Nesta medida, a histeria seria composta por diferentes perguntas que não podem ser respondidas em separado, mas equalizadas quando postas em feixes de relação. O que significa ter um corpo? Como este corpo é sexuado? Como esta sexuação se torna feminina ou masculina? Como a sexuação se articula com a procriação? São perguntas deste tipo que definem o mito individual do histérico. Como observou Safatle:

> Se a tese de Freud refere-se a uma disposição geral, de base orgânica, à bissexualidade, há de se perguntar por que na histeria tal disposição aparece de maneira patológica, ou seja, por que esta dualidade é necessariamente vivenciada sob a forma de uma contradição insuperável e fonte de sofrimento psíquico. Uma resposta possível é: porque a histérica não sabe o que é uma identidade de

> gênero. Neste sentido, sua dificuldade em aproximar vida afetiva e gozo sexual vem, entre outras coisas, do seu vínculo a uma noção de gênero fundada na impossibilidade de construções singulares da sexualidade capazes de integrar, na dimensão fantasmática, processos como, por exemplo, a disposição à bissexualidade. (SAFATLE, 2012)

Quando Lacan cria a noção de discurso da histeria, reencontramos algo próximo da "boa histérica potencial" – aquela que precisa de um mestre para agir, aquela que precisa construir um homem para governar, aquela que as mães de adolescentes sonham para seus filhos, ou seja, aquela que vai civilizá-los. Junto com essa retomada se incorpora a questão estrutural da histeria, a identificação histérica como uma suplência para a ausência de simbolização do gênero. O número de vezes que Lacan relê o sonho da "bela açougueira" é absolutamente incomum. O tema aparece, mesmo que em aposto, na maioria dos seminários. Lacan sempre volta à histeria como um problema para a teoria geral da identificação. O último retorno metódico deste tipo ocorre no Seminário XVII sobre o "Avesso da psicanálise", no qual a teoria dos quatro discursos encontra sua maturidade. Desta vez o pai é finalmente discernido do mestre, no interior da identificação histérica:

> Um pai só tem com o mestre – o falo do mestre tal como o conhecemos, tal como funciona – a mais longínqua das relações porque, em suma, ao menos na sociedade com que Freud lida, é ele quem trabalha para todo mundo. (LACAN, 1969/1991)

A identificação histérica, assim como o mito individual, pergunta e responde, pela relação entre o pai e o homem na determinação da sexualidade feminina. Mas esta alteridade "exterior" não é suficiente, pois o grande enigma da identificação feminina é que ela deveria ser uma identificação com o que não se pode identificar, ou seja, uma identificação com a diferença, com o negativo, com o que não faz um conjunto, nem uma unidade corporal. A função do desejo de outra mulher é decisiva para reunir a alteridade "externa" do pai, do homem, do mestre, com a alteridade interna, no não idêntico, do não próprio, do não determinado.

Quando o pai é posto como trabalhador, separado do mestre, evita-se, calculadamente, a identidade entre o escravo e o filho. Perguntar "o que quer uma mulher?" não é correlato de "o que quer um homem?". E isso não ocorre porque o desejo do homem é diferente do desejo da mulher, mas porque o gozo entre eles não é proporcional. Como se entre o pai e o mestre, agora disjuntos pelo trabalho fálico e pela potência do significante mestre, a questão do homem tivesse desaparecido. E com isso todas as definições histéricas dele dependem: do protesto viril, do gozo feminino e assim por diante.

Reencontramos em Lacan este mesmo problema, da inclusão de termos definitórios da histeria, que vimos em Freud. E a histeria definida *kojevianamente* pelo desejo da histérica (como desejo do outro), depois há a histeria definida estruturalmente como desejo insatisfeito (identificação histérica), em seguida temos o discurso da histeria (como laço social), para ao final encontrarmos a histeria como negação do gozo feminino. Reversamente, quando falamos em negação do gozo feminino, pressupomos o laço de gozo com o outro (discurso), o emparceiramento das demandas aos desejos (identificação e a estrutura de defesa contra o desejo (fantasia).

Gustavo Ramos, em *Histeria e psicanálise depois de Freud* (2008), mostra como as psicanálises não lacanianas debateram a multiplicidade de histerias desde o pós-guerra. No XXVIII Congresso da IPA, ocorrido no México, em 1973, dedicado à "histeria hoje"; no encontro de Lisboa na década de 1980, há um esforço para unificar ou reunificar a histeria. A teoria da sedução generalizada de Laplanche, os trabalhos de Green sobre o Édipo, a recuperação da teoria do trauma feita pelo casal Torock, no escopo da tradição de Ferenczi, são exemplos colaterais desta busca de uma "teoria unificada da histeria". Notemos que é o mesmo período no qual a histeria deixa o DSM como categoria independente, e passa a ser fragmentada em transtornos somatoformes, alimentares, de humor e de impulso.

As duas primeiras leituras de Lacan pensam a histeria como questão estrutural derivada de um tipo de defesa e como um tipo de defesa social padronizada, que são os discursos como instâncias de dessexualização. Se estas estratégias tentam apreender a histeria do ponto de vista da sua estratégia de criação e identidade, no final de sua obra Lacan parece propor uma teoria do fracasso da identidade, que revitalizaria a concepção de histeria, a saber, a teoria da sexuação. A sexuação aborda a histeria de uma maneira completamente distinta, pois não vai deduzi-la de um fracasso identificatório (que faria o famoso deslocamento do pai ao "tornar-se mulher"). Se as teses sobre a defesa e sobre a histeria como estrutura clínica são expressões de uma teoria das relações com a falta de objeto, a teoria da sexuação é uma teoria sobre as "não relações", uma maneira de pensar o fracasso das unidades sintéticas operadas pela fantasia para tornar os sexos proporcionais ou compatíveis, ao modo de gêneros como conjuntos fechados:

> Bom, aquele que comanda, é isto que tentei produzir para vocês este ano, sob o título Yad'lun, não é? O que comanda é o Um, o Um faz o Ser. Pedi-lhes que fossem procurar isso no Parmênides. Alguns de vocês talvez tenham tentado. O Um faz o Ser como a histérica faz o homem. Sim. (LACAN, 1971/2003)

Ora, é aqui, neste último Lacan, que a histeria volta a ser redefinida como recusa da feminilidade. Uma feminilidade não mais determinada pela posição diante do falo, por um tipo de desejo, mas uma forma de gozo, um gozo não-todo, um gozo que não faz um, um gozo louco que Lacan associou às místicas medievais. Observando de perto a vida destas mulheres, que ousaram manter uma vida individual e autônoma em uma época de subordinação eclesiástica, percebemos como a loucura histérica, aquela no interior da qual Pierre Janet quis entender o êxtase religioso, é a clara demonstração de que o gozo feminino não cabe no laço social e se ele for levado a cabo, é também o meio pelo qual aprendemos a localizar o fracasso e os limites do laço social no contexto da individualização moderna.

Lacan diz que a mulher é um sintoma para o homem, não que a histeria é um sintoma para o homem. Pelo contrário, a histeria é a mulher constrangida ao laço social com o mestre. Inversamente, o homem é uma devastação para a mulher, não uma devastação para a histérica. Pelo contrário, tudo o que uma histérica precisa para se manter como tal, sem devastação, é um homem, um homem que lhe dê lugar no mundo, um homem pelo qual valha a pena existir e desejar, um homem que seja a sutura elementar entre o pai e o mestre.

Podemos reescrever a deriva pós-freudiana da histeria, em termos Lacanianos.

Tema	Incidência	Traços Clínicos
Desejo histérico como desejo insatisfeito	Teoria das estruturas clínicas	Dificuldade de sustentar o lugar de sujeito diante do desejo Convergência assintótica entre desejo e demanda Localização da falta no outro para manter o desejo Falicismo histérico dirigido ao pai simbólico
Identificação histérica	Hipótese do traço unário	Identifica sua demanda ao desejo do outro (paradigma da neurose) Reversão perpétua da demanda em identificação Identificação etiológica com a causa do desejo Apoia-se na estrutura sobrepondo a imagem do objeto [i(a)] ao próprio objeto [a]

Tema	Incidência	Traços Clínicos
Discurso da histeria	Quatro discursos	O sujeito dividido como semblante (agente) do discurso O significante mestre no lugar do outro O saber inconsciente como produto da relação A histérica no lugar de objeto a como verdade semidita do discurso
A histeria rechaça o gozo feminino	Sexuação	A política do ao-menos-um que escapa à castração (exceção) O empuxo à verdade Bancar "todo-homem' A histérica é uma versão do pai (pére version)

CULTURA PÓS-MODERNA E HISTERIA MASCULINA

Vem se repetindo, em autores brasileiros e teóricos da cultura que levam em conta a psicanálise, que há um incremento da histeria em homens. Esse, que sempre foi um quadro tipicamente feminino, majoritariamente feminino, democratizou-se, expandindo-se de tal maneira que há certa curiosidade em saber o que teria acontecido para que tantas demandas de tratamento estejam se fazendo em torno disso é chamado de "histeria masculina".

Há um argumento difuso de que a pós-modernidade como uma configuração cultural, ou seja, como dispositivo de reprodução e transmissão de saber, tornou-se histérica ou feminina. A pós-modernidade, categoria incerta e difusa, talvez, seja apenas mais uma tentativa de interpretar o que vem a ser a modernidade. Nascida como uma tentativa de classificação de gênero (*genre*), de classificação de discursos literários, a pós-modernidade migrou para se transformar em uma forma de entendimento metainterpretativo da cultura. O laço social é uma coisa diferente da prática de transmissão cultural e essa é uma diferença pouco valorizada pelos comentadores, mas que encontramos frequentemente em Lacan. O trajeto da cultura e o trajeto dos laços sociais não são os mesmos, aliás, são dois processos que quase se interceptam. Há regras exigências diferentes que, no seu funcionamento articulado em conjunto, formam o que Freud chamava de processo civilizatório. Daí a dificuldade de traduzir *O mal-estar na cultura*, pois podemos traduzir também por "civilização", o que seria uma tradução meio francesa, pois há a palavra *Zivilization* em alemão. Podemos, de fato, traduzir por "cultura", mas em alemão estaria mais próximo da palavra *Bildung* podemos ainda traduzir por "sociedade", que inclui laços sociais e que inclui não só as regras de reprodução, mas também o sistema de produção. *Bild* é imagem, mas também construir, por de pé. Para entender o laço social é primariamente importante entender as condições de produção, entender, portanto, a economia.

Um aspecto interessante da *Teoria dos discursos*, de Lacan, é o fato de ser uma maneira de tentar juntar todas essas dimensões. De certo modo, ela é uma teoria sobre o ser definido pelo gozo, da impossibilidade do gozo ou de uma impossibilidade que não deixaria o laço social completar seu horizonte: educar, desejar, governar, analisar formas de laço. Podemos definir – as formas de laço a partir do que conseguem fazer (potência ou impotência), ou podemos defini-las a partir de um ponto de impossibilidade, ou seja, de como o discurso fixa uma relação ao objeto *a*.

Uma das maneiras de entender esse conceito tão difícil e com tantas reformulações em Lacan é atentar para o fato de que o objeto a é uma coisa que não se troca, que resiste à plena inscrição dentro do sistema de produção. O objeto *a* é uma objeção, um abjeto à partição binária da sexualidade, como nos lembra Butler (1990/2003). Por um lado, ele representa a unificação pelo gozo (como síntese dada pela fantasia); por outro, o objeto *a* é condição de mais-gozar para a rede de trocas, da qual a mais valia seria um caso particular. O objeto *a*, ele mesmo, enquanto um elemento do discurso, não pode ser trocado, assim como não pode ser imaginarizado, pois não tem uma imagem fixa permanente. Mesmo se pensarmos no fetiche – uma fixação parcial, incompleta, mentirosa – é uma fixação que faz semblante de objeto, que não é o objeto. O objeto *a* se coloca como um ponto de obstáculo, de objeção, de não completude das trocas inclusive, em tese, para as trocas sexuais. Ocorre que o objeto a pode ser cedido, eventualmente pode ser compartilhado em uma montagem fantasmática, pode ser mimetizado, mas não pode ser trocado.

No marxismo clássico e no pós-marxismo essa é uma questão candente. O que fazer com a noção de cultura quando esta é parasitada pela forma "mercadoria", a do entretenimento, por exemplo? Essa discussão é importada para o entendimento mais amplo da cultura, não só da cultura literária, mas para o entendimento do laço social, principalmente a partir de François Lyotard, que escreveu um livro na década de 1970, *A condição pós-moderna*. Ele percebeu que esta mudança, iniciada no interior da crítica literária, acusava uma mudança de estatuto na literatura, dentro da cultura, e que o fenômeno mais importante era a mudança do papel social da linguagem.

Lyotard introduz as ideias cruciais de origens distintas. A primeira é uma observação sobre o fim das "grandes narrativas", sobrevivendo em seu lugar o conto, a frase e ao fim à mera interjeição. A segunda noção, menos comentada, é a que nossos esquemas de legitimação migraram dos grandes temas convergentes e emancipatórios para a avaliação de performances locais, por meio de paralogismos. Ao invés de argumentações universalistas que busquem o consenso, temos então retóricas pontuais, quase cínicas, que buscam justificar a eficácia da performance em seu próprio contexto de acontecimentos, com o dissenso que for necessário.

Em termos de histeria, vemos que o encurtamento das grandes narrativas combina com a diminuição do sintoma de devaneio, que se transforma agora em déficit de atenção. Principalmente, no que diz respeito ao subtipo depressivo, o declínio da grande narrativa amorosa deflaciona a gramática do desejo separando-o de sua dialética com a demanda. Surgem então obsessões, círculos fechados de pensamento que caracterizam certas paixões histéricas, particularmente marcadas pela estrutura erotomaníaca. A intuição antecipatória, a certeza do final feliz, a promessa irradiante, deixam de se expressar por meio de longas e sinuosas histórias cheias de obstáculos, e passam a existir por meio de encontros que se sucedem sem formar uma conclusão necessária.

Quanto ao problema da justificação, temos que voltar ao quarto subtipo, a "histérica justiceira", aquela que quer extrair as últimas consequências de um enunciado local, com toda a sua força de coerção. Se do ponto de vista da extensão narrativa nossa época se torna cada vez menos histérica, do ponto de vista da justificação paralinguística ela se torna cada vez mais histérica. A verdade concerne cada vez mais ao seu contexto de enunciação. O que não pode ser escrito é cada vez menos confiável, incerto e indeterminado. Toda a verdade, dita aqui e agora, na cena interior de um encontro, não deve ser conectada com as consequências desta verdade para o processo discursivo. Foi assim que os homens aprenderam algo com a histeria e é assim que a dimensão da promessa se exila cada vez mais da nossa experiência cultural. O famoso "desejo por procuração" que caracterizou um dia a histeria como desimplicação em relação ao próprio desejo e, consequentemente, super-responsabilização do outro, hoje torna-se uma forma instituída e generalizada do laço social. Esse processo comparece na legitimação do discurso vitimológico, na razão securitária, na religiosidade de resultados; enfim, em uma série de processos que podemos ambiguamente interpretar não como uma feminilização da cultura, mas como uma historicização cultural. Nesta via, não é que a velha e boa histeria tenha desaparecido, mas que ela tenha se generalizado de tal forma no laço social que perdeu seu estatuto patológico. Esse sobrevive apenas nos sintomas isolados, ou seja, quando eles aparecem fora da unidade do laço social como excesso ou déficit alimentar, desejante ou corporal.

O correlato desta histericização, no universo da produção, é aquele que faz que a venda de um produto não tenha nenhuma relação de implicação ou responsabilidade com aquele com o qual você terá que se deparar, caso o produto apresente um defeito ou traga um inconveniente. A segmentação dos processos produtivos, de controle, de agregação de valor, de segurança, de tomada de decisão, tornou-se tão grande que é como se tivéssemos unidades de enunciação independentes dentro de um mesmo laço social, de uma mesma operação de troca.

O que Lyotard chama de "grande narrativa" é, por exemplo, a relação que temos com o trabalho. Assim como, a história dos sintomas se confunde com a história do sujeito (o que levou Lacan a associar a histeria com a história), a história da vida da pessoa confunde-se com a carreira no trabalho. Defendi em outro lugar (DUNKER, 2002) que o que chamamos de "neurose de caráter" é apenas uma espécie de compressão narrativa, assim como o sintoma metafórico seria uma compressão significante. Uma grande demonstração dessa tese de Lyotard encontra-se em *A Corrosão do caráter*, de Richard Sennett (1998/2004). Lá se encontrará o mesmo tipo de peripécia amorosa dos homens com seus empregos: as tramas de traição, as desilusões, as intrigas, as falsas promessas, a decepção com o hiato entre o pai e o mestre. Estão ali todos os ingredientes narrativos para uma migração do paradigma do trabalho, da razão obsessiva para a racionalidade histérica: "você me usa, eu te uso e nosso laço está baseado na produção e utilidade mútua e se você não conseguir provar a sua unidade de valor a cada semana, você está fora e será substituído por outro". Sennett mostra ao longo do livro, de uma forma muito interessante, como esse também se encaixa em um processo de encurtamento do nosso horizonte de vida, da nossa capacidade de imaginar alguma extensão maior para nossa existência.

O correlato de Sennett para a comédia amorosa é naturalmente Bauman. Ele nos mostra como as relações amorosas passaram a ter, em primeiro lugar, um encurtamento e, em segundo, uma mudança dramática. A vida amorosa passou a ter uma estrutura de encontros, que podem durar mais ou menos. Qual é a explicação para o encurtamento da narrativa? Qual explicação para a lógica do encontro? Podemos intuir que é somente nessa condição fragmentada que conseguimos discernir um segmento de verdade. Não é que se encurtou a narrativa, portanto, perdeu-se a referência de verdade, pois a verdade pôde ser localizada assim que a narrativa se encurtou. É só mudar a relação de causa e consequência. Poderíamos dizer: "o que está havendo é que estamos perdendo experiência, ninguém mais consegue estar com o outro, ninguém mais consegue desejar, tudo é indeterminado, precário e passageiro, assim essa perda da experiência vai encurtando os laços de desejo". E o que aconteceria neste caso? A verdade se aposentaria isso nas leituras conservadoras. Entretanto, uma leitura inversa diria o seguinte: a segmentação e o encurtamento acontecem porque é só nesse espaço micro reduzido, espaço do encontro temporalmente organizado, que se consegue cernir a verdade. E temos, então, que a ligação da histeria com a verdade passa ao primeiro plano.

A versão para a crítica literária deste problema se encontrará no ótimo *O inconsciente político*, de Fredric Jameson (1984/1992). Esse é um autor que frequentou o seminário de Lacan – o primeiro livro dele chama-se *Real, simbólico e imaginário: experiência cultural* – foi um leitor de Sartre, acompanhou todas as metamorfoses francesas estruturais e pós-estruturais e escreveu esse trabalho fabuloso sobre o inconsciente político, no qual diz que o inconsciente é uma noção que precisa ser levada para a teoria da cultura, mas não como narrativa mestre. Sua ideia é que a hipótese do inconsciente deve ser lida com o ato social simbólico representado pela narrativa. O ato é real, o conteúdo da narrativa é imaginário e o laço que ela estabelece é simbólico. Jameson antecipa Žižek na ideia de que há um declínio da função social do ato. Por esta breve alusão às linhas de força que delimitam a cultura pós-moderna, podemos, de fato, perceber de que modo essa acentua a histeria como um discurso que toma por agente o sujeito dividido, que se endereça ao outro como significante mestre. Essa poderia ser a definição mínima de uma cultura de consumidores, de clientes ou de usuários que teria substituído a cultura da produção e do *supereu* interditor pelo *supereu* que prescreve e ordena gozar. Uma cultura na qual os afetos se tornam crescentemente um fator político e para a qual a ideia de uma função paterna ascendente e vertical torna-se um problema. Nada mais adaptada aos tempos de consumo "customizado" de experiências do que um discurso que toma por semblante a própria insatisfação. É o cliente e seu potencial de consumo contabilizado que aparecem como a verdade deste laço social. Vários são os indícios que apontam para uma historicização do laço social contemporâneo, inclusive a abertura para a indeterminação das identidades de gênero. No entanto, todos estes traços não devem ser confundidos com uma verdadeira feminilização da cultura. Pelo contrário, se nossa leitura é correta, a prevalência da forma discursiva da histeria, em suas variantes pós-freudianas baseadas no caráter histérico (depressão) e na infantilização egoica (narcísica), se associa com a patologização das formas de histeria ligadas à economia do gozo feminino, ou seja, a histeria "freudiana" e a loucura histérica.

OS QUATRO DISCURSOS

Desde os anos 1960 há uma percepção geral de que a concepção diagnóstica, etiológica e semiológica da histeria freudiana estava sub-judice. No fundo, a hipótese de que em sua origem Freud teria constituído a histeria como uma espécie de diagnóstico unicista na psicanálise ganha força em relação ao movimento inverso de desmontagem do quadro em três ou quatro síndromes sintomáticas. Freud fazia duas coisas enquanto inventava a psicanálise: tratava pacientes, que no fundo definiam-se pela reatividade ao método psicanalítico e, enquanto isso, apresentava a hipótese do inconsciente, que se faria necessária para o entendimento da histeria. Lembremos que o dia curso do inconsciente é o discurso do mestre, e como tal inabordável analiticamente. Ele deve passar ao discurso da histeria, no interior do tratamento, para ao final passar ao discurso do psicanalista.

A histeria seria uma condição particular para definir um novo tipo de patologia. Até 1893 e os Estudos sobre a histeria (FREUD, 1893/1988), o inconsciente era uma neoformação, um grupo psíquico separado, um acidente mórbido, um acontecimento. É necessário o inconsciente porque existem histéricos. No segundo momento Freud diz que aquilo que está descobrindo é algo que vai além dos sintomas histéricos, o aparelho psíquico, o funcionamento do eu – por exemplo, o *Projeto da psicologia para neurólogos* e depois *A Interpretação dos sonhos* ambos de Freud. Em outras palavras, "todo mundo sonha", então, se todos sonham, todos têm inconsciente, mas nem todos são histéricos. Essas teses foram esquecidas no tratamento que se deu mais tarde sobre a histeria. Essa ideia, de que na sua origem a hipótese da histeria estava ligada ao funcionamento geral do sujeito, não se desdobra, não se reconheceu que ali houvesse duas histerias, uma específica (a de defesa) e outra generalizada (a do sonho). A primeira é um tipo de rechaço da feminilidade, a segunda é um tipo de discurso social. Mas por razões de método foi preciso ampliar, cada vez mais, o escopo do que se chama de histeria para manter funcionando este princípio de dedutibilidade diagnóstica. Isso traz alguns inconvenientes, como o neurótico-centrismo, o adulto-centrismo e o andro-centrismo, todos eles indícios da sobrevalorização definicional da histeria, pela via dos discursos, em detrimento da via da sexuação.

Essa histeria generalizada transforma-se, ao longo da obra de Freud, quando outros quadros emergem e mostram que o paradigma histérico não era uma teoria completa da defesa. Aquilo que era usado para pensar a transferência não era generalizável para todas as formas de transferência. A teoria da angústia, baseada na histeria, mostra-se problemática e assim por diante. Dessa maneira teríamos um segundo momento diagnóstico em que a histeria ficaria em pé de igualdade com a neurose obsessiva. Por outro lado, começa a ficar claro que a oposição entre neurose e psicose é um organizador clínico muito mais genérico e clinicamente confiável do que a extrapolação da histeria.

A boa e verdadeira histérica seria um mito em torno do qual sempre se teve a pergunta: será que existe mesmo? Será que não era uma invenção da constelação teórico-clínica que presidira o início da psicanálise? Por outro lado, a histeria particular se divide em duas grandes linhagens e, no fundo, corresponde ao reconhecimento de uma nova divisão psíquica, de um novo princípio psicopatológico, o princípio da falicização (a premissa universal do falo) o princípio da bissexualidade (e a teoria do gozo). Ora, a histeria em sua vertente positiva em relação ao gozo feminino aparece como exclusão do laço social.

A estratégia unicista tem um caso zero, que é o caso de Anna O. Quem vai discutir se o primeiro caso do livro *Estudos sobre histeria* seria mesmo um caso de histeria? Bom, se olharmos para seu relato mais de perto vemos que há alucinações francas: Anna O. vê cobras, vê os ponteiros do relógio se deformando, tem inibições gravíssimas (de falar, de tomar água), sofre de ataques de angústia e de alteração da consciência (noturnos e diurnos), faz um tipo de transferência massiva com Breuer.

Será Anna O. um caso de histeria do tipo "velha e boa" ou seria um caso de loucura histérica? Se analisarmos os sintomas lembramos que, antes de Charcot, já havia um quadro que era a loucura histérica, depois transformado em psicose histérica, em conjunto com um grupo de casos que tinham em comum a dúvida diagnóstica. Casos em que já não se sabia mais se era uma psicose ou se era uma neurose, sendo um dos rebentos dessa dúvida a ideia de *borderline*. Há uma histeria que é "muito", que é uma super-histeria, que é um mito metodológico da psicanálise.

Por outro lado, há o grupo de histerias que não são exatamente histerias; são composições da histeria com tipos sintomáticos que acontecem em outros quadros. A depressão não é um sintoma patognomônico da histeria, assim também como não o é a economia infantil da personalidade, que vemos em inúmeros outros quadros. Temos então uma concepção de histeria que é "muito", que é demais, que compreende a paranoia e inclui a esquizoidia, e duas outras que são "de menos". Haveria ainda uma terceira que não é bem uma histeria, que estaria na borda, cuja característica é de não fechar o diagnóstico.

Essa passagem é extremamente problemática e aponta para um conjunto de problemas endêmicos e históricos da psicopatologia que a psicanálise toca. O nosso ponto de honra, a nossa grande descoberta, o quadro que Freud tirou do universo moral educativo, dos grilhões pedagógicos, quando se constituiu enquanto clinica ou virou um superquadro, quase uma abstração psicopatológica ou ao se oferece como quadro algum. Já não sabemos mais se quando falamos de histeria estamos falando de um tipo de relação universal com o inconsciente, se falamos de um tipo de sujeito ou de um conjunto de sintomas.

Ela seria uma paródia, uma mimese, uma imitação sem substância ela mesma. Isso é uma bonita imagem para um tipo de subjetividade cujo centro é vazio. O fato é que Anna O. e Dora situam-se, de modos completamente distintos, na relação de transferência e na produção de sintomas. Anna O. tem problemas sérios de inclusão discursiva, Dora, ao contrário, domina o laço social com a astúcia admirável que Freud não deixa de notar desde o início. Sua questão é claramente dirigida aos impasses da sexuação. Também poderíamos opor Lucy e Katharina pelos mesmos motivos. A histeria de Lucy gira em torno do caráter histérico ligado aos giros de discurso que este faculta ou restringe. Katharina, ao contrário, vê tensionado o laço social familiar pela irrupção da angústia sexual.

O caso de Anna O. pode ser relido a partir do material produzido por Ola Andersson (2000), em *Freud precursor de Freud*. Ressaltamos que essa ideia de uma historiografia crítica da psicanálise, não uma historiografia hagiografia, nem um capítulo taxonômico da história da psiquiatria, é uma ideia que não tem nem 20 anos. Na mesma direção se poderia usar o material sobre a biografia de Sidonie, a jovem homossexual de Freud, contando o sofrimento e os encontros dela com Freud (RIEDER; VOIGT, 2004/2008).

Nem Anna O., nem Sidonie foram curadas pela psicanálise. Por que? Depois da história de tratamento que conhecemos, Anna O. foi parar no sanatório de Sonnenstein, mesmo hospital psiquiátrico onde ficou o presidente Schreber. Lá tornou-se paciente crônica, internada em cela forte. Ao que parece, ela foi se refazendo por meio do contato muito amigável com um psiquiatra caridoso que a ouviu nestas circunstâncias. Ele teria recuperado algo que existia em sua vida antes da morte do pai, algo que tinha sido completamente esquecido e que esse psiquiatra percebeu: Bertha Pappenheim escrevia e adorava dançar. Ela escrevia contos muito tristes sobre ninfas aprisionadas no interior de um lago escuro. Uma ninfa que é atraída para as profundezas de um lago gelado e torna-se inerte, paralisada, morre ao entrar no lago. Na medida em que ela recupera a prática da escrita, ela melhora. Também a dança é reabilitada. O grande sonho dela era se tornar bailarina, mas o pai, o famoso pai, o grande amado pai que ela colocava nas alturas, simplesmente lhe havia proibido de dançar e de ir a bailes.

Então, temos dois traços aqui, a função da escrita e a função da instituição. Anna O. vai para uma instituição psiquiátrica. Depois de sair de lá, ela muda de país, funda uma instituição, consagrando sua vida a cuidar de mulheres que ficavam grávidas ainda solteiras, e eram abandonas por suas famílias e amantes. Tratava-se de mulheres que ficavam sem qualquer amparo. Bertha Pappenheim foi uma das fundadoras da forma moderna e laica da assistência social. Pelo resto da vida ela se congelou – tal como a ninfa do lago – em tudo o que diz respeito à sexualidade e à maternidade. Mas ao que parece, ela conseguiu tratar disso "pelo outro". Houve um momento em que pensou em adotar uma das crianças nascidas nesse abrigo que ela dirigia. Na hora em que ela teve essa ideia, sentiu imediatamente que "aquilo" poderia voltar e desistiu do projeto.

A primeira suplência foi a escrita. Ela escreveu muito e ainda se procura seus manuscritos, tornou-se uma grande escritora de cartas. Lembremos aqui da função da letra como construção de uma fronteira entre saber e gozo, fronteira que justamente mostrou meio fracassada e esburacada nesse último tipo de histeria. A segunda suplência seria uma vida institucional, que para nós tem relação com a teoria dos discursos. Tentamos falar aqui da pós-modernidade, mas a teoria dos discursos, o seu foco, sua zona de aplicação e sua origem são as instituições. No caso da Universidade é mais claro, pois vemos a instituição materializada. Ocorre que a educação também é uma tarefa impossível, e como tal, gera seus fracassos contínuos. Temos, então, um problema que é a exclusão discursiva que gira em torno da infantilização da criança, do adulto e do adolescente. Quando se diz que o depressivo é aquele que se recusa a "entrar no jogo do desejo", aquele que renuncia a apostar no laço social, ou que se demite da posição de sujeito, no fundo estamos expressando que ele recusa incluir-se no discurso. Não é que ele não possua inconsciente, mas é como se o processo de subativação do inconsciente prescindisse da forma do discurso.

Os discursos descrevem um tipo de laço operante, justamente quando se exagera, quando é a única coisa que conseguimos ver no sujeito, aí temos um problema, ou seja, um "excesso de inclusão discursiva", uma identificação de grupo. Parece que foi o caso de Anna O.; ao apoiar-se não só em um projeto de sustentação para seu desejo, mas também em uma instituição, ela, enfim, se organiza. E se organiza muito claramente com dois pontos que ficam tratados, não negados, mas contornados:

a maternidade e a sexualidade.

A subvariante depressiva e infantil da histeria pode ser entendida como uma maneira de fracasso na relação de pertencimento que se obtém pela participação em um discurso. Algo diferente se passa na subvariante chamada de caráter histérico. Aqui, é a inclusão discursiva que caracteriza o quadro. Considerando que, no discurso do mestre, a linha de baixo corresponde à fantasia, podemos dizer que este é um discurso que estabiliza a fantasia. Ele o faz, por exemplo, colocando como enunciação fundamental: "Trabalhe! Quanto ao desejo veremos isso depois".

Mas uma transferência é algo diferente de um laço de discurso estabilizado. Lembremos que o amor é um signo que mudamos de discurso, e que o giro de discurso é sinal de que seu dispositivo de alienação não está funcionado perfeitamente. É sabido que a histeria melhora quando entra no discurso, quando faz um discurso, mas será isso um efeito da inclusão discursiva ou do giro que acusa a emergência da transferência? Há vários percursos clínicos da histeria em que a entrada numa instituição, seja qual for a instituição – a psiquiátrica, a educacional, a hospitalar, a política – produz uma redução do sofrimento gerado pelos sintomas.

Podemos, agora, descrever os tipos de histeria, em conformidade com a teoria dos discursos:

Discurso	Modalidade de Histeria	Inclusão ou Exclusão Discursiva
Da histeria	Histeria de conversão	Inclusão (transferência) e exclusão (feminilidade)
Do mestre	Caráter histérico	Inclusão
Da universidade	Histeria depressiva	Exclusão
Do analista	Loucura histérica	Inclusão (ato) e exclusão (loucura)

SEXUAÇÃO

Proponho pensar em duas definições de histeria, uma negativa, outra positiva. A vertente negativa é a que encontramos na teoria da defesa e seu desdobramento, que é a teoria do laço social como quatro discursos. Nesse caso a histeria é uma forma de patologia da função fálica, uma extrapolação do falicismo que procura englobar o *Real da feminilidade*, de contornar o impossível. A vertente positiva é a que encontraríamos na teoria da sexuação e sua possível definição da histeria com os 3 + 1 registro. Aqui teremos que extrair uma definição sexuada da histeria como, por exemplo, a de que "a histeria não faz uma mulher".

A histérica não está "toda" do lado homem da sexuação, daí sua grande questão ser "o que quer uma mulher?". A histeria tem questões acerca da feminilidade, mas ela as coloca a partir de uma identificar com o lado homem, a partir do desejo do outro. Remanesce a pergunta: será é assim em todas as histerias?

O problema que Lacan não pensou, ou não colocou, é que depois do declínio da *imago* paterna temos o declínio, o crepúsculo, do macho. O declínio da organização viril da cultura. Essa *Erniedrigung* ou "declínio da cultura viril", para usar a palavra que Lacan usa recorrentemente para designar o homem, não é em absoluto o declínio da cultura fálica, mas seu apogeu. A mulher aparece como feminilidade, mas o homem não aparece como masculinidade, aparece como virilidade.

Tentemos, então, redistribuir as nossas variantes da histeria, tendo em vista seu posicionamento no interior das fórmulas da sexuação (LACAN, 1975, p. 105). Poderíamos verificar, desta maneira, que as formas de histeria são dedutíveis das modalidades de partição da bissexualidade:

Lado Homem	Lado Mulher
$\exists x. \Phi x[\square]$ Existe pelo menos um elemento "x" no conjunto "homem" que não se inscreve sob a função fálica.	$\exists x. \phi x$ [objeto *a*] Não existe nenhum elemento "x" no conjunto "mulher" que não se inscreve sob a função fálica.
Logo, "algumas mulheres não são históricas" Histeria como discurso da histeria Negação incide pela identificação com a exceção	Logo, "algumas mulheres são histéricas" Histeria como "empuxo à mulher" Negação incide sobre a diferença sexual no corpo
$\forall \phi x [\phi]$ Para todo "x" elemento do conjunto "homem" há inscrição na função fálica.	$\forall \phi x$ [$\not{A}$ mulher à S ($\not{A}$)] Para não-todo "x" elemento do não-todo conjunto "mulher" há inscrição na função fálica.
Logo, "nem toda mulher é histérica" Histeria como estrutura do desejo Negação incide sobre a sexualidade (função fálica universal)	Logo, "não-toda mulher é histérica" Histeria como rechaço do gozo feminino Negação incide sobre a feminilidade

Por que não-toda mulher é histérica? Neste caso, afirma-se que se tomamos uma mulher e supormos que, em sua condição de sujeito dividido, em sua relação com o inconsciente, há uma divisão de tipo histérico e, portanto, um desejo de tipo histérico, nem por isso podemos concluir que toda esta mulher está subsumida no que se descreve como histeria. Segundo as teses sobre a sexuação, uma mulher não é toda fálica. Sendo a histeria uma vicissitude do falicismo, uma mulher não pode ser toda histérica. A definição de histeria depende de como se define "mulher" e entre ambas há uma correlação necessária. Uma forma de definir a histeria é dizer que ela é uma negação do gozo feminino (como gozo não-todo). Mas a proposição envolve a infiltração da admissão de existência: "existe pelo menos uma mulher [...] que é também histérica". Existe pelo menos uma para a qual a designação ostensiva reconhece o predicado "mulher": Anna O, Elizabeth Von R., Emmy Von N., Lucy. É importante salientar que, neste caso, a histeria funciona como elemento de um conjunto que não é bem um conjunto.

Podemos escrever esta proposição da seguinte maneira: $[\forall m.(\phi h)]$. Sendo o quantificador não-todo ($\forall$) aplicável ao conjunto "mulher" (subconjunto anômalo entre gozo fálico e gozo outro) e subsequentemente à variável "histeria" (h) (subconjunto da função fálica). Para fazer esta leitura estamos substituindo na fórmula ($\forall x.\ \phi x$) ao "X" do quantificador, o conjunto "mulher" e ao "x" da função (ϕx), o valor "histeria". São as histerias freudianas ou as "velhas e boas histéricas" definidas pela conversão, pela recusa da sexualidade e pelo retorno conversivo dos sintomas corporais.

Por que nem toda mulher é histérica? Neste caso tomamos a mulher como um conceito, como conjunto ou como universal. Deste conjunto, apenas uma parte está incluída como subconjunto "histeria". Conclui-se que há sujeitos e que tais sujeitos são mulheres, e que neles há efeitos de linguagem e de relação que chamamos de histeria. Se no caso anterior "histeria" é substantivo pelo qual se infiltra a hipótese de existência, aqui ela é um adjetivo. Por exemplo, são sujeitos que se relacionam com o desejo de modo histérico, colocam-se diante do outro segundo uma transferência histérica, produzem sintomas histéricos, sofrem de angústias histéricas ou de inibições histéricas. Nem toda mulher é histérica porque há uma parte desta mulher que não é histérica ou histericizável. Esta é a acepção que encontramos na teoria dos quatro discursos, quando Lacan fala de um discurso da histérica (*du histèrique*), ambígua e geneticamente, como discurso de um indivíduo histérico que seria seu agente ou semblante, e como discurso da histeria, ou seja, que produz um laço social de tipo histérico. Neste caso, a histeria é um possível entre impossíveis: o do mestre, o do universitário, o do analista. Mas um traço característico da teoria dos discursos é que os discursos são assexuados. Eles contornam o Real da diferença sexual. Por isso não há discurso do universitário e discurso da universitária, os discursos são *homme-sexualles*. Mas isso não constitui um problema lógico em si, pois ao contrário da sentença anterior, não inferimos deste "nem toda" a existência de uma mulher. Ocorre que aqui a universalidade é pensada de outra maneira. Não se trata de opor o lado homem ao lado mulher e ver se entre ambos há ou não há unidade. Cada discurso é em si uma unidade e um universal precário, capaz de se transformar em outro. Dizer que nem toda mulher é histérica é dizer que nem toda mulher está no discurso da histeria. Há mulheres que estão no discurso do mestre, outras que estão no discurso universitário ou no do analista. Mas por propriedades intrínsecas à "mulheridade"(vamos chamar assim o estatuto indiscernível da mulher e sua feminilidade), nem toda mulher verifica a função genitiva de estar incluída nos discursos. Tomados os quatro discursos como uma unidade englobante e que representa, no fundo, a distribuição ocasional da função fálica, nem toda a mulher está incluída neste campo. Esta indiscernibilidade quanto ao lugar de aplicação da negação, ao argumento ou à variável da função, se escreve assim: $\forall$ $[m.(\ \phi h)]$. Neste caso, estamos localizando a histeria no lado masculino das fórmulas da sexuação, e aplicando em $[\forall x.\phi x]$ a indeterminação do para-todo ($\forall$), quer ao conjunto inconsistente "mulheridade" (feminilidade e histeria), quer à função discursiva (discurso da histeria). São as histerias (potenciais) definidas pela angústia.

Por que algumas mulheres não são histéricas? Neste caso, nossa pergunta parte da existência de pelo menos uma mulher que não se possa dizer ser histérica. Por exemplo, pelo menos uma mulher obsessiva, pelo menos uma mulher fóbica (no caso da neurose) ou pelo menos uma mulher psicótica. Ocorre que, segundo a tese de que a neurose obsessiva é um dialeto da histeria, ou que a fobia é uma placa giratória entre neurose obsessiva e histeria, a oposição entre histeria e outros casos contrários da mesma classe (neurose) torna-se uma oposição fraca. Surge, então, a oposição indireta, que subsume a histeria na neurose e, então, opõe a neurose à psicose. Mas neste caso a oposição é secundária e subordinada, o que nos faz passar da dimensão existencial para a universal, na qual encontraremos as duas proposições antes enunciadas. Podemos escrever esta proposição da seguinte maneira: $[\exists m.\ (\overline{\phi h})]$. Ela redunda da aplicação da histeria ao lado homem, no qual se afirma a existência de pelo menos-um que não se inscreve na função fálica da castração Ex. $[\exists x.\ (\phi\overline{x})]$. São as histerias (subjacentes) definidas pelo caráter histérico, ou seja, um tipo de identificação.

Por que algumas mulheres são histéricas? Esta proposição seria, aparentemente, apenas o oposto da anterior, mas isso não é verdade, na medida em que a existência da não histeria não é requerida neste caso. É o caso em que a universal e a particular são compatíveis e subordinadas: todas as mulheres são histéricas, logo, algumas mulheres são histéricas. Também, neste caso, a feminilidade aparece sob a efígie de indeterminação, mas agora não se trata do contínuo pelo qual não conseguimos demarcar o limite entre histeria e mulheridade, mas de uma indeterminação que nos coloca diante de um indecidível: quando admito a existência do conjunto (mulheres) não devo admitir, necessariamente, a existência de todos os valores que recaem sobre sua variável. Escreve-se esta possibilidade assim: $\overline{\exists}$ [m. ($\phi\overline{h}$)], em que a não existência se aplica indeterminadamente ao conjunto (m) mulheres e à função histérica (ϕh). O que nos leva a alternância entre "ou a mulher não existe" (aplicação sobre o conjunto) ou "a relação sexual não existe" (aplicação sobre a função). Esta formulação é derivada do lado feminino, no qual se escreve $[\overline{\exists x}.\ \overline{\phi x}]$. Este é o caso da loucura histérica e suas místicas maravilhosas.

REFERÊNCIAS BIBLIOGRÁFICAS

ANDERSSON, O. (1979). *Freud Precursor de Freud*. São Paulo: Casa do Psicólogo, 2000.

BERCHERIE, P. (1985). *Os Fundamentos da Clínica*. Rio de Janeiro: Jorge Zahar, 1989. p. 118.

BUTLER, J. (1990). *Problemas de Gênero*. Rio de Janeiro: Civilização Brasileira, 2003.

DUNKER, C.I.L *O Cálculo Neurótico do Gozo*. São Paulo: Escuta, 2002. **A Loucura histérica e a psicose**. *Mental Revista de psicanálise e subjetividade*, [S.1.), n. 5, ano III, 2005.

FRANCES, A. et al. *Manual Diagnóstico e Estatístico de Transtornos Mentais* - DSM-IV. Porto Alegre: Artes Médicas, 1995. p. 425-452

FREUD, S.; BREUER, J. (1893). *Estudos sobre Histeria*. In:___Obras Completas. Buenos Aires: Amorrortu, 1988. v. 5.

FREUD, S. (1893). *Estudos sobre Histeria*. In:Aires: Amorrortu, 1988. v. 8.Obras Completas. Buenos

____. (1895). *Projeto de psicologia cientifica para neurólogos*. In:___ Obras Completas. Buenos Aires: Amorrortu, 1988. v. 7.Obras

____. (1905). *Três ensaios para uma teoria sobre a sexualidade*. In___ Obras Obras Completas. Buenos Aires: Amorrortu, 1988. v. 5.

____. (1913). *A predisposição à neurose obsessiva*. In:___Obras Completas.Buenos Aires: Amorrortu, 1988. v. 7.

GRASSET, J. (1907) *Demi-fous et Demi-responsables: semi-Insane and the semi responsible*. apud. ISRAEL, L. A Histérica, o Sexo e o Médico. São Paulo: Escuta,1995. p. 71.

JAMESON, F. (1984) *O Inconsciente político*. São Paulo: Ática, 1992.

LACAN, J. (1938). *Os complexos familiares na formação do indivíduo*. In:___Outros Escritos. Rio de Janeiro: Jorge Zahar, 2003.

____. (1951). *Intervenção sobre a transferência*. In:___ Escritos Rio de Janeiro: Jorge Zahar, 1998.

____. (1955). *O Seminário, livro III: as psicoses*. Rio de Janeiro: Jorge Zahar,1988

____. *O Seminário, livro XVII: o avesso da psicanálise*. Rio de Janeiro: Jorge Zahar, 1994

____. (1971-1972) *O Seminário, livro XIX: ou pior*. Salvador: Espaço Moebius, 2003

LYOTARD, F. (1979). *A condição pós-moderna*. São Paulo: José Olympio, 2010.

MALEVAL, J. C.; CHAMPANIER, J. P. *In favor of rehabilitation of the entity of "folie hysterique"*. Ann Med Psychol, Paris, V.2, n. 2, jul. 1977.

RAMOS, G. A. *Histeria e Psicanálise depois de Freud*. Campinas: Unicamp.

RIEDER, I; VOIGT, D. *Desejos secretos: a história de Sidonie C., a paciente homossexual de Freud*. São Paulo: Cia das Letras, 2008.

SAFATLE, V. P. *Permanecer histérica: sexualidade e contingência a partir do caso Dora*. [S. l.]: Comunicação Oral.

SENNETT, R. (1998). *A corrosão do caráter*. São Paulo: Record, 2004.

VAN, H. et al. *Eu não acredito mais na minha neurótica: trauma e disposição após o abandono da teoria da sedução*. A Peste, São Paulo, v. 2, n. 1, p. 183-198, jan./jun.2010.

ZETZEL; E. *The So Called Good Hysteric. International Journal of Psycho-Analysis*, [S. l.], n. 49, p. 256-260.

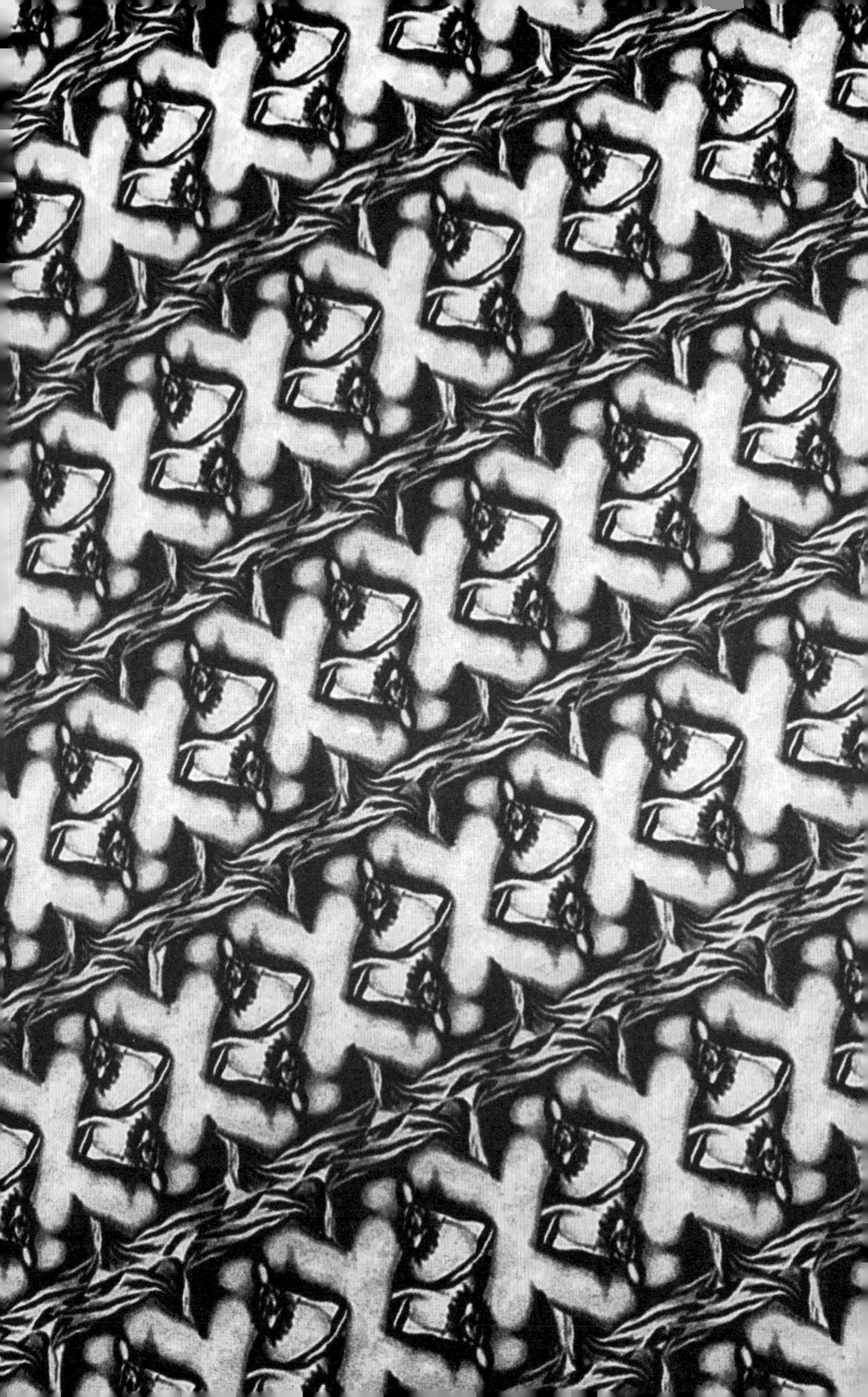

A noção de homem em Lacan: entre discurso e lógica

Pedro Ambra

Os desenvolvimentos aqui apresentados referem-se a resultados parciais de uma pesquisa de mestrado financiada pela Fapesp. Manifestamos aqui a mais sincera gratidão ao apoio dado pela fundação, sem o qual o presente capítulo e, muito possivelmente, o projeto deste livro não seriam possíveis.

O que é o homem? A pergunta suscita ambiguidade, uma vez que, neste caso, a semântica da linguagem natural é dúbia. E não o é acidentalmente.

Fora de uma relação sintática, não é possível afirmar com exatidão que aqui se trata do homem sinônimo de pessoa, cidadão e sujeito, ou se a pergunta faria referência ao homem como pessoa do sexo masculino, definido majoritariamente em relação à mulher. A duplicidade apresentada pela questão pode dar a dimensão da problemática noção de masculino. Por muito tempo concreta e juridicamente coincidente com a noção de humano ou cidadão (SCOTT, 1995), a concepção que apresenta a espécie humana como dividida em dois sexos é relativamente recente. O *one-sex-model*, que compreendia a mulher como uma inversão – inclusive anatômica – do homem, pautou grande parte dos desenvolvimentos teóricos ocidentais sobre as diferenças sexuais até o século XVIII (COSTA, 1995, p. 100).

É digno de nota, portanto, que durante séculos, nas palavras de Laqueur:

> O *sexo*, ou corpo, deve ser compreendido como epifenômeno, enquanto que o *gênero*, que nos consideraríamos uma categoria cultural, era primário ou "real" [..]. Em outras palavras, o sexo antes do século XVII era ainda uma categoria sociológica e não ontológica. (LAQUEUR, 2001, p. 19)

Assim, nos parece claro que a possibilidade de indagações a respeito do homem, dentro do registro de diferenças sexuais e, mais recentemente, de gênero, e não de uma existência filosófica universal, é uma possibilidade inscrita historicamente.

É apenas a partir dos anos 1970 que podemos localizar estudos detidos sobre a masculinidade; primeiramente, a partir de críticas do feminismo de orientação materialista, junto às teorias sobre a sociedade patriarcal (FORTH, 2011, p. 133). No entanto, a ausência de uma reflexão que abarque o masculino como objeto de estudo apresenta-se hoje como uma dificuldade nos estudos de gênero dentro do campo da psicologia e da psicanálise.

Tal ausência poderia estar ligada à consideração implícita de uma masculinidade essencial e natural, ignorando desta forma a dimensão de construção desta categoria (MUSZCAT, 2006, p. 39). Nesse sentido, Costa aponta que "o hábito de falar do sexo como algo imediatamente percebido, vem da venerada ideia de que o sentido das palavras se encontra na natureza das coisas que ela designa"(COSTA, 1995, p. 91).

Dentro desse debate, a categoria "gênero" trouxe novas possibilidades para a psicologia. Se o conceito, inicialmente proposto por Money, alcançou grande visibilidade a partir do psicanalista Stoller, nos anos 1960 (COSSI, 2011, p. 36), cumpre destacar que o processo se deu a partir de uma teoria das identidades sexuais, propriamente psicológica. De alguma forma fiel à tradição de investigação psicanalítica que por meio do (considerado como) patológico extrai formas gerais do funcionamento psíquico, o psicanalista americano formula, a partir de um estudo com transexuais, sua teoria de gênero. Diferenciando-o do "sexo", que estaria ligado a atribuições biológicas tais como os cromossomos e as gônadas, para Stoller o gênero seria antes uma construção psicológica e social, não diretamente ligada à realidade corporal, podendo ou não coincidir com esta (FERRAZ, 2000, p.52). Se, de forma geral, a psicanálise hoje não se utiliza teoricamente dessa categoria, as ciências humanas farão um uso massivo do conceito, desenvolvendo-o em diferentes esferas. Gradualmente o termo passa inclusive a fazer parte da linguagem natural e midiática, sendo novamente utilizado pela psicanálise a partir daí, e não com um conceito ou noção de validade teórica própria.

Na ciência médica, entre os transtornos mentais classificados pela psiquiatria, figura o chamado "Transtorno de identidade de gênero". Esta patologia caracteriza-se, em primeiro lugar, por uma "forte e persistente identificação com o gênero oposto, que consiste no desejo de ser, ou a insistência do indivíduo de que ele é do sexo oposto (critério A)" (DSM, 1995, p. 504). Ainda que o manual faça uso da terminologia "gênero", o termo é aplicado como sinônimo de sexo biologicamente determinado. Em consonância com a tentativa deste manual de tornar-se uma referência estatística, clínica e ateórica (SADLER; WIGGINS, 1994), observa-se que há uma categorização de patologia de gênero, sem que haja uma definição própria e declarada do conceito. Seja por compreendê-lo como uma acepção do senso comum, seja por importar o conceito diretamente da biologia, a medicina parece não considerar os debates empreendidos no campo das ciências humanas em seus desenvolvimentos e proposições diagnósticas[22].

Por sua vez, a psicologia ao dar voz a um sujeito da consciência no caso das psicologias positivas –, a um sujeito do inconsciente

22. Remetemos o leitor aos trabalhos realizados no âmbito do Laboratório de Teoria Social, Filosofia e Psicanálise, cujo projeto orbita ao redor da crítica da razão diagnóstica.

– no caso da psicanálise – ou ainda a um sujeito social – para as psicologias construcionistas ou sociais – possibilita uma outra forma de compreensão de gênero. Sobre a psicanálise, Bleichmar defende: "Entre a biologia e o gênero, a psicanálise introduziu duas formas: pulsional e de objeto, que não se reduzem nem à biologia, nem aos modos dominantes de representação social" (BLEICHMAR, 2009, p. 107).

A MASCULINIDADE EM PSICANÁLISE

Retomando ao nosso objeto específico, observamos que os trabalhos em psicologia social, e psicanálise, que versem sobre o tema do masculino são quase sempre pontuais ou mostram-se marginalmente em relação a um estudo de gênero mais amplo. Há um considerável trabalho em psicanálise para compreender o feminino[23], mas é muito menos frequente encontrar estudos sobre o masculino. Quando existem, partem de um substrato concreto, por exemplo, a violência doméstica (MUSZCAT, 2006), ou relações hierárquicas dentro da penitenciária (SCHPUN, 2004), mas é com dificuldade que um trabalho que foque o masculino como objeto de estudo privilegiado seja encontrado. Ora, sendo a psicanálise um campo do saber já consolidado, dotado de operadores teóricos suficientemente verificados para abarcar a experiência subjetiva – não submetida à biologia e nem exclusivamente ao social ou comportamental – é esperado que sua validade teórica seja suficiente para apresentar modelos explicativos para questões complexas como a diferença sexual e suas consequências.

A importância dada por Freud à anatomia – aparentemente contrária a muitos dos desenvolvimentos proporcionados pela psicanálise – pode evocar a ideia de fixidez e biologismo. Entretanto, a obra freudiana como um todo permitiria diferentes leituras da

23. Há conhecidos trabalhos de Birman, Neri, Anzieu, Aran e Miller, para citar alguns. O Seminário XX, traduzido do francês para o inglês por Bruce Fink, por exemplo, recebeu o subtitulo *On feminine sexuality: the limits of love and knowledge*. Além disso, podemos lembrar a pergunta de Freud "O que querem as mulheres?", e da afirmação de Lacan: "A mulher não existe", como exemplos da preocupação da psicanálise em localizar e teorizar a respeito das mulheres.

questão[24]. Compreendendo pulsão como fronteira entre o somático e o psicológico (FREUD, 1915), a psicanálise demonstra a importância da sexualidade como experiência psicológica fundamental. Para Laplanche e Pontalis, Freud sublinhou a variedade dos significados abrangidos pelos termos "masculino" e "feminino" sob três prismas distintos: biológico, sociológico e psicossocial (LAPLANCHE; PONTALIS, 1998, p. 351). Ainda assim, nas palavras do próprio Freud, "a masculinidade e a feminilidade puras permanecem sendo construções teóricas de conteúdo incerto" (1925, p.298).

Sobre a prevalência do falo como representante do poder, o que poderia ser considerado como uma tentativa androcêntrica de teorização do sujeito, Dor aponta que:

> O fato de reconhecer o papel essencial de um só órgão genital [para os dois sexos) num certo momento da evolução sexual infantil implica precisamente que o primeiro se situa, de imediato, fora da realidade de anatômica, fora do órgão; ou seja, precisamente a nível daquilo que essa falta do órgão é suscetível de representar subjetivamente. (DOR, 1995, p. 74–75)

Já a partir de Freud é, portanto, possível repensar a questão da constituição sexual com base em um processo que não é necessariamente tributário da constituição física, mas antes da representação que se constitui por esta condição concreta, a saber, o processo edípico.

Os avanços que as contribuições de Freud proporcionaram para a compreensão das diferenças sexuais foram robustos. Contudo, haveria questões em aberto, no campo psicanalítico, sobre as quais a teoria freudiana não pode debruçar-se tão extensamente em comparação a teorias posteriores em psicanálise. Sobre a tentativa de transpor sua explicação do Édipo para as mulheres, diz Soler "Freud reconheceu o fracasso de sua tentativa. Seu famoso 'o que quer a mulher confessa isso,

24. SCHNEIDER, M. *A genealogia do masculino*; e BLEICHMAR, S. *Paradoxos da sexualidade masculina*, são dois importantes trabalhos na área que discutem o masculino em Freud.

no final, e poderia traduzir-se assim: o Édipo produz o homem, não produz a mulher." (SOLER, 2006, p. 17).

A partir da década de 1950, as influências do estruturalismo, da linguística, da filosofia e da lógica auxiliaram Lacan a realizar seu retorno a Freud, de maneira a recolocar em novos termos algumas das formulações centrais da teoria psicanalítica. No caso do Édipo, valendo-se também de desenvolvimentos antropológicos de Lévi-Strauss (SALES, 2008), Lacan retoma o caráter mítico do complexo de Édipo, em especial, no que diz respeito à sua natureza estrutural. Em outras palavras, pode-se entender a travessia do Édipo e do complexo de castração enquanto um conjunto de relações entre elementos contingentes. De maneira similar à prevalência do significante sobre o significado, na qual o sentido emana não do referente concreto, mas da relação entre signos, a figura paterna de Freud – de natureza imaginária –, é, em Lacan, lida como "função paterna", de forma majoritariamente simbólica. Sobre a expressão do complexo de Édipo, reapresentada por Lacan como "metáfora paterna", Dor afirma que ela não estaria apenas no âmbito da captura imaginária, mas também no ponto de ancoragem em que essa captura imaginária se enlaça à dimensão do simbólico." (DOR, 1995, p. 76).

SEXO EM LACAN

Depreende-se daí que a definição de sexo, em Lacan, pode ser lida não mais enquanto eco de uma diferença anatômica primordial ou de forma simétrica e complementar entre um homem e uma mulher, mas antes enquanto modalidade de posicionamento em relação à lei simbólica. Esta visão abriria caminho para um estudo pormenorizado masculino, já afastado de uma concepção biológica, de construção social pura ou ainda de uma descrição que dependa do feminino, enquanto negativo, para validar sua existência.

Para Fink:

> De acordo com Lacan, os homens e mulheres são definidos de formas diferentes com relação à linguagem, isto é, com relação à ordem simbólica. Aqueles que, a partir de uma perspectiva psicanálise tica, são considerados homens – independente da sua constituição biológica/genética – são totalmente determinados pela "função fálica". (FINK, 1998, p. 133)

Redefinindo a questão em termos linguísticos, Lacan trabalharia com uma conceituação de sexo majoritariamente sintática e não semântica. Em outras palavras, o que estaria em jogo seriam a função e a relação entre o masculino e o feminino como estruturas dentro de um todo.

Observa-se um trabalho teórico de Lacan que visa desvincular a fundamentação de uma teoria do sujeito em psicanálise de um substrato biológico – como é possível compreender em Freud –, e pensar a subjetividade a partir de determinações de linguagem, o que abriria caminho a um diálogo frutífero junto às teorias de gênero, que igualmente afastam-se de explicações essencialistas para as diferenças sexuais.

Assim, apresentaremos as formulações sobre o homem realizadas por Lacan, especialmente durante os seminários proferidos entre os anos de 1967 e 1974. Tal recorte justifica-se uma vez que, ao final deste momento teórico, Lacan realiza sua mais importante conceituação a respeito dos sexos – a teoria da sexuação – e, por outro lado, propõe o dispositivo dos discursos para uma compreensão da relação entre sujeito, linguagem e cultura.

Ao longo da obra de Lacan, as identidades sexuais passam cada vez menos a ter sua explicação no Édipo, que se torna um modelo do processo de entrada na linguagem e, enfim, de subjetivação. Sua funcionalidade para localizar os desenvolvimentos do sujeito junto a alguma das três estruturas clínicas é incomparavelmente maior à de demonstrar o processo de identificação sexual.

A grande quantidade de livros e artigos já publicados sobre o tema da mulher em psicanálise é mais um dos motivos que justifica um movimento contrário em relação ao homem. Trata-se aqui de reconhecer uma assimetria social, que se reproduz também por meio dos discursos acadêmicos, ainda que visando dissolvê-la. Pensemos, por exemplo, no campo de estudos que se abre a partir da noção de branquitude no Brasil. Nos dois casos, a estratégia é reversa: parte-se da ideia de que apontar para o caráter contingente daquilo que é tido como normal é também contribuir para a desconstrução dos discursos que justificam a dominação. Julgamos que essa é uma tarefa necessária e aqui marcamos nossa posição política.

Ainda que não compartilhando da mesma consequência política de tal diferença, Lacan já localizava essa questão:

> É divertido que, depois de setenta anos [cento e dez] de psicanálise, ainda não se tenha formulado nada sobre o que é o homem. Refiro-me ao vir[25], ao sexo masculino. Não se trata aqui do humano e outras patacoadas sobre o anti-humanismo e toda essa baboseira estruturalista, trata-se do que é um homem. (LACAN, 1968/1969, p. 382)

O que observamos, no entanto, é que o homem para Lacan parece ter como função sublinhar uma totalidade que será negada na definição da mulher, como veremos. A princípio, poderia pensar a hipótese de que o homem teria um modelo explicativo coincidente com o que Lacan considera como sujeito. No entanto, observa-se que há na verdade uma modificação na teoria do sujeito como um todo, de forma que investigar os usos e desenvolvimentos da noção de masculino em Lacan é traçar a modificação mesma de um momento teórico. Sendo assim, temos o homem como método de análise de um momento específico da obra de Lacan, além de propriamente um objeto de estudo.

Seguindo o percurso realizado por esta noção, foi possível encontrar dois modelos explicativos relativamente localizáveis cronologicamente dentro do ensino de Lacan.

25. Vir refere-se a um dos vocábulos no latim para designar homem, como testemunha ainda o adjetivo viril.

REPRESENTAÇÃO E DISCURSO

Entre os anos de 1968 e 1970, Lacan buscará apresentar relações entre sua teoria do sujeito, desenvolvida até então, e o mundo social. Por um lado, o objeto *a* será compreendido dentro de uma relação de analogia à mais-valia, marcando o caráter histórico da possibilidade de subjetividade. Por outro, a teoria dos discursos se mostrará como um modelo, a partir do qual se operariam os laços sociais. Ainda que não de forma declarada ou particularmente detida, observaremos que a noção de homem – ou a maneira pela qual ela pode ser inferida – é intimamente ligada à economia conceitual deste momento da obra de Lacan. Vejamos como isso ocorre.

Apesar do termo "homem" ser bastante citado por Lacan em sua acepção generalista, cada vez mais seu uso será rodeado de cuidados e ressalvas. Junto às suas articulações a respeito especificamente do "ato analítico" – que inclusive dá nome ao seminário de 1967-68 – não há menção ao homem, mas antes ao "ser" e ao "sujeito". O homem pode ser encontrado como exemplo quase textual na menção aos silogismos de Aristóteles, mas de forma aparentemente desvinculada de qualquer identidade sexual. Em outra referência, desta vez a Marx, o homem aparece como aquele explorado pelo próprio homem (LACAN, 1967/1968, p. 156). De toda forma, Lacan parece ainda sim estar ciente do uso problemático do termo e, mais ainda, de seu uso dentro do campo psicanalítico:

> O sujeito não é o homem. Se há pessoas que não sabem o que é o homem, são mesmo os psicanalistas. E é mesmo todo seu mérito de colocá-lo radicalmente em questão, falo como homem, na medida em que esta palavra tenha ainda uma aparência de sentido para quem quer que seja. (LACAN, 1967/1968, p. 212).

Se Freud, a respeito da escolha objetal, afirmava que nem mesmo o interesse do homem pela mulher seria natural, mas sim algo digno de esclarecimentos, décadas mais tarde, Lacan parece enfrentar uma dificuldade semelhante a partir da questão da identidade sexual, "apesar das aparências, o que a psicanálise demonstra é, justamente, que nem mesmo essa identificação com um tipo [masculino ou feminino] é tão fácil assim". E prossegue, "é com enorme inabilidade que chegamos a enunciar alguma coisa a este respeito" (LACAN, 1968/1969, p. 216).

Ainda que se esquive da tarefa de abordar o problema diretamente, a questão se coloca novamente, a partir da retomada de seu conhecido aforismo:

> O desejo do Outro é o desejo do homem, disse eu numa época em que me convinha, para me fazer entender, arriscar algumas palavras improváveis, como "homem", por exemplo. (LACAN, 1968/1969, p. 121)

Se aqui a contraditória noção de homem é reconhecida e sublinhada, Lacan buscará cada vez mais apresentá-la como problema da identidade sexual em si, a ser equacionado freudianamente a partir de um terceiro termo. Diz Lacan: "Tudo o que ela [lógica freudiana] introduziu como lógica do sexo decorre de um único termo, que é realmente seu termo original, que é a conotação de uma falta, e que se chama castração" (LACAN, 1968/1969, p. 218).

Assim, uma importante característica deste momento teórico é que a identidade sexual é pensada exclusivamente a partir da castração. As tentativas de definição das identidades acabam por desembocar na lógica única da castração. Lógica que aqui – apesar de ser muito citada por Lacan – parece ter valor um tanto argumentativo, posto que suas conclusões sobre o tema em geral têm respostas conceituais e não propriamente articuladas lógica ou matematicamente, ainda que em outros momentos já sejam apresentados os quantificadores aristotélicos e desenvolvimentos sobre a possibilidade de universais e particulares. No entanto, no que diz respeito aos sexos, Lacan parece próximo a uma metapsicologia freudiana. "Tanto no homem quanto na mulher, toda a normatividade se organiza em torno da transmissão de uma falta" (LACAN, 1968/1969, p. 218).

Pouco a pouco, mas de forma cada vez mais marcada até o Seminário XX, Lacan irá preocupar-se em definir o que é a mulher. Ainda que neste momento a questão da não-totalidade e do gozo outro não esteja conceitualmente apresentada, o caráter de inapreensibilidade da mulher já é colocado.

> Não se trata, por hora, de saber se as mulheres são recalcadas, mas de saber se a Mulher como tal o é, e por que não, nela própria, é claro. Este discurso não é androcêntrico. Se em sua essência a Mulher é alguma coisa, e disso nada sabemos, ela é tão recalcada para a mulher quanto para o homem. (LACAN, 1968/1969, p. 221)

Nesta diferenciação, cumpre notar que a mulher parece começar a desenhar-se teoricamente, não como uma identidade sexual propriamente dita, mas antes como uma espécie de representação in consciente, pois passível de *Verneinung* para todos os seres falantes, sejam eles homens ou mulheres.

Nesta esteira, Lacan fará uma importante distinção – por vezes ignorada – primeira seria uma espécie de referência da segunda (LACAN, 1968/1969, p. 373). Desta forma, há uma importante separação da clássica sobreposição dos homens à neurose obsessiva, bem como das mulheres à histeria (LACAN, 1968/1969, p. 371). Mais importante do que a atestada prevalência numérica das neuroses em cada um dos sexos biológicos é a representação inconsciente da mulher, que governa a relação de cada sujeito histérico com a linguagem. Na neurose obsessiva, a função correspondente será exercida não pelo homem, mas antes pelo senhor/mestre. Ainda que ao final do Seminário XVI uma leitura que buscaria no senhor/mestre uma representação do homem seja possível, essa articulação não parece desenvolver-se no posterior ensino de Lacan.

Deste modo, se tomados desta forma, homem e mulher tornam-se referências dos sujeitos falantes. Assim, diz Lacan que para além das identificações, no plano da (inexistente) relação sexual, não haveria, no nível do sujeito, reconhecimento do macho pela fêmea e vice-versa, sendo relevante neste caso unicamente a função do falo (LACAN, 1968/1969, p. 309). Dessa maneira, os seres falantes, do ponto de vista inconsciente, se reconhecem sem os semblantes masculinos ou femininos. Por outro lado, cada ser falante poderá posicionar-se em relação à mulher na histeria ou ao senhor/mestre na neurose obsessiva. Trata-se de outra forma de compreender que não haveria relação entre os seres sexualmente identificados senão a partir do falo, donde há a inexistência da relação sexual.

Observamos que o homem aparece em uma relativa oposição, ainda que não simétrica, visando explicar o que estaria em jogo na mulher, que por vezes será inclusive apresentada como "sujeito mulher":

> Nessa estrutura que acabo de articular como sendo a do sujeito mulher, ela encena o sujeito suposto saber. Em outras palavras, e lembrem-se de Dora, a histérica fica interessada, cativada pela mulher na medida em que acredita que a mulher sabe o que é preciso para o gozo do homem. (LACAN, 1968/1969, p. 373)

A relação da mulher com a histeria continuará nos interesses teóricos do autor a partir de um dos quatro discursos radicais, o discurso da histérica. Ao lembrar que o "privilégio da histeria" não seria exclusivamente das mulheres, Lacan reforça a possibilidade de pensar o homem, não como identidade sexual, mas como representação inconsciente na seguinte passagem: "Vemos então a histérica fabricar, como ela pode, um homem – um homem que seria animado do desejo de saber." (LACAN, 1969/1970, p. 36). Observamos um uso semelhante da noção de homem quando escreve Lacan: "as histéricas não sobrevivem senão fazendo o homem[26] (LACAN, 1974, p. 1562).

26. Do original "*les hystériques ne survivent que de faire l'homme*". Em que pese a ambiguidade do verbo faire, que pode ser entendido tanto como fazer ativamente um homem como fazer-se de homem, bancar o homem, fingir-se homem.

Um segundo conjunto de elementos referentes à noção de homem em Lacan alinha-se à crescente inclusão de determinantes históricos – principalmente no Seminário XVI, a partir de Marx – e sociais, visando pensar o laço social a partir dos discursos, desenvolvida em especial no Seminário XVII. Caso homem e mulher possam ser apresentados como representações inconscientes ao invés de determinações biológicas ou identidades de gênero, poderiam estas mesmas representações ser influenciadas social ou discursivamente?

Ao retomar a pulsão como lugar-tenente do sexual (LACAN, 1968/1969, p. 206), Lacan aponta para o caráter contingente e histórico da histeria – aí completamente vinculada à mulher – quando diz "não foi pelo fato de as histéricas terem estado lá no começo, por um acidente histórico, que a coisa toda pode ter lugar" (LACAN, 1968/1969, p. 207). Assim, adicionalmente aos outros desenvolvi mentos do Seminário XVI, a histeria em sua relação com a mulher parece ser dotada de determinantes históricos e sociais para além de uma simples negação da biologia. Se há uma sexualização das diferenças orgânicas, ela se dá a partir do social e tem relações com a posição política da psicanálise (LACAN, 1969/1970, p. 90).

E quanto ao homem? Da mesma forma – e agora diretamente explicitada – a "natureza" do homem não é definida a partir das representações feitas com base em um substrato biológico, nem dentro de uma essência masculina. Neste momento teórico do autor: "O homem, o macho, o viril, tal como o conhecemos, é uma criação de discurso – nada pelo menos do que se analisa pode se definir de outra forma" (LACAN, 1969/1970, p. 62).

Assim, abre-se a possibilidade de uma compreensão, por um lado não lógica ou binária, e por outro afim do modo de pensar as diferenças sexuais a partir do gênero. Cumpre notar que na maior parte dos desenvolvimentos teóricos feitos a respeito do homem e da mulher, até então, estas categorias são apresentadas discursiva e conceitualmente. Dito de outra forma, trata-se não exatamente de uma teoria social de construção de identidades sexuais, mas é possível localizar termos e formulações articuláveis, do ponto de vista das modificações históricas e sociais, com a noção de gênero.

Defendemos que essa constatação não é marginal, mas sim ligada ao núcleo do que corresponde à teoria do sujeito em Lacan, entre 1967 e 1971, ou seja, um sujeito mergulhado e determinado discursiva e historicamente. Mesmo o objeto a, considerado pelo próprio Lacan como sua maior contribuição à psicanálise, terá então sua gênese e estrutura ligadas a um conceito histórico: a mais-valia. Adicionalmente, a própria histeria, patologia que desde Freud é exaustivamente trabalhada por teóricos das diferentes escolas psicanalíticas, será reintroduzida na forma de um discurso. Observamos igualmente que dentro da economia de termos utilizados pelo psicanalista francês, ao longo de seus seminários, o homem deixa de ser utilizado em sua acepção filosófica – como sinônimo de ser pensante – e passa a marcar um efeito da diferença sexual. Efeito este marcado por uma teoria que parece ocupar-se preferencialmente de uma definição histórica e ontogenética, em detrimento de definições antropológicas ou universais de sujeito.

No entanto, este panorama tende a alterar-se a partir do Seminário XVIII, considerado aqui como um ponto intermediário entre um primeiro momento da noção de homem pensada como representação inconsciente e permeável ao discurso para um segundo momento, no qual sua articulação tenderá a uma descrição antro política e formal. É bem verdade que esta tentativa se desenha desde o Seminário XV, mas não chega a se articular de forma teórica mais consistente. Desta forma, o Seminário XVIII traz alimentos que tanto completam a ideia de um homem discursivo, como iniciar uma articulação entre consequências da lógica aristotélica e os sexos.

O autor posiciona-se logo na segunda sessão do seminário "De um discurso que não fosse do semblante em relação ao papel da biologia na relação sexual". Este papel, que poderia ser inferido a partir dos seminários anteriores, é agora declaradamente destituído de valor explicativo, "Isso [a realidade cromossômica] não tem absolutamente nada a ver com aquilo de que se trata, e que tem um nome perfeitamente enunciável: as relações entre o homem e a mulher" (LACAN, 1971, p. 29). Este afastamento de noções naturais, no que diz respeito ao sexo, serve tanto a uma leitura discursiva e de representação inconsciente de gênero quanto a um modelo lógico-formal. No entanto, é necessário dizer que, se pensado fora de um regime de representações inconscientes, o sexual surge aqui próximo a uma heteronormatividade, que parece não permitir pensar as relações fora de um registro do homem em relação à mulher.

E igualmente neste momento que Lacan parece afastar o Édipo da função de um processo de constituição de gênero, uma vez que "de modo algum precisamos esperar pela fase fálica para distinguir uma menina de um menino; já muito antes eles não são iguais" (LACAN, 1971, p. 30). Tal constatação leva o autor a considerar o conceito de gênero de Stoler, que para Lacan responderia apenas em parte ao problema da atribuição de sexos. Frente a isso, o autor francês opta por não incorporar o conceito do também psicanalista americano, mas antes apresentar seu correspondente:

> O importante é isso: a identidade de gênero não é outra coisa senão o que acabo de expressar com estes termos, "homem" e "mulher". É claro que a questão do que surge precocemente só se coloca a partir de que, na idade adulta, é o próprio destino dos seres falantes distribuírem-se entre homens e mulheres. (LACAN, 1971, p. 30)

Pontuamos que, aliada à negação da realidade biológica, é apresentada aqui uma forma de pensar as identidades sexuais de forma ontogenética, potencialmente até como uma construção.

Em outras palavras, a identidade de gênero é desenvolvida, gestada e não dada, já que os seres falantes distribuir-se-ão como homens e mulheres. Dito de outra forma: "Se falei em hora da verdade, é por ser a ela que toda a formação do homem é feita para responder, mantendo contra tudo e contra todos, o *status* de seu semblante" (LACAN, 1971, p. 33).

Somada ao já citado caráter discursivo do homem, Lacan parece confirmar uma visão das identidades sexuais que leem as diferenças a partir de um regime de contingência e não de necessidade. Por tanto, sua análise diria respeito ao que historicamente se entende por homem – assim como já assumido em relação à mulher –, ainda que seus desenvolvimentos teóricos não se detenham sobre estes desdobramentos, tal como o realizado em relação ao objeto a e ao mais-de-gozar e sua relação de homologia à mais-valia de Marx.

Dentro da proposta do Seminário XVIII, Lacan – contra o ainda não explícito pano de fundo da inexistência da relação sexual – afirma que, para o homem, o que constitui sua relação com a mulher é o parecer-homem, ou seja, o semblante (LACAN, 1971, p. 31); semblante este que, nos humanos, seria vinculado por um discurso.

Ora, se o semblante do que se chama um homem e uma mulher (LACAN, 1971/1972b, p. 35) é trazido por um discurso, ganha força a hipótese de uma determinação de gênero potencialmente permeável ao social e à história.

Ademais, a identificação sexual que terá como resultado o semblante não seria aqui o menino perceber-se menino ou vice-versa, portanto, um fato psíquico calcado na realidade biológica (LACAN, 1971, p.33), seria antes o menino perceber que existem meninas, e este fato – por que não dizer – permeável às identidades sociais de gênero que os castraria. Para além da formação, a identidade sexual parece poder ser, inclusive, mimetizada: "a mulher tem muita liberdade com o semblante, pode até dar peso até a um homem que não tem nenhum" (LACAN, 1971, p. 34). Sublinhamos aqui a potencialidade que a radicalidade dessa definição poderia aportar para os estudos de gênero. Ela permitiria, por exemplo, operar teoricamente a questão do transexualismo sem o recurso à psicose, feito e reafirmado por Lacan, aparentemente até o fim de seu ensino. Ainda: "o ser sexuado só se autoriza de si mesmo. É neste sentido que há escolha, quero dizer que isso a que nos limitamos, enfim, para classificá-los masculino ou feminino, no estado civil, enfim, isso não impede que haja escolha" (LACAN, 1973/1974, p. 163).

No entanto, ao longo destes mesmos desenvolvimentos que parecem refinar a noção de identidades sexuais como construções a partir do semblante, a possibilidade aberta de pensar homens, mulheres e gênero vai se perdendo de modo gradual, do ponto de vista discursivo, ao longo das sessões do seminário.

Assim –, e aqui tomamos certa liberdade de estilo – o "de um discurso que não fosse do semblante" parece pouco a pouco tornar-se um "semblante que não fosse do discurso". Ou seja, os semblantes sexuais passam a ganhar tonalidades (ditas) lógicas, que antes eram apenas apontadas, mas a partir de agora serão trabalhadas até a forma final das fórmulas da sexuação, esta que não necessariamente anularia o primeiro modelo explicativo, deslocará a tonalidade da determinação do sexo de uma história material para a faceta lógica da antropologia psicanalítica *par excellence*, o mito freudiano de *Totem e Tabu*.

GÊNERO LÓGICO

Sem realizar uma ruptura explícita observamos que Lacan, aos poucos, ao longo do Seminário XVIII e daí em diante se utilizará de ferramentas da lógica aristotélica e do quadro de apolíneo para conceber as diferenças sexuais. É apresentada a hipótese de que não seria possível pensar, a partir de Aristóteles, todas as mulheres a não ser pelo pai mítico de Totem e tabu, aquele que potencialmente gozaria de todas e, portanto, a ele seria possível conceber o conjunto "todas as mulheres". Exceto por este caso, de acordo com Lacan, a lógica clássica impossibilitaria a existência do conjunto "todas as mulheres". Essa impossibilidade e seus ecos parecem criar um novo caminho teórico para explicar as diferenças sexuais, sem uma necessária conexão com o modelo anterior. Assim, serão estas novas articulações concernentes à identidade de gênero que terão como resultado a primeira formulação de um de seus mais conhecidos aforismos "*A mulher não existe*" (LACAN, 1971, p. 99).

Outro importante aspecto, que até então é apenas nuançado, recebe agora o peso de uma afirmação certeira. Trata-se da impossibilidade do sujeito não estar inscrito em um dos dois sexos:

> Há apenas dois: os homens e as mulheres, se diz, e se obstina a acrescentar os auvernenses! Isto é um erro. No nível do real, não há auvernenses[27]. Isso que se trata quando se trata de sexo, é do outro, do outro sexo, mesmo quando se prefere o mesmo. (LACAN, 1971/1972a, p. 94)

Ao longo das sessões do seminário *Ou pior...* (1971/1972a), Lacan discutirá o que será posteriormente denominado como fórmulas da sexuação a partir da relação da variável matemática x com o conceito de significante, tão caro ao autor, que havia ficado em segundo plano no que se refere às identidades sexuais. Assim, este movimento parece sublinhar que, a partir de então, os sexos voltam a ser pensados por meio de relações conceituais e formais e não mais com base em referentes externos, sejam eles histórico/culturais ou biológicos.

27.Lacan faz aqui referência à população que habita a região de Auvérnia, cuja língua falada ainda hoje é uma variação do provençal. Auvernenses que habitam Paris são considerados pelos citadinos como uma população marginalizada.

Devemos lembrar que, ainda em 1971, será desenvolvida uma noção que não parece vingar no interior da economia conceitual de Lacan, por sua posterior redescrição a partir dos quantificadores, o *todohomem*. Uma vez que existiriam dúvidas a respeito da possibilidade da garantia da existência de um homem, ele só pode ser na qualidade de *todobomem* [*tout homme*], isto é, de um significante e nada mais". E prossegue Lacan mais à frente:

> Daí resulta, por exemplo, que não se pode fundar nada do status do homem, visto pela experiência analítica, senão juntando artificialmente, miticamente, o *todohomem* com o suposto homem, o pai mítico de Totem e Tabu, isto é aquele que é capaz de satisfazer o gozo de todas as mulheres. (LACAN, 1971, p. 133)

Aqui a definição e diferenças centrais do homem e da mulher, tais como serão posteriormente desenvolvidas no Seminário XX, já podem ser lidas. Os homens só podem – e todos são – pensados a partir de *Totem e tabu*. Se o resultado do pacto dos irmãos resultou em uma impossibilidade, esta é fundadora e universal para todos aqueles definidos como homens. E essa impossibilidade gerada pelo pacto só é possível por ter havido, e aparentemente no inconsciente ainda há, um e apenas um pai ao qual esta regra não se aplica. Assim, todos os (outros) homens estão igualmente submetidos à mesma lei. Eis, comicamente, uma espécie de justificativa para o popular dito "os homens são todos iguais". Quanto à mulher, tudo o que pode ser dito neste momento é que isso que se passa com o homem vale para ela, mas apenas em parte (FINK, 1995, p. 140). E é essa pequena diferença que seria fundamental no que diz respeito aos sexos.

Essa explicação antropológica e totêmica terá, neste segundo momento conceitual, um aporte teórico formal paralelo, com ambições igualmente universalizantes. Trata-se da lógica, tal como compreendida por Lacan. Podemos dizer que os dois seminários proferidos em 1971 e 1972 formam um conjunto com o Seminário XX, no que diz respeito às formulações sobre o homem.

Com a aproximação da chamada "fase Real" do ensino de Lacan, as modalidades de conceptualização impossíveis de ascender à linguagem parecem ganhar destaque. A solução encontrada pelo autor para expressar os fenômenos subjetivos passa a ser cada vez mais encontrada na lógica e, posteriormente, na topologia e teoria dos nós. Neste sentido, a identidade sexual parece consonante com a proposta geral de Lacan, uma vez que o gozo sexual em jogo no "parceiro outro" – homem e mulher – é inacessível à linguagem que funcionaria como suplência do gozo sexual (LACAN, 1971/1972a, p. 42).

É por esse motivo e nesse contexto que são apresentadas as fórmulas da sexuação, que se desenvolverão a partir das negações e contradições de possibilidades de existência do homem e da mulher, pensadas a partir da possibilidade de existência (∃) e da universalidade (∀) de um sujeito (x) em relação a uma função (Φ), que não é outra senão a função fálica. Trata-se, por fim, da passagem da explicação discursiva dos sexos para uma demonstração formal, em que temos operações com quantificadores e seus resultados. Deste ponto de vista, diferentemente da mulher, o homem "existe, e existe quer dizer existe exatamente como em uma solução de uma equação matemática, existe ao-menos-um para quem a verdade de sua denotação não está na função fálica." (LACAN, 1971/1972a, p. 44).

Por outro lado, a mulher não poderia ser descrita em relação à totalidade de sua inscrição na função fálica. Assim, para Lacan, não seria possível formular algo sobre todas as mulheres, onde temos sua aforismática inexistência. Quanto aos homens, é justamente esta exclusão do um – pai da horda a quem a lei fálica não se aplica-os homens, uma exceção que confirma a regra, lembrando o provérbio (LACAN, 1971/1972b, p. 4). A diferença é que esta realidade inconsciente mítica é agora pensada a partir de quantificadores: "do homem, do ser que se qualifica no falante como masculino, se tomarmos o existe, existe ao-menos-um para qual

Φx não pode ser recebido como asserção, $\exists x \,.\, -\phi x$" (LACAN, 1971/1972a, p. 104).

Se em 1970 houve uma negação contundente da biologia – que em nossa leitura marcaria uma fronteira entre um modelo histórico/discursivo e um modelo antropológico/lógico – no Seminário XX observamos um certo retorno, não no que diz respeito direta mente às identidades sexuais como representações de diferenças anatômicas, mas à formação de diferentes modalidades de gozo a partir da própria fisiologia. Vemos uma curiosa retomada de noções da biologia para explicar a diferença nas formas de gozo, já que agora – além de refinar a lógica da sexuação – Lacan irá ocupar-se igualmente em diferenciar o gozo masculino ou fálico e o gozo feminino, ou gozo outro (LACAN, 1972/1973, p. 14). Esta referência vem da retomada dos apontamentos de Freud a respeito da diferença entre o orgasmo clitoriano (fálico) e vaginal, este propriamente feminino.

Há passagens, inclusive, em que é difícil ler o homem, seja como discurso, ou como posição lógica, dada a insistente aproximação entre o operador teórico do gozo e o orgasmo físico previamente dito, restando ao homem ser pensado biologicamente "O gozo fálico é o obstáculo pelo (através do) qual o homem não 'chega' a gozar do corpo da mulher, pois ele goza do gozo do órgão." (LACAN, 1972/1973, p. 15) e ainda, "há mulheres. fálicas. E isso não impede que os homens sejam homossexuais, mas os impede de gozar do corpo da mulher, ou seja, fazer amor." (LACAN, 1972/1973, p. 92). Trata-se da expressão da impossibilidade da relação sexual, mas pensada não mais dentro de um registro de representações inconscientes ou discursivas, mas antes pensada a partir dos ecos de um orgasmo corporal propriamente dito.

Aristóteles e sua lógica – que há anos são citados por Lacan na tentativa de apresentar um pensamento lógico de universais e particulares a partir da existência – designaria, por fim, apenas o que acontece do lado masculino. Mais do que isso, a relação com o objeto se relacionaria exclusivamente à parceira faltante, e seria, portanto, exclusivamente masculina, donde a fantasia seria exclusivamente masculina (LACAN, 1972/1973, p. 81).

Assim, é correta uma interpretação que leia, nestes desenvolvimentos teóricos de Lacan, o homem como sinônimo do que o autor ao longo de sua obra designou como "sujeito" de uma maneira geral. Seja uma relação necessária com a função fálica, seja a centralidade e necessidade da relação com o objeto *a*. No entanto, o autor parece neste momento assumir, ainda que por meio de Aristóteles, que tal leitura diria respeito só a uma parte dos sujeitos. Desta forma, é necessário sublinhar que a teoria da sexuação apresenta uma ampliação da teoria geral de sujeito, em Lacan, ao demonstrar que o ser falante pode estar na linguagem de duas formas distintas.

Estas formas são chamadas por Lacan de "lados". Assim, o sujeito pode estar do "lado masculino" ou do "lado feminino". O autor diz ainda que o sujeito não seria forçado, quando masculino, a ficar no lado homem, sendo chamados aqueles que não o fazem de místicos, pois poderiam fazer uso do gozo outro, fora de um regime totêmico de impossibilidade (LACAN, 1972/1973, p. 97). No entanto, cabe a questão de até que ponto tal afirmação não teria como fundo uma interpretação que vê o homem com certa carga de essência, ou previamente determinado, já que alguns poderiam "estar do outro lado". Ainda que os "atributos da masculinidade" restem a determinar-se (LACAN, 1972/1973, p. 101), ou seja, claramente não biológicos, a liberdade que a noção de semblante e discurso outrora ofereceram para pensar o gênero, parece agora ser reduzida a uma dualidade quase essencialista, ainda que lógica e inconsciente.

Por fim, observamos que metodologicamente uma análise da noção de homem pode nos indicar caminhos gerais no que diz respeito à teoria de sujeito em Lacan, ainda que não haja uma coincidência de definição entre eles. Observa-se uma importante mudança na extensão e potencialidades das formulações lacanianas no período que se estende do Seminário XVI ao Seminário XX. A princípio, há uma preocupação em defender o caráter histórico e ontogenético do sujeito, o que leva Lacan a partir da improvável incorporação de categorias marxistas à noção de discurso, radicalizando a gênese e consequências sociais da categoria de sujeito. Abre-se aí a possibilidade de pensar a incidência das estruturas sociais em cada sujeito, bem como os limites de proposições gerais e a-históricas. No que diz respeito especificamente às identidades sexuais, ainda que não se trate de um modelo propriamente dito, esta forma de abordagem da questão nos parece extremamente frutífera aos debates atuais da psicanálise, seja com o feminismo, *gender studies*, movimentos de direitos de minorias etc., seja no interior de discussões conceituais. Não devemos nos furtar a pontuar o estranho silêncio de comentadores e trabalhos que reconheçam esta possibilidade de leitura a partir de Lacan.

Esse silêncio contrasta com a pluralidade de produções referentes às fórmulas da sexuação, tal como nos foi possível localizar junto a um segundo momento no qual o psicanalista francês voltou-se para uma antropologia – calcada em *Totem e tabu* – em sua improvável articulação com a lógica aristotélica, visando pensar as diferenças sexuais, definidas agora como modos ou "lados" da subjetividade. O foco passou então da possibilidade da contingência a uma universalidade de definições, que pode ser melhor explorada não mais a partir da categoria de discurso, mas sim com a ajuda de quantificadores lógicos, desprendidos tanto de diferenças biológicas quanto de realidades históricas ou sociais.

Restaria a tarefa, portanto, de questionar-se sobre a possibilidade de síntese entre esses dois polos, uma vez que só assim seria possível pensar, de fato, uma noção de masculino que se apresentasse por um lado como uma oportunidade histórica determinada epistemologicamente e, por um outro, de significar o enigma das diferenças sexuais, invariavelmente divididas socialmente a partir dos sexos.

REFERÊNCIAS BIBLIOGRÁFICAS

BLEICHMAR, S. *Paradojas de la sexualidad masculina*. Buenos Aires: Paidós, 2009.

COSTA, J. F. *A face e o verso: estudos sobre homoerotismo II*. São Paulo: Escuta,1995.

COSSI, R. K. *Corpo em Obra*. São Paulo: nVersos, 2012.

DOR, J. *Introdução à leitura de Lacan*. Porto Alegre: Artmed, 1995.

DSM-*Manual diagnóstico e estatístico de transtornos mentais*. Porto Alegre: Artes Médicas, 1995

FERRAZ, F. C. *Perversão*. São Paulo: Casa do Psicólogo, 2000.

FINK, B. *O sujeito lacaniano*. Rio de Janeiro: Jorge Zahar, 1998.

FORTH, C. E. *Masculinités et virilités dans le monde anglophone*. In: COURTINE, J. J. Histoire de la Virilité: la virilité en crise? Paris: Seuil.

FREUD, S. (1915). *Instintos e seus destinos*. São Paulo: Companhia das Letras, 2010.

____. (1925). *Algumas consequências psíquicas da diferença anatômica entre os sexos*. In:__ Obras completas v. 16. São Paulo: Companhia das Letras,2011.

LACAN, J. (1967/1968). *Séminaire livre XV*: l'acte psychanalytique. Paris: AFI.

____. (1968/1969). *O Seminário livro XVI: de um outro ao outro*. Rio de Janeiro: Jorge Zahar, 2008.

____. (1969/1970). *Séminaire, livre XVII*: l'envers de la psychanalyse. Paris: AFI.

____. (1971). *O Seminário, livro XVIII: de um discurso que não fosse semblante*. Rio de Janeiro: Jorge Zahar, 2009.

____. (1971/1972a). *Séminaire, livre XIX: ou pire*. Paris: AFI.

____. (1971/1972b). *Séminaire, livre XIX: le savoir du psychanalyste*. Paris: AFI.

____. (1972/1973). *Séminaire livre XX: encore*. Paris: Seuil, 1975.

____. (1973/1974). *Séminaire, livre XXI: les non-dupes errent*. Paris: AFI.

____. Alla Scula Freudiana. In: ____. *Écrits*. Paris: AFL.

LAPLANCHE, J; PONTALIS, J. B. *Vocabulário da psicanálise*. São Paulo. Martins Fontes, 1988.

LAQUEUR, T. *Inventando o sexo*. Rio de Janeiro: Relume Dumará, 2001.

MUSZCAT, S. *Violência e masculinidade:* uma contribuição psicanalítica aos estudos das relações de gênero, Dissertação (Mestrado de Psicologia) – Instituto de Psicologia, [S. I.], 2006.

SADLER, J. Z.; WIGGINS, O. P.; SCHWARTZ, M. A. Introduction. In: IIII. *Philosophical Perspective on Psychiatric Diagnostic Classification.* Baltimore: Johns Hopkins University Press, 1994.

SALES, L. S. *Consistência do Édipo na psicanálise lacaniana: símbolos zero para o desejo. Fractal*, Rev. psicol., Rio de Janeiro, v.20, n. 1, jun 2008.

SCHPUN, M. R. (Org.). *Masculinidade.* São Paulo: Boitempo, 2004.

SCOTT, J. *Gênero: uma categoria útil para a análise histórica. Educação & Realidade, Porto Alegre*, v. 20, n. 2, jul/dez, 1995.

SOLER, C. *O que Lacan dizia das mulheres.* Rio de Janeiro: Jorge Zahar, 2006.

Algumas questões do feminino e da histeria encenadas em um caso de hiperêmese gravídica.

Vera Iaconelli

No presente trabalho buscamos discutir, a partir do acompanhamento de um caso de hiperêmese gravídica – quadro caracterizado pela presença de vômito incoercíveis na gestação, que podem levar à morte da mãe ou do bebê em casos extremos – o efeito disruptivo da experiência de gravidez em uma jovem que apresenta graves conflitos em sua identificação com a mãe. Tema recorrente da clínica da histeria que encontra na gestação um espaço de encenação exemplar, incrementado pelo caráter traumático do ciclo perinatal. O caso nos leva a refletir sobre a escuta psicanalítica no âmbito da perinatalidade, lugar no qual o Real do corpo escandaliza o sujeito

O ciclo gravídico-puerperal, com suas peculiaridades e com sua demanda excessiva sobre o psiquismo da mulher, não é um processo patológico e ter isto em mente é condição para que evitemos enveredar por interpretações estigmatizantes. É importante tentar separar, na medida do possível, o que é próprio da elaboração do traumático da gestação, pela irrupção do Real do corpo, e as questões da histeria, ou da psicose ou da perversão.

UM CASO

Júlia, nome fictício, é uma mulher de 36 anos, com um ar adolescente. Chegou ao consultório demonstrando estar desesperada com a situação de sua gravidez de dois meses. Estava casada há dois anos e desejava engravidar. Preparou-se para a gestação. Ao engravidar, e sentiu-se muito feliz e confiante do seu desejo de ser mãe, e como dizia "nenhum pensamento oposto passava pela sua cabeça". Quando resolveu contar à sua mãe, essa teve uma reação descontrolada. Grunhia, se arranhava, agarrava a filha com desespero. Ao final desta intensa cena, a mãe lhe diz que sua reação era de "felicidade". Desde então, Júlia passou a sentir-se terrivelmente mal: dores no corpo e vômitos severos ao ponto de ser necessária uma internação.

Em sua primeira entrevista, ocorrida logo após a alta hospitalar por indicação do psiquiatra, a questão que a jovem coloca é que ela não deseja mais estar grávida e que já marcou consulta com o médico que poderia lhe fazer um aborto. Diz que não deseja mais o bebê, mas teme arrepender-se depois de feita a intervenção. Sente-se feia e gorda, diz que não está preparada para ser mãe. Se antes do encontro com sua mãe Júlia não tinha dúvidas, agora são somente dúvidas que ela possui. Conta-nos que toma banhos "para tirar o cheiro de sua mãe de sua pele".

Sua história nos revela o sentido desta trama. Ela é a primeira filha de uma mulher que nunca assumiu nem o próprio casamento, nem a maternidade, apesar de ter realizado ambos. Sua mãe entregou-a aos cuidados da própria mãe, avó de Júlia. Júlia diz que preferia ficar com a avó e que chorava quando a mãe vinha buscá-la. Em função disso, a mãe a acusava de preferir a avó, o que a paciente admite, embora nunca tenha assumido para a mãe. Mesmo casada, a mãe de Júlia levava vida de solteira, saindo com outros homens sob o olhar impassível do marido. A paciente se lembra de que a mãe, ao perceber-se grávida da segunda filha, única irmã de Júlia, confidenciou às amigas não saber ao certo quem seria o pai; Júlia tinha cinco anos. Nessa segunda gravidez, sua mãe diz que "esta filha será só dela", o que parece ter realmente ocorrido, pois se dedica exclusivamente a esta segunda filha que tomou pra si como objeto único de investimento. O relacionamento entre a mãe da paciente e sua irmã sugere um laço psicotizante e, segundo Júlia, a irmã sofre de "graves distúrbios de personalidade" diagnosticados por psiquiatras, mas que seriam entendidos pela família como "problemas neurológicos". Júlia, por sua vez, tem um histórico de conversões e somatizações recorrentes. Faz acompanhamento psiquiátrico e sua preparação para a gestação incluiu a retirada paulatina do antidepressivo Tryptanol® em função dos riscos de efeitos colaterais que poderia ter sobre o desenvolvimento do feto.

As primeiras sessões são marcadas pela necessidade premente de decidir sobre a continuidade ou não da gestação. Por várias vezes hesitou em consultar o médico que poderia lhe fazer o aborto. A cada sessão demandava que a analista tomasse à frente de sua decisão, demonstrasse uma inclinação, um desejo. Seu desespero era enorme, sentia uma pressão no peito, "uma bola" que lhe impedia de respirar.

Júlia se espantava com sua produção onírica intensa, produção que costumamos observar em muitas gestantes. Em seu caso, os sonhos tornavam suas noites tumultuadas, angustiadas e maldormidas.

Em uma sessão, na qual reafirmava sua inclinação de decidir pelo aborto, contou o seguinte sonho: "estou numa loja de sapatos e compro para mim um lindo sapato. Passo a procurar um sapato idêntico para dar a minha filha. Um sapato de bebê, mas igual ao meu". Em um outro sonho dirá: "entregam-me um bebê numa caixa com a recomendação de que não abra a caixa até o nascimento. Tenho muito desejo de vê-lo, mas levo a caixa para a casa para abrir no momento oportuno". Seus sonhos revelam o lugar do desejo pelo bebê, enquanto na vigília surge apenas a negação. O desejo de transmitir algo à filha, em um gesto maternal e de clara identificação: uma menina a quem dará um sapato igual ao seu. Desejo de reter o bebê não abrindo a caixa/útero até o momento oportuno que, por outro lado, não esconde a ideia de caixão, revelando o desejo de que morra. Antes da reação da mãe, ela só tinha acesso ao desejo de ser mãe, mas desconhecia sua ambivalência.

Na véspera da visita ao médico que poderia realizar o aborto, ela sonha que está em um espaço branco, totalmente branco, sem chão ou parede. Neste lugar encontra personagens de filmes e revistas infantis: Mônica, Cebolinha, Snoopy, Woodstock, Horácio e outros.

De repente, percebe que estão vivos e isso lhe causa pânico, horror. Percebe que ao seu lado há uma menininha, de uns dois anos a quem dá a mão; a menina está apavorada e Júlia passa a tentar acalmá-la. Aos poucos, elas se aproximam destes seres e Júlia, mostrando para a menina que não há perigo, toca Horácio e se surpreende com a deliciosa sensação tátil. Ela acorda calma, se sentindo segura, sem a "bola no peito" e desmarca o médico, decidindo levar a gestação adiante.

O sonho da jovem, quando descreve o horror à descoberta de que os personagens estão vivos, nos remete a uma passagem do texto de Serge André (1998), na qual o autor nos dá uma interpretação muito interessante sobre as cenas em que a histérica se vê surpreendida com a passagem do animado para o inanimado e vice-versa, em sua discussão sobre a repulsa na histeria:

> O modelo de todas estas situações é a passagem brusca de um estado a outro: do inanimado ao animado, ou ao contrário, passagem que corresponde a uma mutação da coisa real para a coisa significante, ou o inverso. Em suma, é o recobrimento do real pelo significante que é, a cada vez, recolocado em questão. (ANDRÉ, 1998, p. 95)

Entendemos que o processo de humanização do feto, que possibilita a uma mulher ver um filho onde há apenas concepto/embrião, envolva esta passagem do corpo como puro organismo para o corpo erotizado, libidinizado. Assim também entendemos que Júlia começa a configurar um espaço em que o bebê passa a ser recoberto por algo que o situa como sujeito possível. Horácio é bem conhecido pelas crianças brasileiras, sendo um pequeno dinossauro de aparência peculiar que remete à figura de um embrião: cabeça desproporcional ao restante do corpo, braços diminutos, olhos sem pálpebras. Essa presença aversiva do embrião como dejeto, Real do corpo biológico, torna-se o doce Horácio, delicioso de se tocar. Ele passa a não ser visível em sua forma inumana, pois "que é sobre esta imagem, suporte imaginário do embrião, que se despeja a libido materna" (AULAGNIER, 1990, p. 14). Quando ela me conta este sonho, está muito mais tranquila, mas teme que o mal-estar retorne, o que não tarda a acontecer.

O desejo de abortar desaparece, mas ela continua sofrendo tremenda angústia diante da perspectiva de vir a não ser capaz de cuidar de seu filho. A cada ultrassom, Júlia sofre terríveis somatizações: dores no corpo todo, enjoos, vômitos, síndrome do intestino irritado e edemas. Teme que haja algo de errado com o bebê, mas percebe que teme também a revelação de que, ao contrário, carrega algo perfeito e precioso e que pode ser cobiçado pela mãe e pela avó. Não sabe "se é bom ou ruim ter coisas boas". Caso tenha uma gravidez saudável, não suportará a inveja e a ira das mulheres da família. Caso seja patológica, não suportará o fracasso, o risco da confirmação de sua fantasia de que ainda não é uma verdadeira mãe.

Aqui, a ideia de ser mãe associa-se à ideia de ser uma mulher adulta. Assumir a maternidade iguala-se a assumir-se como adulta perante a própria mãe. Não mais sendo uma eterna menina-filhinha, mas como uma mulher que tem um filho. O valor fálico atribuído ao filho foi apontado por Freud (FREUD, 1932) e é claramente observável no discurso da maioria das gestantes. Mas o texto freudiano vai além desta importante colocação e interpreta o filho como a saída necessária e suficiente para o impasse do Édipo feminino, como uma forma inequívoca de trazer uma compensação à mulher por se sentir destituída perante o homem. Nesse sentido, o filho (e, primordialmente do sexo masculino) seria a mais adequada forma de compensação pela falta do pênis na mulher. Por trás do dilema da vinda do filho, revela-se a fantasia de que sua vinda implicaria, enfim, na aquisição da completude tão ardentemente desejada por estas mulheres. Como observamos, se a transcendência geracional requer algo mais do que a vinda de um filho, tampouco a solução para o impasse do enigma do feminino estará garantida.

Muito já foi escrito sobre o limite da afirmação de Freud e sobre o valor da maternidade na construção do "torna-se mulher":

> Pode-se sublinhar, aliás, uma outra fragilidade do raciocínio freudiano: fiando-se na identificação materna [...] para guiar a filha no sentido da realização de sua feminilidade, ele deixa, em suma, as chaves da feminilidade aos cuidados do desejo de ser mãe. O tornar-se mulher, confunde-se aqui com um tornar-se mãe. O desejo de um filho, suposto dar uma realização simbólica ao desejo inicial do pênis, significa em última instância que Freud atribui ao filho o papel de significante da identidade feminina, à falta de um outro sinal. Esta tese, é preciso reconhecer, não se aplica à prova do real de nossa clínica. (ANDRÉ, 1998, p. 198)

A crença de que um filho poderia obturar a ferida narcísica inerente à castração do sujeito é um equívoco que ronda o imaginário das mulheres envolvidas com as questões da maternidade. Nossa paciente passa a encenar essa fantasia, pois, à medida que coloca a gestação e a maternidade como objeto de tamanha cobiça (representada pela mãe, pela avó e pela sogra, como veremos a seguir) supõe que estaria aí a chave do enigma feminino, ou a recuperação da potência fálica postergada:

> O modo depressivo pelo qual a histérica se apresenta frequentemente não deve induzir ao erro: dizer-se um dejeto ou uma medusa é bem mais reconfortante do que se confrontar com o furo enigmático onde cai o sujeito quando

> se interroga seriamente o que significa "ser uma mulher", quer dizer, quando ele se coloca a questão que o remete à falta do significante. (ANDRÉ, 1998, p. 118)

Em seus momentos de desespero, a figura da sogra surge como terrivelmente ameaçadora. Nas palavras de Júlia, a sogra é "louca por bebês" e também diz: "essas avós malucas que querem roubar bebês", em uma clara alusão à sua própria avó que cuidava dela quando era pequena. Neste ponto se encontra uma das questões cruciais da paciente, que se pergunta se sua avó a roubou da mãe ou se a mãe a abandonou com a avó. Esta dúvida ressurge no pavor de ter que entregar o filho para a mãe ou para avó. Júlia se vê perseguida diante da ameaça que o convívio com essas mulheres possa ser para o seu bebê. Teme o "ambiente de loucura" e teme que se apoderem dele. Acompanhando suas elaborações, percebemos que Júlia se debate com questões recorrentes da clínica perinatal: a avó traída pelo envelhecimento que a filha lhe impõe com a chegada do neto, invejosa e devoradora, a perda do lugar de filha, a filha invejosa e ciumenta dos bebês da mãe, o inominável do corpo feminino que impõe a pergunta "de onde viemos?". No seu caso, os conteúdos estão sob a lupa das questões que a gestação acabou por desencadear, embora sejam questões que a antecedem. Consideramos importante apontar para a paciente que uma parte do que ela conta sobre sua dificuldade de vir a ser mãe não é prerrogativa das suas dificuldades pessoais, mas justamente daquilo que ela teme não estar fazendo: são questões próprias da construção do papel maternal durante a gestação, ampliadas pelas condições particulares em que estão sendo vividas. Diante de uma fala recorrente de Júlia de que "com ela tudo é mais difícil" e de que "não vê isso acontecendo com outras mulheres", tornou-se importante problematizar estas afirmações, questionando as idealizações da gravidez, das "outras mulheres", que tanto assombram as gestantes em geral.

Entendemos que Júlia encontra-se aprisionada em uma equação na qual os bebês são avidamente disputados entre mães e filhas. A partir da impossibilidade de sua mãe de assumir a transmissão geracional, Júlia não encontra saída identificatória para o papel feminino, o que a remete sempre à figura aversiva da mãe. Como vai percebendo, já no começo da análise, sua mãe se colocava como eterna namorada sem compromisso com o marido e como irmã das filhas diante a avó. As disputas da mãe com Júlia pela atenção da avó e o ressentimento pela suposta preferência de Júlia em ficar com a avó colocam-na, ora como irmã/rival da mãe ao invés de filha, ora como bebê roubado da mãe, em um ato de violência perpetrado pela avó. Aparentemente não foi possível para esta dupla (avó e mãe da paciente) estabelecer a transmissão geracional da qual Júlia seria herdeira. A avó é a grande mãe que não pode ser superada pela filha. O que cabe à neta, então, dentro desta linhagem feminina em que as mulheres não ultrapassam gerações?

Com a notícia da gravidez de Júlia, a mãe se vê jogada de uma tacada só no lugar de avó. Como nos diz Eliacheff (2004):

> É frequente que a mãe da jovem grávida seja a primeira a ser informada pela filha de seu novo estado – em todo caso a primeira (se possível) depois do futuro pai. Temido ou balizado, imediato ou retardado, é um momento esperado: com efeito parece que a reação da mãe é essencialmente imprevisível, pelo menos para a filha – tão imprevisível quanto o anúncio de um falecimento, embora se trate de anunciar uma vida. Anúncio de vida e anúncio de morte juntam-se na perturbação que provocam: perturbação emocional e ao mesmo tempo perturbação da ordem geracional na relação com a morte. A mãe, agora, não está mais no lugar daquela que dá a vida, mas no lugar daquela que ser tomada pela morte. (ELIACHEFF, 2004, p. 257-258)

Aquela que não deixou de ser filhinha, nunca assumindo o papel de mãe, passa, pelo gesto da filha, a tornar-se avó, pulando duas gerações de uma vez. Os efeitos sobre sua mãe e sua irmã são devastadores: todas as vezes que Júlia e sua mãe se encontram, esta lhe faz ameaças sobre o sofrimento que esta gravidez lhe trará: "é horrível minha filha, você verá". A irmã, por outro lado, entra em surto e "não sabe mais que Júlia está grávida". Supomos que, diante desta mãe que psicotiza, a saída de nossa paciente se diferencia da saída da irmã na medida em que a segunda estabeleceu um laço fusional, sem mediação. No caso de Júlia, a avó parece ter-se colocado entre ambas, possibilitando uma brecha para a saída neurótica. Os laços familiares de fortes traços psicotizantes, que têm na irmã da paciente sua maior expressão, nos revelam o lugar aversivo de em que Júlia tenta emergir com seus sintomas.

Outro aspecto que se pode apreender das sessões é que a gestação coloca Júlia imaginariamente no lugar de sua própria mãe, diante de sua própria gestação. Ao formular questões como: por que a mãe não a abortou; se foi a mãe que a abandonou? Por que se ressentia com o "roubo" da avó? Por que a mãe lhe odiaria tanto? A paciente se pergunta sobre o que haveria de tão terrível, afinal, em ser mãe (e em ter sido mãe dela, especificamente)? Como nos diz Aulagnier (1979, p. 181) a pergunta sobre "de onde surgem os bebês?" refere-se à pergunta de onde vem o desejo dos pais? O que uma mãe deseja quando deseja um bebê? Na passagem do papel passivo para o ativo, Júlia reencena a gravidez da mãe, mas diante de uma identificação impossível, se vê presa em uma armadilha: deseja ser mãe, mas "mãe" é um significante soterrado na figura da mãe real, por isso, precisa tomar banhos "para tirar o cheiro da sua mãe de sua pele".

Nesta época Júlia tem um sonho com pai, no qual ele quebra um relógio que ela ganhara de presente. Ela começa a acusá-lo de nunca ter lhe dado nada. Sonho preciso sobre a questão da ausência de um pai potente que acaba por completar o quadro familiar tão típico da histeria. Como nos diz André (1998):

> Qual é, pois, esta falha do Outro que formaria o ponto de partida da histeria? Basta deixar falar a histérica para aprendê-lo: Anna O., Lucy R., Elisabeth Von R., Dora, todas nos dizem à sua maneira que encontraram em seu pai uma falha fundamental doença, impotência, falta de

> caráter. Para retomar uma fórmula de Miss Lucy, que é um verdadeiro paradigma da histeria, elas não encontraram junto a este senhor o apoio com o qual contavam. (ANDRÉ, 1998, p. 112)

No entanto, neste sonho o pai lhe tira algo alusivo à passagem do tempo: o relógio. Nesta família as mulheres não deixam que as marcas do tempo, da ultrapassagem geracional, sejam assumidas. O pai, que poderia assumir tal tarefa, separando mãe e filha e marcando o lugar das gerações, aparece como alguém que "quebra" o relógio, não lhe dando recursos para crescer.

A paciente se encontra diante da árdua tarefa de separar os discursos dela, da mãe e da avó. Permanece assombrada pelo paradigma da maternidade vivida por sua mãe. Diante da insistência de Júlia sobre as admoestações maternas, nos resta apontar em análise sua posição passiva que a faz tomar para si a fala materna. A gravidez de sua mãe pode ter sido terrível e, talvez, nunca venhamos a saber o porquê. Mas o que sua mãe pode saber da gravidez de Júlia? O que a mãe fala de si mesma, ela deve tomar para si? E se o toma, por que o faz? Assim também vão sendo repensadas as questões dirigidas ao analista, que remetem a uma busca desesperada por um espelho, no qual Júlia possa ver refletido seu desejo de crescer e tornar-se uma mulher adulta, uma mulher que opta por ser mãe. Mas não cabe à analista desejar por ela, pois, se o fizesse repetiria o lugar da mãe. A condição que entendemos como propiciadora deste crescimento é aquela que remete o sujeito ao seu próprio dilema a ser respondido unicamente por ele, com a simples garantia de que sua decisão, seu desejo, será respeitado, sustentado pelo analista, sem que este – analista – lhe cause retaliações. Coube à analista apontar que a paciente fez uma escolha diferente da mãe em relação ao pai de seu filho. Seu marido pode ser reconhecido como um homem profissionalmente potente, que busca estar presente na gravidez da esposa e por quem ela é acolhida. Ao contrário de sua mãe, Júlia pode estabelecer, no mesmo laço afetivo, os aspectos sexuais e ternos, sem precisar recorrer ao expediente "marido ou amante". Reconhecer que sua filha terá um pai muito diferente de seu próprio pai, como uma marca da diferença das escolhas entre Júlia e sua mãe, foi um marco importante na análise dela.

A QUESTÃO DO SINTOMA

A gestação é um período no qual algo do inominável da massa orgânica, em que se apoia nossa existência, tende a demandar do sujeito um trabalho de simbolização. Estudos mostram que uma gravidez assintomática apresenta pior prognóstico para o psiquismo da mulher no pós-parto (depressões) do que as gestações com quadros de hiperêmese (DELLA NINA, 1997, p. 160). Esta sintomatologia encontra-se presente tanto em casos de pacientes somatizadoras, cujo funcionamento psíquico obedeceria à descrição de pensamento operacional de Pierre Marty (1962), bem como as somatizações presentes nas histerias. Segundo Della Nina (1997), ao citar estudos que viram na hiperêmese uma busca de elaboração do trauma gestacional:

> Esse autor [MENNINGER, 1939), apesar de encontrar um certo número de gestantes em que poderia se supor "rejeição ao feto", assinalou que na maioria dos casos a hiperêmese representava um reflexo do "trauma" de estar grávida. Descobriu que o grau de desconforto estava em uma relação direta com os ressentimentos de ter de aceitar a condição biológica obrigatoriamente imposta pela gestação, como uma condição do sexo feminino [..], tais achados confirmariam as observações psicanalíticas já realizadas por Deutsch no final da primeira metade do século, de que a ausência de náuseas ou vômitos no início da gravidez não seria uma garantia da existência de conflitos intrapsíquicos gestacionais. Pelo contrário, acreditava a autora que, em algumas, pacientes a ausência da náusea deter mminada pelas alterações hormonais da gestação poderia ser uma forte expressão inconsciente da "negação" da condição gravídica ou da feminilidade a ela relacionada, ainda que a gestante não tivesse nenhuma expressão consciente de repúdio à mesma. (DELLA NINA, 1997, p. 159-160)[28].

28. Grifo do original.

Entendemos, com isso, que o sintoma conversivo ou psicossomático cumpre sua função diante do excesso, do caráter inerentemente traumático da gravidez. Observamos que Júlia passa de uma gestação assintomática, ("nenhum pensamento em contrário passava pela sua cabeça"), para a construção de um sintoma histriônico que traz à consciência o conflito psíquico e cria uma chance de elaborá-lo. Podemos discorrer sobre as nuances que o sintoma em sua dupla face de ambivalência pode revelar: o vômito, considerado o sintoma característico da gravidez, com registros desde 1000 anos a. C. (DELLA NINA, 1997), escancara diante da família de Júlia sua condição de futura mãe e, ao mesmo tempo, ameaça, por sua exacerbação neurótica, a própria sobrevivência desta.

A ideia de que algum grau de somatização na gestação seria um indício de saúde psíquica comporta algo de desconcertante. Nesse sentido, André (1998) traz uma importante observação quando se debruça sobre a questão da repulsa na histeria. O autor sustenta que a repulsa diz respeito àquilo do orgânico que não pode ser recoberto pelo significante, ou seja, sexualizado, ficando como ferida exposta do Real. É quando o corpo humano se apresenta em sua condição de simples organismo, que algo do "cadáver", do "dejeto" se faz revelar, causando uma reação de intolerância visceral. Em suas palavras, quando interpreta o sonho da injeção de Irma:

> Em primeiro lugar, ele [Freud] precisa a definição do trauma que encerra as lembranças recalcadas da histérica. Trata-se, diz ele, de uma experiência de repulsa da qual oferece, por duas vezes neste texto, a mesma ilustração: o encontro de um cadáver. Este destaque do cadáver me parece mais do que um fato acidental ou uma imagem dentre outras. Pois são assim novamente evocadas, como no sonho da injeção de Irmã, a morte e a putrefação da carne, quer dizer, uma queda ou uma destituição da imagem corporal que torna o corpo impróprio para ser reconhecido como corpo humano. O cadáver assume valor traumático menos por estar privado de vida que por desnudar aquilo que fica sempre encoberto nas relações humanas, ou seja, a carne bruta, essa parte real pela qual o

> corpo não é mais que uma coisa no limite da imundície. (ANDRÉ, 1998, p. 90-91).

A conversão, por sua vez, teria por finalidade uma hipererotização do corpo, uma resposta dada ao confronto com nossa condição biológica. A permanente brecha, por onde o inominável nos ameaça com seu aparecimento, faz da sexualização do Real uma tarefa infindável, deixando-nos para sempre diante de um resíduo ameaçador.

Neste sentido, o período gestacional impõe um encontro com o que quase "sempre fica encoberto": a faceta biológica do ser desejante e, por isso, exige permanente trabalho psíquico a ser realizado, com maior ou menor sucesso, dependendo das condições intrapsíquicas do sujeito, da situação especifica em que ele ocorre, bem como do ambiente facilitador ou não encontrado. Nas palavras de André (1998), quando se refere à relação entre repulsa e conversão:

> A conversão constitui uma resposta à repulsa e ao susto. Com efeito, se a repulsa aparece como uma defesa, um recuo do sujeito diante da presentificação da função orgânica do corpo, manifestando o fracasso do sexual diante do orgânico, a conversão por sua vez exprime, ao contrário, a réplica pela qual o sexual se afirma às expensas do orgânico. (ANDRÉ, 1998, p. 107).

E o que encontra Júlia, a quem o histórico de conversões e somatizações já vinha, desde a infância, marcando uma forma de lidar com a repulsa de um corpo vivido como coisa do outro? Encontra um ambiente onde o contrato narcisista (AULAGNIER, 1979, p. 146) não pode se estabelecer, sendo sua gravidez uma verdadeira ruptura com a fantasia de imortalidade da mãe.

NOTAS FINAIS

Sobre Júlia incide a necessidade de fazer algo de inusitado na linhagem materna. É a terceira geração com risco de fracassar diante da tarefa da mudança geracional. A avó cria uma filha (mãe da paciente), que não pode se tornar adulta, mesmo depois de parir duas meninas (sendo uma delas Júlia). Dessas meninas, por sua vez, uma é devolvida à avó (Júlia), por não poder ser assumida como filha, enquanto a outra é "englobada" pela mãe (irmã da paciente), em uma relação fusional psicotizante. Resta uma geração de netas, sabe-se agora que Júlia está grávida de uma menina, que só pode assumir a vida adulta mediante o enfrentamento do horror de trair/matar a mãe, rompendo um pacto transgeracional. As palavras de Eliacheff (2004) ilustram o que não pode ser executado entre essas mulheres:

> O vínculo biológico entre mãe e filho não basta para que a mãe endosse seu status sem ter que ceder, ela também, seu lugar de filha. Pois a mãe, tanto quanto o pai, não é uma simples genitora: é também aquela que reconhece seu filho como filho, ao mesmo tempo em que se reconhece como mãe, isto é, nos termos de Legendre, como "ocupando lugar" de mãe. Pois, assim como "um pai é um filho que ocupa lugar de pai", também uma mãe é uma filha que ocupa lugar de mãe: uma filha, porque também ela nasceu de uma mãe, ela mesma filha que soube ocupar lugar de mãe no momento de dar nascimento não só a um ser de carne, mas a um lugar numa genealogia. (ELIACHEFF, 2004, p. 255)

Entendemos como fundamental neste caso um claro posicionamento teórico sobre o sentido do filho na construção do feminino. Caso contrário, corremos o risco de repetir a fantasia histérica de que o filho lhe trará o tão desejado complemento fálico e a resposta para o suposto enigma da feminilidade. Os casos em que o filho é tomado como aquilo que obtura a falta são, justamente, os de piores prognósticos para o desenvolvimento da criança por seu caráter psicóticozante – exemplificado na relação da mãe com a irmã de Júlia. Estas aspirações permanecem no inconsciente, assim como, a aspiração de ter um filho do próprio pai, mas não devem ser confundidas com sua realização, pois a equações simbólicas têm, precisamente, como característica a qualidade de deslizamento de um significante a outro.

Ao final desse texto, Júlia encontrava-se no segundo trimestre de gestação e manifestava seu desejo de preparar-se para o parto. O tumulto que o sintoma gerava pareceu também servir para esconder de si mesma e dos demais o desenvolvimento normal de sua gestação, na qual ela preservava questões tão típicas das gestantes na mesma fase. Decidiu participar de um trabalho de preparação para o parto. Quem sabe possa encontrar ao lado de outras gestantes, assombradas que estão pelo "rei" que carregam na barriga, espelhos menos distorcidos das questões do feminino.

REFERÊNCIAS BIBLIOGRÁFICAS

ANDRÉ, S. *O que quer uma mulher?* Rio de Janeiro: Jorge Zahar, 1998.

AULAGNIER, P. *A violência da interpretação: do pictograma ao enunciado. Rio de Janeiro: Imago*, 1979.

____. *Um intérprete em busca de sentido II*. São Paulo: Escuta, 1990.

DELLA NINA, M. Emese-Hiperemese. In: ZUGAIB, M. (Org.). *Obstetrícia Psicossomática*. São Paulo: Atheneu, 1997. p. 154-71.

ELIACHEFF, C.; HEINICH, N. *Mães-Filhas: uma relação a três*. São Paulo: Martins Fontes, 2004.

FREUD, S. (1932). *A Feminilidade*. In: Edição Standard Brasileira das Obras Psicológicas Completas de Sigmund Freud. Rio de Janeiro: Imago, 1987. v. 23.

MARTY, P.; M'UZAN, M. (1962). *O pensamento operatório. Revista Brasileira de Psicanálise*, São Paulo, n. 28, p. 165-174, 1994.

O que a histeria pós-moderna tem a denunciar?

Tiago H. Rodrigues Rocha

A problemática discussão sobre a dinâmica de um adoecimento psíquico não deve ser feita, senão ancorada à relação sócio-histórica do sujeito. Em 1850 as epidemias de cólera chegavam a dizimar cerca de duas mil pessoas por semana, havia mortes por inanição na Irlanda e "Jack, o Estripador", mais ao fim do século XIX, espalhava medo e terror na sociedade inglesa. Um contexto sociocultural de conflitos sociais distintos, em que a sexualidade ainda não havia sido apontada como estandarte dos conflitos psíquicos como veio a se tornar após a vida de Freud. A histeria da era vitoriana – época em que o ocultamento da nudez feminina compunha o padrão estético, e a divisão social de gênero era sobremaneira determinada – certamente não pode ser a mesma passados mais de cem anos.

As atuais proposições dos manuais diagnósticos contemporâneos, tais como DSM-IV-Tr e CID-10 – que dilaceraram a histeria em inúmeras supostas entidades mórbidas constituídas quase que com vida própria – tornam o saber psíquico alienado, uma vez que, não se conjectura a dinâmica concernente à trama desejante do sujeito adoecido. Para pensar a histeria na contemporaneidade há que se considerar aquilo que lhe é mais singular em relação ao enigma do desejo, das identificações, da sexualidade e das atuais demandas de ideal de ego. Estes são elementos fundamentais à resistência que a clínica psicanalítica pode exercer em tempos de medicamentalização da vida.

Cabe perguntarmo-nos se os atuais modos de subjetivação conseguiram aplacar a angústia do enigmático desejo histérico. Terá o “não querer saber", tipicamente histérico, conseguido encontrar um meio de se reaver com seu enigma, haja vista o incremento tecnológico e das ofertas de aplacamento da angústia, oriunda da própria condição do existir humano? Ou terão ocorrido transformações nos atuais modos de subjetivação (entendendo aqui a histeria também como uma possibilidade subjetiva e não meramente um discurso patológico) que permitam novos enredos com desdobramentos um tanto quanto inusitados para o pensamento freudiano? E mais, como ficará o sujeito em relação ao impossível da realização do desejo frente às ofertas imaginárias para que se possa bordear as novas configurações de ideais impostas pelo superego? Estará o sujeito aprisionado na trama da alienação de seu desejo ou um pouco menos escravizado por tal condição?

Longe de alcançar respostas que possam encerrar tal discussão, este texto propõe uma reflexão articulando a metapsicologia freudiana, no que concerne ao superego, os ideais de ego e ao enigma do desejo. Nestes termos, este texto tem como principal objetivo buscar articular o que há de mais peculiar na histeria – o enigma da insatisfação do desejo – com os imperativos de gozo da sociedade atual.

Assim, de início será realizada uma breve reflexão sobre a sociedade europeia, em especial, a figura feminina na sociedade vienense de meados do século XIX, no momento seguinte será realizada uma reflexão sobre o pós-modernismo e sua implicação na subjetividade contemporânea. A seguir será utilizado um pequeno fragmento clínico para refletir sobre como é possível pensar a histeria nos tempos atuais, articulando-se à ideia de gênero e ideais de ego. Finalizando, será abordada a questão de como a sintomatologia depressiva, tão comum à neurose histérica, nos aparece como possível resposta aos ideais de ego contemporâneos ao culto à liberdade.

A MULHER VIENENSE DO SÉCULO XIX

A fim de trazer para o palco das discussões o contexto cultural ao qual Freud estava inserido, será realizada uma breve apresentação sobre a condição feminina na era vitoriana.

"As mulheres foram feitas para viver à sombra de seus maridos e para criar seus filhos" (BERTIN, 1990, p. 14). A frase ilustra bem o contexto sócio-histórico ao qual a mulher estava inserida na Viena de Freud. Em uma sociedade que a aristocracia lutava por seu reconhecimento, cujo índice de desemprego e pobreza assombrava as ruas, a figura feminina estava determinada à vida doméstica. As mulheres eram cuidadas para que não "se perdessem" no caminho até o momento do matrimônio. Uma vida cerrada na clausura do lar.

De acordo com Bertin (1990), contrastando com as mulheres da aristocracia, havia entre as classes mais baixas as filhas de operários pobres e camponeses que, apesar das mazelas da vida, não perdiam a simplicidade e doçura que tanto agrada aos homens da época. A prostituição de jovens, especialmente entre 14 e 21 anos de idade, era uma cena comum no cotidiano vienense e refletia, dentre outras coisas, as más condições sociais às quais estava submetida a classe operária feminina. A grande maioria estava empregada como operária de lavanderias e indústrias de fiação de tecidos. Sempre resignadas em sua condição de existência, buscavam na religião, na moral e nos homens sua fonte de resignação. Tratavam-se, portanto, de mulheres que guiam suas vidas centradas em contextos de família, moral e religião, cujo meio exterior não lhes afetava e modificava fundamentalmente. Como seu papel no meio social é praticamente nulo, há pouca influência da sociedade na clausura do lar.

Viena, como berço da cultura europeia, criou um clima propício para o pensamento psicanalítico ao desenvolver uma busca pelo esquecimento. Esquecer as más condições de vida que as classes operárias precisavam suportar; livrar as mulheres burguesas, que não encontravam casamento, da triste realidade que previa uma vida solitária; o machismo ainda não denunciado e sustentado pelas próprias mulheres; mulheres que aceitavam gentilmente o título de frívolas e infiéis e, por fim, a servidão em que viviam as mulheres vienenses, o que acabou por criar um terreno propício para o surgimento de neuroses. Mulheres que viviam suas vidas no regime dos três k: *kinder*, *kirche*, *küche* (crianças, igreja, cozinha), domínios privilegiados das vienenses (Ibid.).

Não deixa de ser curioso pensar que o pai da psicanálise criou a teoria sobre o inconsciente em um contexto tão peculiar. Toda a teorização sobre a estruturação do inconsciente foi feita sobre a descoberta das reminiscências e do recalque que o funda. *Pari passu* à divisão do sujeito, observamos um contexto cultural que também busca operar uma cisão. Distração e esquecimento foram os recursos que a sociedade buscou realizar com a aproximação do fim do império austro-húngaro que se deu em 1918. Todo o desenvolvimento cultural das artes, em especial o teatro e as operetas, surgiu em um contexto que buscava alcançar o esquecimento daquilo que tornava o meio social menos digno de glórias e deveras angustiante. Talvez não seja tão absurdo pensar nas manifestações histéricas como a denúncia de algo que não podia ser meramente esquecido: a subjugação da mulher, sobredeterminada por uma individualidade mortificante.

Após esta pequena contextualização histórica sobre a mulher vienense, façamos uma transposição para a contemporaneidade, apontando as transformações ocorridas desde a obra que Freud fez anunciar o nascimento do século XX.

A IDEOLÓGICA ILUSÃO PÓS-MODERNISTA

O início do século XX anuncia o fim dos ideais iluministas de progresso e de triunfo da razão. A Primeira Grande Guerra Mundial, sem sombra de dúvida a mais traumática de todas até então, visto que o exército de fato ia ao conflito , revelou as incertezas sobre a possibilidade de continuidade de vida sobre a Terra. A Segunda Guerra, o movimento hippie, os movimentos feministas, o maio de 1968, enfim, uma série de acontecimentos que desnudaram a derrocada da lógica fálica como única possibilidade de subjetivação.

Com tais transformações sociais, inúmeros elementos subjetivantes – anteriormente reguladores do discurso pulsional – perderam sua força; quando não caíram completamente por terra. Neste ponto, gostaria de chamar a atenção para as transformações do patriarcalismo e dos distintos modos de subjetivação que passaram a compor em um universo cada vez mais múltiplo.

A queda da autoridade paterna pode ser percebida como um dos novos elementos que, invariavelmente, afetam de alguma maneira os modos de subjetivação que aparecem na atualidade. Para Melman (2008) o excesso de liberdade produziu um indivíduo que, na esperança de alcançar um maior senso de liberdade, acabou por provocar uma espécie de desalojamento subjetivo. Tal estado é fruto da diminuição da fixação de pontos identitários. Se o sujeito da era moderna estava condenado a uma existência pautada por padrões fixos de identidade, como por exemplo, as funções específicas ao gênero masculino e feminino, o sujeito contemporâneo está fadado a viver como uma polissubjetividade. Observa-se, cada vez mais, uma dificuldade na fixação em ancoragens subjetivas que possam criar condições identitárias mínimas. Estaríamos diante de uma forma de perversão, não em seu sentido moral, mas da forma como o sujeito estabelece a relação com seu objeto de gozo. "Ela [a perversão] está hoje no princípio das relações sociais, através da forma de se servir do parceiro como objeto que se descarta quando se avalia que é insuficiente" (Ibid., – p. 54). Ainda para o autor, esta forma de perversão generalizada – de total falta de regulação do laço social – estaria a serviço de expurgar uma espécie de "psicotização" do espaço social.

Longe de adentrar sobre esta discussão de um possível estado de perversão generalizada, gostaria de chamar a atenção para este ponto, sustentado pelo ideológico discurso pós-moderno, sobre o senso de liberdade que a pós-modernidade pode ter trazido ao homem. Na esteira do pensamento de Eagleton, o pós-modernismo "é um estilo de cultura que reflete um pouco essa mudança memorável por meio de uma arte superficial, descentrada, infundada, autorreflexiva, divertida, caudatária, eclética e pluralista" (EAGLETON, 1998, p.7). Para o autor, o que este discurso acaba por encobrir é que, para o pós-modernismo, somos sujeitos culturais e não mais naturais. Embora, paradoxalmente (e justamente aí vemos algumas falácias do discurso pós-modernista), tal discurso seja seguido por outros que sobrevalorizam o corpo e suas possibilidades de afetação (projeto genoma, medicações antioxidantes, neurociência etc.) como determinantes fundamentais do sujeito. O excesso do senso culturalista e de possibilidades de autorreflexão são uma espécie de salvaguarda para o discurso pós-moderno. Ora, a psicanálise bem mostrou que da nossa natureza estar permeada por um vazio fundamental, evidenciado por Freud (1937) nos termos do "rochedo da castração" que nos deparamos, por exemplo, ao final de análise de um neurótico. Tal vazio faz parte da nossa natureza e, caso não seja preenchido pela cultura (entendida como um Outro, também faltante), invariavelmente acabará levando o sujeito à morte, e aqui cabe para qualquer um dos possíveis modos de estruturação de nosso psiquismo. Especialmente ao que concerne à neurose, nossa natureza, sobremaneira, nos impulsiona à cultura, e não o contrário como deseja fazer parecer o discurso pós-modernista. Em relação à suposta liberdade do sujeito pós-moderno, nos deparamos em um ponto crítico que serve como uma forma inicial de reflexão sobre o espectro da histeria na contemporaneidade. Sobre a liberdade, Eagleton afirma que:

> O sujeito liberal clássico pelo menos lutava para preservar sua identidade e autonomia junto com sua pluralidade, ainda que isso nunca tenha se revelado fácil; agora, na deterioração drástica desse processo, o sujeito de uma fase mais avançada da sociedade de classe média vê-se compelido a sacrificar a sua verdade e identidade em nome da pluralidade, a que passam a chamar ilusoriamente de liberdade. (EAGLETON, 1998, p. 88)

Tal forma de definição do atual contexto contemporâneo é sustentada por um modelo ideológico falacioso que, mais uma vez, a histeria vem denunciar. Antes de prosseguir, cabe uma reflexão mais atenta sobre o conceito de ideologia. Esta é composta por discursos históricos diversos e distintos. Uma verdadeira trama conceitual na qual é sumariamente importante destacar o que pode ser considerado como valioso, e o que pode ser descartado entre estes elementos que compõem esta complexa trama (Ibid.). Ou seja, a realidade ideológica deste sujeito livre e autônomo, fundamentalmente poderá ser sulcada justamente por meio das manifestações subjetivas (histéricas, paranoicas, obsessivas, estados de anomia etc.) que venham a se dar. A ilusão pós-moderna sobre um sujeito livre, que pode se livrar de sua história constitucional mais intima, parece ser denunciada naquilo que Žižek faz ao reverter a lógica do cinismo revelada pelo discurso marxista. Se o discurso marxista apontava o desconhecimento sobre o agir humano como estandardizado em "eles não sabem, mas é o que estão fazendo", Žižek afirma que "eles sabem muito bem o que estão fazendo, mas fazem assim mesmo" (1996, p. 14). Ou seja, a pretensa liberdade defendida pelo discurso pós-modernista jamais deixou de ser pós-ideológica, na medida em que é possível pensar um cambiamento entre as tradicionais estruturas reguladoras da subjetividade (nome-do-pai, Estado, laços sociais de alteridade) por novas regulamentações sociais que passam pelo crivo das relações de consumo.

Assim, penso haver alguns modelos de estruturação subjetiva que se mantêm ainda mais radicalmente pulsantes no sentido de uma demanda de regulação. Quer seja pelo poder exercido pelos meios midiáticos no estatuto da beleza e do prazer, facilmente alcançados pela frenética necessidade de consumo, ou pelos avanços da medicina que nos empurram à busca de dietas que assegurem o não envelhecimento do corpo, há que se pensar em modos de regulação subjetiva que se estruturam por meio de novos bordejamentos. Žižek (1999) ressalta a lógica de que se o sujeito pode obter prazer, ele deve obtê-lo. Por meio de pequenos meios ditatoriais que exercem o poder no sentido da prática da humilhação, seguida da oferta de gozo, possibilitando emergirem inúmeros objetos-fetiche que, obrigatoriamente, devem ser incorporados a fim de obliterar nosso vazio constitutivo.

Neste momento é necessário que nos lembremos do que a psicanálise nos ensinou a propósito da instância superegoica. Cabe lembrar o modo de duplo funcionamento do superego: contenção e exigência. Se por um lado há a tão conhecida função do superego de ser um elemento de interdição ao gozo desenfreado do sujeito, inserindo-o enquanto ser da cultura, por outro lado, seu funciona mento é sempre uma exigência imposta ao ego. Se a atual sociedade se transformou em uma sociedade excessivamente permissiva, em que as noções de lei, autoridade e costumes se enfraqueceram, em termos de avidez por um limitado modelo de identidade, o que resta à atualidade é muito mais a função de exigência do que de contenção de gozo. Mas afinal, exigência de que?

Consideramos aqui essa condição ditatorial um desvio do superego no curso formador da clássica estrutura neurótica, apresentada por Freud no início do século XX. Tal condição impossibilita espaço de abertura e maleabilidade à exigência que se inscreve no palco conflito entre as demandas pulsionais advindas do id e do componente egoico. Instala-se, pois, um regime de unilateralidade que, cego a qualquer alternativa que não o posicionamento enrijecido em busca de uma condição gozosa efêmera, faz da própria categoria mais uma imagem a ser valorizada. Enrijecer-se em um mundo de padrões também rígidos[29] é extrair gozo da condição de responder, assertivamente, ao que é ordenado na atualidade: não permitir o mínimo espaço de manobra a alternativas criativas de se transformar a existência. A ditadura do superego é consigo mesma um "efeito rebote" às exigências impostas ao ego. Assim, a exigência que se instala pela moção superegoica é de fazer da própria vida um constante campo de gozo. Gozo não mais correspondente às leis de uma sociedade patriarcalista – que as histéricas do início do século XX denunciaram como repressora – mas sim de uma sociedade que, como nos lembra Maia (2003), tem como primazia a ausência de identidades fixas e abertura permissiva a tudo aquilo do que se possa extrair constante gozo.

Em seu Seminário XX, Lacan nos lembra que "nada força ninguém a gozar, senão o superego. O superego é o imperativo do gozo – Goza! (LACAN, 1973, p. 11)". De tal sorte, o superego alcança uma tessitura ímpar em sua forma de articular-se, pois, fica remetido a uma condição basal, primitiva, de sua estrutura a ser um categórico "rebote" de gozo. Consolida-se uma condição de encarnação de desejos gozosos em que não se faz barragem, mas sim exigência de extração de prazeres. Tal funcionamento nos remete ao movimento tirânico do supereu que, como Freud (1923b) nos lembra, é tão cruel quanto a amoralidade do *id*. Toda e qualquer tentativa de se refrear o gozo é buscada, incorporando-se cada vez mais objetos não simbolizáveis. Estes, ao não servirem de aplacamento à angústia advinda do Real – justamente por não serem passíveis de dar sentido à angústia –, servem não mais como um freio, mas como acelerador à instância desejante.

Com isto, alcançamos uma concepção de estrutura superegoica distinta, em que se instala, como em uma velha presentificação da

29. Não podemos aqui correr um sério risco de confundir a maleabilidade do sujeito com a rigidez da própria condição. Maleabilidade e flexibilidade, também em suas condições extremas, são padrões enrijecidos, de formas de agir. A contemporaneidade é profundamente crivada por pequenas condições de ditaduras remetendo o indivíduo a um agir compulsivo que não se inova. Mantém-se uma forma de operar no espaço social a todo custo: fazer do mínimo prazer neofílico o máximo que se deve extrair da experiência.

alegoria do "retorno" freudiano, um funcionamento intrapsíquico de um superego excessivamente rígido; este espreita o ego ao máximo, pois agora se eliminam as possibilidades de estabelecimento de acordos. No lugar de tais acordos há um regime superegoico ditatorial em que não há possibilidades de metaforização. Entra-se, portanto, em uma lógica produtiva de intensidade ímpar, pondo o psiquismo à mercê de uma estrutura que exige, a todo custo, a manutenção estética de uma imagem.

Portanto, observamos na contemporaneidade os modos de subjetivação que não mais articulam a representação do desejo, manifestada pelo polo pulsional do *id*, capaz de satisfazer a instância superegoica. A neurose da suposta pós-modernidade, apresentada por Eagleton, mostra-se como um conflito ideológico entre instâncias enfraquecidas que, num complexo paradoxo, enrijecem-se a fim de manter um mínimo estado de satisfação gozosa. Retomando Freud:

> A neurose é o resultado de um conflito entre o ego e o id [...]. Não é contradição que, empreendendo a repressão, no fundo o ego esteja seguindo as ordens do superego, ordens que, por sua vez, se originam de influências do mundo externo que encontraram representação no superego. (FREUD, 1923a, p. 167-168)

Por um lado, as moções desejantes provenientes do *Id*, que não conseguem encontrar escoamento através do campo discursivo – da linguagem e deságuam sobre o corpo, por outro lado, o superego, em um campo delimitado pela carência de conteúdo, advindo da não inscrição mnêmica inconsciente, suplanta outras possibilidades que não a exigência desesperada de manutenção da idealização egóica. Assim, temos como produto final um ego carente e fragilizado pela inconstância do desejo, que podemos perceber pela fragilidade das identificações, revelada desde sempre, pela histeria.

Portanto, se abre uma nova possibilidade de articulação do desejo da neurose dos tempos atuais: o ego, como um mísero infeliz desprotegido e carente de identificações em meio ao campo de batalha, travado, por um lado, pela intensidade pulsional proveniente do *Id* – inarticulada enquanto campo de significação – e, por outro, pelo regime supraterritorial superegoico, que busca campos de territorialização sobre um desejo-ausente enquanto vazio, mas que se presentifica enquanto falta. Em outras palavras, o ego tem de cumprir a (im)possibilitada função de servir a algo que não se inscreve no campo de um desejo por desejo, mas sim enquanto intensidade, e satisfazer, por outro lado, uma instância que exige a manutenção da imagem-espetáculo. A rigidez superegoica é com o próprio indivíduo, visto a completa inversão e carência de valores passíveis de introjeção.

Ante tais levantamentos, proponho abrir agora o campo da discussão aquilo que é mais peculiar à histeria: as identificações. Passemos a uma análise sobre os processos identificatórios na atualidade, tomando uma pequena vinheta clínica como modo de ilustração.

O ESTILHAÇAMENTO DAS IDENTIFICAÇÕES NA NEUROSE HISTÉRICA

Freud (1923), em O *ego* e o *id*, faz uma apreensão sobre a gênese e funcionamento das estruturas do aparelho psíquico: *id*, *ego* e *superego*. O ego é formado não somente a partir do contato das pulsões advindas do *id* com a realidade externa, mas, sobretudo, das primeiras identificações que passam a ser introjetadas pelo pequeno infante. De tal modo, a passagem do estado narcísico primário para o narcisismo secundário ocorre a partir de um armazenamento em si de todo um repertório vivencial, advindo das gerações anteriores. Pelo mecanismo de introjeção, o sujeito deixa de ter a necessidade sempre constante do objeto materno e torna-se capaz de ir ao encontro do mundo enquanto potencialidade desejante, constituindo-se assim enquanto sujeito. Se há uma lição que Freud nos serve em seu trabalho "Sobre o narcisismo" (FREUD, 1914) é da importância das primeiras identificações que deverão ocorrer no início da vida para a formação da identidade.

Lacan, apoiado na teoria sobre o narcisismo de Freud, irá forjar a proposição a respeito do que ficou conhecido como "estádio do espelho". De acordo com Lacan, este momento crucial pode ser compreendido "como uma identificação, no sentido pleno que a análise atribui a esse termo, ou seja, a transformação produzida no sujeito quando ele assume uma imagem" (LACAN, 1949, p.97). Tal estágio será, portanto, fundamental à construção de uma imagem que servirá de substrato para que o pequeno infante possa galgar identificações a partir de sua imagem, vivenciada primordialmente a partir de um outro.

Portanto, é justamente sobre este fundo das identificações dos primeiros anos da vida que se desenvolverá todo o pensamento acerca da enigmática figura histérica. A fragilidade das identificações, que não conseguem dar luz à opacidade do sexual, é o que constitui fundamentalmente a inconsistência do saber sobre si e sobre o outro que a histérica encena em sua sintomatologia. Abordada a questão do funcionamento do superego nos dias atuais, não podemos esquecer que ele personifica justamente aquilo que é lançado como os ideais de ego do sujeito. Como tal, trata-se de uma instância sobremaneira exposta a falências e fracassos de toda ordem.

Nos termos expostos acima, abro a discussão para a seguinte questão: como poderia o insólito desejo histérico sustentar a condição gozosa dos dias atuais? Em outras palavras, o enigma da insatisfação do desejo histérico pode se manter enigmático e, ainda assim, dar conta do excesso de liberdade e exigência de gozo, apregoados pelo discurso ideológico pós-moderno?

A fim de sustentar a questão aqui apresentada, passemos agora a um pequeno fragmento clínico que nos apresenta a neurose histérica em sua potencialidade enigmática para os dias atuais.

Recebi para atendimento uma jovem com um diagnóstico psiquiátrico de transtorno depressivo maior. Sua principal queixa girava em torno de problemas de relacionamento com o namorado e um constante fracasso em conseguir passar no exame da Ordem dos Advogados do Brasil (OAB), embora tenha sido uma das melhores alunas da turma, com notas e atuações excelentes nos estágios. Segundo a paciente, ela já havia tentado quatro vezes e sempre falha por erros pequenos, como por exemplo, repassar as respostas de maneira equivocada para o gabarito de correção. Apesar das tentativas, dizia não se perceber com capacidade e nem com vontade de advogar, pegando-se frequentemente pensando em seguir carreira em algum concurso público na área do direito, para o qual não seria necessário êxito no exame e registro junto à OAB.

A jovem provém de uma família de origem humilde e traz frequentes relatos de que sua mãe sempre se colocou em posição de inferioridade por "ser albina"[30] (sic). Ainda em relação ao meio familiar parental, relata que o pai sempre esteve em posição de desvantagem em relação aos outros irmãos, tendo frequentes dificuldades financeiras e não conseguindo assumir o sustento do lar. Apesar de reconhecer a dificuldade do pai em assumir a posição de "chefe de família" – uma vez que ele passa por apertos financeiros por falta de empenho no trabalho – relata ter uma forte proximidade com o mesmo, que é sentido como carinhoso e afetuoso.

No desenrolar da análise, a jovem frequentemente relatava estar confusa entre decidir o que de fato gostaria de exercer profissionalmente. Por um lado, pensava nas facilidades que poderia conseguir se passas se em um concurso público. Por outro, via-se pressionada a passar no exame da OAB, uma vez que isso poderia lhe conferir uma identidade a qual almejava. Por várias vezes via-se como advogada, recorrendo constantemente a comparação com demais advogadas. O exame está colocado

30. De acordo com a paciente, sua família materna possui a coloração da pele excessivamente branca e, tal fato, era frequentemente reafirmado pela mãe que fazia alusão ao distúrbio congênito conhecido como albinismo, do qual nem a mãe, nem a paciente padeciam.

para a jovem como um ideal a ser conquistado, algo que se alcançado poderia realizar um sonho antigo compartilhado por toda a família. No entanto, seus frequentes fracassos levam-na a sentir-se triste e apresentar sintomas depressivos. Freud, ao relatar sobre os meios defensivos do ego, pensa que a angústia é o que acarreta a defesa. Ainda, segundo o autor, o ego "faz uma adaptação ao sintoma – a essa peça do mundo interno que é estranha a ele – assim como, normalmente faz em relação ao mundo externo real? (FREUD, 1926, p. 101). Pois bem, no caso em questão os episódios depressivos e seu constante mal-estar em relação ao seu futuro profissional são os sintomas aos quais o ego adaptou-se.

Em relação à defesa adotada, podemos pensar aqui nos sintomas depressivos como uma defesa ante o risco de realização de um gozo que lhe parece mortífero. Gozo que é sentido na histeria como um risco de fragmentação, justamente pelo estado confusional, no qual as identificações dos primórdios da vida se encontram. A questão crucial que Freud aponta no famoso aforismo "*afinal, o que quer a mulher?*" e que Lacan subverte para "*afinal, o que é ser uma mulher?*" advém, justamente, da carência de um repertório psíquico do sujeito que possa dar conta de bancar uma posição que perpassa pela via da sexuação. Devemos lembrar que Lacan, no seminário sobre as formações do inconsciente, traz a figura do falo como "O significante fundamental através do qual o desejo do sujeito pode se fazer reconhecer" (LACAN, 1958, p. 270). Ou seja, o significante fálico não se dá pela ordem da natureza do aparelho reprodutor masculino ou feminino, mas pela luta pelo reconhecimento desta condição, tanto no homem como na mulher. No fragmento clínico aqui apresentado, o duplo efeito da assunção de uma condição fálica, e do risco imanente a esta, é justamente o que garante a insatisfação constante da qual a paciente frequentemente se queixa.

Ainda em relação aos processos identificatórios, Alonso e Fuks (2004) nos lembram que toda histérica possui uma mãe com uma frágil constituição identitária. Isso fica claro quando a paciente revela ter sempre ouvido da mãe que elas eram pessoas inferiores por conta de sua cor de pele excessivamente branca. A mãe coloca a filha como uma possível salvadora do seio familiar, alguém que deve assumir como ideal de ego a missão de criar uma melhor condição de vida ao meio familiar. *Pari passu* a tal situação há a presença de um pai falido, ao qual a jovem se identifica desde os primórdios da vida, queixando-se sempre de ser "preguiçosa como o pai" (sic). A conflitiva familiar é estandardizada por sua dúvida – caracteristicamente histérica – sobre a impossibilidade de ser amada por seu atual namorado. Seus questionamentos acerca "o que em mim ele poderia amar? por que ele escolheria alguém de uma classe tão inferior?", e coisas do tipo, nos remontam ao drama das identificações da passagem edípica. Identificações estas que, particularmente na histeria, são excessivamente frágeis.

Não é de hoje que o sofrimento histérico serve como uma espécie de denúncia e protesto a uma determinada ordem social estabelecida. Se nos áureos tempos freudianos a histérica denunciava com seu corpo a sexualidade que deveria ser ocultada em uma sociedade que pecava pelo excesso de determinação identitária, a histérica de hoje em dia adentra nossos consultórios de forma bem mais sorrateira e menos estandardizada. Porém, não deixa de apontar para um ponto de fissura de nosso contexto social: a impossibilidade de se alcançar o ideal egoico apregoado pelo falacioso discurso ideológico pós-moderno. A impossibilidade de sermos sujeitos à imagem e semelhança de deuses desfrutadores de intensos prazeres à la Baco - capazes de transpor todos os ideais egoicos apregoados pelo meio sociocultural – é apresentada pelo constante desejo de insatisfação desta jovem. A histérica é sempre incapaz de responder aos ideais egoicos justamente por sentir-se faltante, injustiçada. A carência identificatória histérica é também uma denúncia relativa à fragilidade dos laços sociais humanos, o que Freud já apontava desde a sua teoria da sedução.

Com o intuito de dar conta de responder ao imperativo categórico do gozo superegoico, expresso no ideal de tornar-se advogada, a jovem acaba caindo em uma rede de identificações que, como nos lembram Alonso e Fuks (2004), parece se tratar de um jogo de espelhos. De um lado para o outro a paciente procura figuras nas quais se identificar, seja no trabalho em que exerce função de secretária em um escritório de advogados, seja realizando comportamentos semelhantes ao de uma ex-namorada de seu atual namorado. Sempre à procura de uma figura com a qual possa espelhar-se para se tornar alguém. Portanto, tem como recurso a constante apreensão do vazio do desejo de um outro, o que a deixa excessivamente confusa, uma vez que tais desejos sempre findam em frustrações.

A alienação, operação fundamental que, segundo Lacan (1949), irá fundar o sujeito, representa justamente o encontro de duas faltas. Por um lado, do ser, sua incompletude representada por suas pulsões parciais que demandam ao outro – aqui representando a outra porção faltante – um significante que é sempre cambiável, ordem múltipla e não-toda. Nesse processo há sempre um outro que irá falar pelo sujeito, "decepando-o" fundamentalmente de parte de si próprio, uma vez que este outro é sempre faltante. Lacan irá pensar o sujeito como um ser naturalmente faltante, que deverá ser tomado de forma visceral por um contexto cultural que também não passa ao largo da condição de desamparo. Desta forma, podemos pensar que o drama vivenciado pela paciente nos diz justamente das falhas no processo de alienação. A manifestação histérica nos revela justamente um ego fragilizado em seu campo identificatório e que, na busca de recompensar suas falhas, coloca todo o aparelho psíquico como um famigerado devorador de desejos alheios. Como em um banquete tribal, o histérico incorpora o outro na esperança de introjetar seus atributos, que possivelmente poderiam lhe garantir alguma mínima sustentação e reconhecimento por parte de outrem. A instabilidade histérica não nos diz meramente um comportamento imitativo pela via da sugestionabilidade. A identificação com o outro é uma espécie de salvaguarda para esta jovem, na tentativa de definição do que seria ser uma mulher nos tempos atuais.

Em um momento, uma futura dona de casa – quase que à imagem e semelhança de sua figura paterna – em outro, a mulher que pode dar conta do sustento do lar e tornar-se independente, porém, temerosa em viver solitária ao conquistar tamanha independência. Militantes do falo, como nos lembra Joël Dor (1993), ao falar sobre o protesto fálico ao qual engaja-se o sujeito do inconsciente na histeria. Como alguém injustiçado, e aqui a paciente atribui à família materna (albina), ao pai (falido) e à dinâmica familiar (compreende a casa que habita como um local constantemente desorganizado e que a impede de ter uma rotina de estudos) toda a responsabilidade por seus insucessos. Como classicamente sempre foi colocado pela histérica que aponta a falta como atributo do outro.

Até o momento alcançamos uma discussão acerca da conflituosa sustentação da singularidade do desejo histérico, em um mundo no qual o excesso e o prazer tornaram-se comuns à ordem do dia. Passemos para o momento de refletir sobre as implicações desta conflitiva ao gênero feminino nos dias atuais.

DEPRESSÃO: UMA EPIDEMIA FEMININA DA ATUALIDADE?

A depressão tem sido apontada como o grande mal do século. Sadock (2007) aponta que a prevalência entre as mulheres pode atingir até 25% da população mundial e até 12% em homens, portanto, pelos índices estatísticos as mulheres sofrem duas vezes mais. Por se tratar de um índice estatístico advindo de um compendio de psiquiatria que reflete os índices epidemiológicos e não etiológicos, podemos supor que tal índice possa se referir a possíveis quadros histéricos diagnosticados apenas semiologicamente com base no DSM-IV. A Organização Mundial de Saúde prevê, para as próximas décadas, uma mudança radical nas prioridades de saúde, uma vez que, doenças como a depressão (altamente lucrativa) estão tomando o lugar de doenças infecciosas e outras causadas por desnutrição (não lucrativas), por exemplo. Porém, isso que na contemporaneidade tem sido cada vez mais colocado como uma forma de epidemia, pode ser novamente uma denúncia que a histérica traz para o momento contemporâneo. A aniquilação do desejo, para Alonso e Fuks (2004), é a representação fantasmática de maior temor na neurose histérica, daí sua necessidade de sustentar a insatisfação do seu desejo. Se pensarmos sobre a vinheta clínica apresentada acima, podemos conjecturar que as constantes falhas da paciente no exame dizem respeito, justamente, a esta condição de ter que falhar para continuar existindo. No entanto, seu sofrimento entreabre-se em um meio social em que a falha não deve existir, visto as ofertas e exigências de gozo.

O que talvez passe despercebido ao diagnosticar a paciente com um quadro depressivo, seja o fato de que o que há de mais singular em si é, justamente, aquilo que a faz afirmar por meio de suas falências que acabam ocorrendo "sem querer". Freud (1897), em sua carta 69 endereçada à *Fliess*, já nos falava sobre sua dúvida em relação às histórias que ouvia de suas pacientes histéricas. É justamente o desconhecimento sobre seu próprio sintoma o que o quadro clínico aqui apresentado nos traz. Um desconhecimento que acaba por trazer à baila um estado de sofrimento, oriundo de uma produção sintomática, que ela mesma constrói, porém, sem saber que o faz.

A primeira análise integral realizada por Freud (1893/1895) foi a do caso Elizabeth Von. R., que teve sua produção sintomática desencadeada após a morte do pai e a saída de um cunhado de casa. Clássica paciente da era vitoriana que se viu incapacitada de assumir o lugar paterno no seio em que nascera e manter a família dignificada e feliz. Desenvolveu uma paralisia justamente ao sentir-se incapaz de dar andamento e sustentar tal ideal. O medo de falhar transformou a libido em angústia, que acabou sendo descarrega sobre o corpo na forma de um sintoma que lhe paralisava os membros inferiores. Pois bem, se a paciente do fim do século XIX sofreu por sentir-se incapaz de manter a unidade familiar, a versão pós-moderna

– apresentada aqui por meio da jovem paciente – não escapa de tal destino. A versão pós-moderna da falência em se alcançar os ideais colocados não se desdobram mais sobre o atributo da dignidade e unidade familiar, mas sim da incapacidade na realização de um gozo.

Quantas vezes não adentram nossos consultórios mulheres que se queixam de não se sentirem mulheres, que há muito perderam certo gosto pelas paixões, pelo romantismo e que se sentem frias, como se fossem "homens de saia?". Parece tratar-se da perda do romanesco enigma acerca do desejo. Certamente, não atribuem tal fato à questão de estarem cada vez mais buscando construir a própria feminilidade embasada nos tradicionais ideais masculinos.

A sociedade contemporânea emancipou uma considerável parcela do gênero feminino, especialmente as classes mais abastadas, do calabouço da sexualidade por debaixo da clássica alfaiataria das longas e tradicionais vestes da era vitoriana. No entanto, propusemos como ideal feminino um modelo fálico que se mantém assustadoramente arraigado a um modo de funcionamento utilitarista. Uma unilateralidade de aprisionamento gozoso a um objeto que possa garantir sempre o mesmo: um estado de gozo obrigatório, efêmero e fugidio. Retiramos da baila a frágil e inoperante – para o modelo neoliberalista da cultura atual – mulher que se ligava ao cuidado do lar para lançar outro modelo de gênero feminino, que também não pode suportar o próprio enigma acerca da vida: a condição do desamparo.

Se há algo que a cultura contemporânea não pode dar conta é justamente o que concerne o enigmático desejo histérico. A questão da insatisfação do desejo, apresentada aqui pela paciente que se vê espreitada entre a condição de ter que obter o título da Ordem e a própria desordem daquilo que lhe é mais singular; manter seu desejo insatisfeito. Algo que serve como denúncia daquilo que o sintoma histérico procura sustentar:

o relaciona mento dos pais. Para ela, sua sintomatologia serve como resposta à falência narcísica materna, que sente a baixa classe social a qual pertence e a coloração da pele como um desvalor intransponível a qualquer outra significação possível. Por outro lado, sustenta o desejo paterno de não ir além do que está colocado pelos limites de sua própria pobreza, não somente financeira, mas sobremaneira simbólica.

Temos, portanto, um sofrer histérico contemporâneo que aponta para a impossibilidade de se alcançar os padrões idealizados colocados para o gênero feminino. Mulheres irreais são cotidianamente consumidas em anúncios midiáticos que afetam o imaginário de cada um. O que é de uma ordem imaginária não consegue ser atravessado por uma condição simbólica, condição de trocas, de se saber que para ser a mulher bela, jovial e autossuficiente apresentada pela mídia, há que se pagar um alto preço. Se a empobrecida cultura utilitarista neoliberal oferece como modelo de subjetividade feminina algo tão irreal, há que se pensar em um movimento de resistência a tal empobrecimento. Em um ponto, o excesso de determinação do que seria a mulher do século XVIII pode iluminar a teoria freudiana sobre a histeria, e no outro, a incapacidade de se livrar de tais marcas de determinação é o que faz personificar a histérica de hoje em dia.

O sujeito contemporâneo sofre justamente por seu excesso de liberdade e vê seu sofrimento aumentar ao carregar a culpa por estar sofrendo. Afinal, por que sofrer se podemos e devemos gozar? Kehl (2002) nos recorda que:

> A depressão, sintoma do mal-estar neste começo de milênio como a histeria no final da era vitoriana, é, ao mesmo tempo, condição e consequência da recusa do sujeito em assumir a dimensão de conflito que lhe é própria (p. 80).

A depressão nos fala justamente sobre um sujeito que foge do conflito psíquico, a fim de não adentrar a sombria arena simbólica das escolhas e perdas. Em outros termos, teremos de fato um aumento de depressões em resposta à inacessibilidade e aos ideais de ego que a face mortífera da liberdade criou por não permitir a existência da perda. Se há algo que a histeria pós-moderna pode apontar, é justamente esse estranho paradoxo sobre a liberdade...

REFERÊNCIAS BIBLIOGRÁFICAS

ALONSO, S. L.; FUKS, M. P. *Histeria*. São Paulo: Casa do Psicólogo, 2004.

BERTIN, C. *A mulher em Viena nos tempos de Freud*. Campinas: Papirus, 1990.

DOR, J. *Estruturas e clínica psicanalítica*. Rio de Janeiro: Taurus, 1993.

EAGLETON, T. *As ilusões do pós-modernismo*. Rio de Janeiro: Jorge Zahar, 1998.p. 141.

FREUD, S. (1893/1895). *Estudos sobre a histeria*. In: Edição Standard Brasileira das Obras Psicológicas Completas de Sigmund Freud. Rio de Janeiro: Imago, 1996. v. 2.

____. (1897). Carta 69. In: Edição Standard Brasileira das Obras Psicológicas Completas de Sigmund Freud. Rio de Janeiro: Imago, 1996. p. 309-311. v. 1.

____. (1897). *Carta 69*. In: Edição Standard Brasileira das Obras Psicológicas Completas de Sigmund Freud. Rio de Janeiro: Imago, 1996. p. 309-311. v. 1.

____.(1914). *Sobre o narcisismo: uma introdução*. In: Edição Standard Brasileira das Obras Psicológicas Completas de Sigmund Freud. Rio de Janeiro: Imago, 1996. p. 77-108. v. 14.

____. (1923a). *Neurose e psicose*. In: *Obras Psicológicas Completas de Sigmund Freud*.

Rio de Janeiro: Imago, 1996. p.162-213. v. 19.

____. (1923b). *O ego e o id*. In: Edição Standard Brasileira das *Obras Psicológicas Completas de Sigmund Freud*. Rio de Janeiro: Imago, 1996. p. 9-76. v. 19.

____. (1926). *Inibições, sintomas e ansiedade*. In: Edição Standard Brasileira das Obras Psicológicas Completas de Sigmund Freud. Rio de Janeiro: Imago, 1996. p. 81-170. v. 20.

____. (1937). *Análise terminável e interminável*. In: Edição Standard Brasileira das *Obras Psicológicas Completas de Sigmund Freud*. Rio de Janeiro: Imago, 1996. p. 225-270. v. 23.

KEHL, M. R. *Sobre ética e psicanálise*. São Paulo: Companhia das Letras, 2002.

LACAN, J. (1949). *O estádio do espelho como formador da função do eu*. Rio de Janeiro: Jorge Zahar, 1998. p. 96-103.

____. *O Seminário, livro V: formações do inconsciente*. Rio de Janeiro: Jorge Zahar, 1999.

____. (1973). *O Seminário, livro XX*: Mais, ainda, Rio de Janeiro: Jorge Zahar,2008.

MELMAN, C. *O homem sem gravidade: gozar a qualquer preço*. Rio de Janeiro: Companhia de Freud, 2008.

MAIA, M. S. *Extremos da alma.* Rio de Janeiro: Garamond, 2003. SADOCK, B. J. Compêndio de psiquiatria: ciências do comportamento e psiquiatria clínica. Porto Alegre: Artmed, 2007.

ŽIŽEK, S. *O espectro da ideologia.* In: (Org.) Um mapa da ideologia. Rio de Janeiro: Contraponto, 1996. p. 7-35.

____. *O superego pós-moderno.* Caderno Mais. *Folha de São Paulo*, Disponível em: <http://www.scribd.com/doc/19133295/Zizek-O-superego-posmoderno Acesso em: 10 de junho 2021.

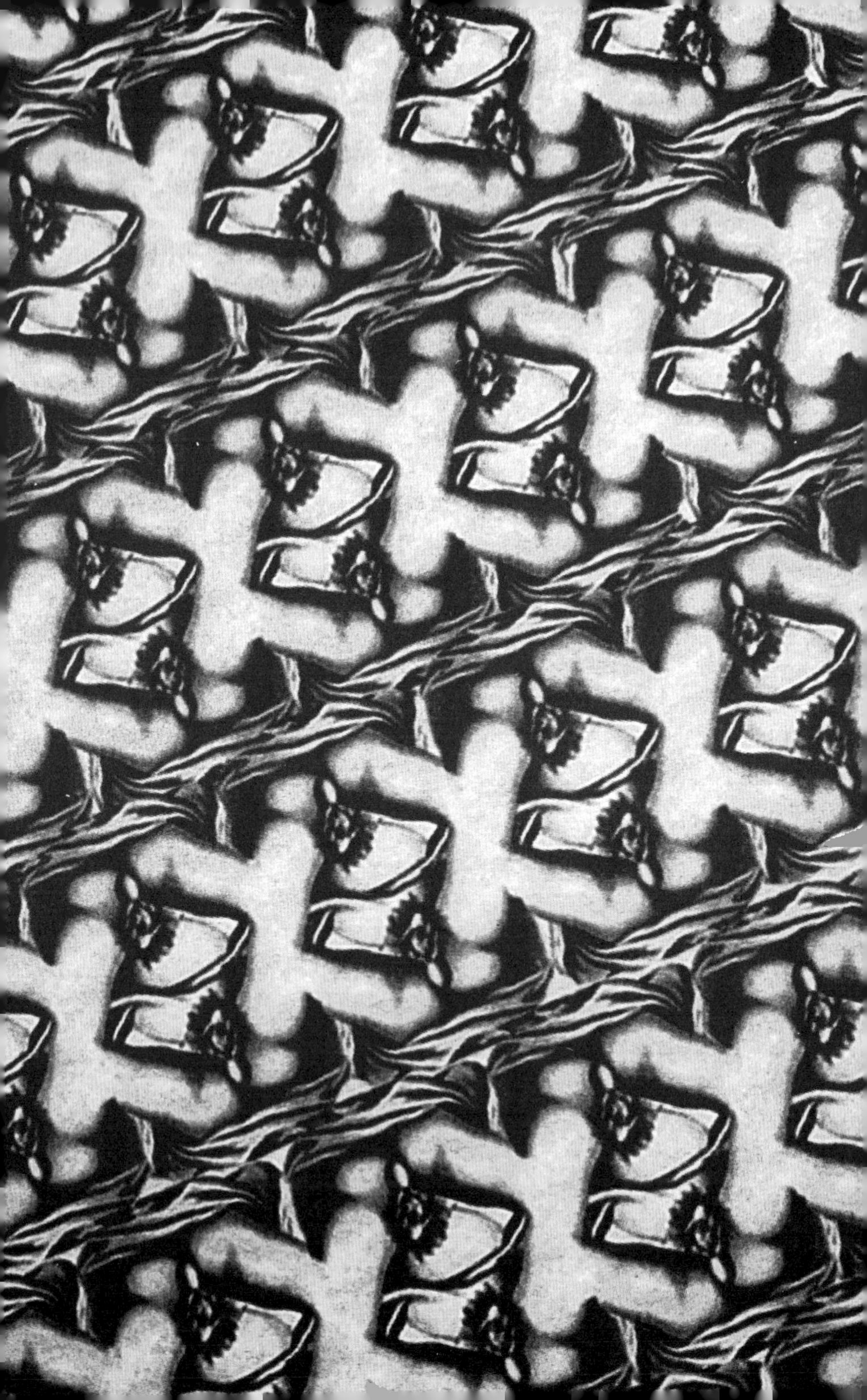

A construção da masculinidade e a histeria nos homens na contemporaneidade

Silvia Leonor Alonso e
Mario Pablo Fuks

GÊNERO E PSICANÁLISE

As análises críticas desenvolvidas, tendo como marco o movimento feminista, fizeram implodir, no discurso ocidental, uma concepção presente desde a antiguidade para a qual predomina a subordinação ao masculino, apesar do reconhecimento de dois sexos diferentes. No seio do patriarcado, a forma de pensar a diferença dos sexos é tomando o masculino como modelo e deixando o feminino como negativo, ausente ou faltante, e também identificando o masculino com o simbólico e o feminino com a natureza. O homem aparece como sujeito e a mulher como objeto, o humano se confunde com o masculino (a humanidade, todos, se diz em masculino: o homem), e o feminino aparece como vazio; vazio que fica preenchido pela maternidade, confundindo a mulher com a mãe. E, tudo isso, é concebido como a-histórico e universal. Essas análises críticas que mencionamos denunciaram as formas hierárquicas e de subordinação, existentes entre homens e mulheres, e permitiram desamarrar as representações da masculinidade e feminilidade do corpo biológico mostrando que são construções culturais que mudam com a história e a cultura. Nas décadas de 1950 a 1970, as produções de pensamento sobre o feminino, a feminilidade, as mulheres, são abundantes e acompanham os movimentos sociais de defesa da condição feminina. Mas na década de 1980, produz-se um avanço no sentido de estudar as relações entre homens e mulheres, dando surgimento aos estudos de gênero, e começam os questionamentos de como a es estrutura patriarcal deixa suas marcas na construção da masculinidade (BURIN, MELER, 2009).

É possível estabelecer uma ponte entre a psicanálise e os estudos de gênero, tanto pela ruptura que ambos operam com o naturalismo biologizante como lugar para tratar a diferença entre os sexos, quanto pela concepção do masculino e do feminino como construções que são feitas no interior dos discursos sociais e culturais. Mas não devemos esquecer que, para a psicanálise, é fundamental a experiência de confronto com a diferença sexual anatômica e a compreensão de como o sujeito se posiciona perante esta diferença, assim como, a construção das teorias sexuais infantis que determina lugares subjetivos a partir dos quais as escolhas de objeto inconsciente serão feitas. Entendemos que estudar tanto a feminilidade quanto a masculinidade, na psicanálise, só pode ser feito na complexidade que este cruzamento de eixos implica, entre aquilo que é do sexual, pulsional, inconsciente, e aquilo que é da ordem do gênero, que provém da cultura na qual se está imerso[31].

A psicanálise diferencia o "sexo" da "sexualidade". A sexualidade não se reduz ao sexo biológico, seja este como carga genética, herança cromossômica, órgãos genitais ou características sexuais

31. É necessário esclarecer que na psicanálise há diversas formas de utilizar o termo feminilidade: foi utilizado por Freud, em Análise terminável e interminável (1937c), como aquilo que escapa à ordem do fálico, que provoca horror tanto em homens como em mulheres. Ou, em autores como M. Montreley (1979), como o conjunto das marcas no corpo e das pulsões que nelas se originam, formando o campo do indizível que alguns autores fazem corresponder ao continente negro freudiano".

secundárias. Não se nasce "homem" ou "mulher", ainda que se nasça com um corpo e com características específicas.

A sexualidade na psicanálise não se limita à genitalidade nem à procriação, às escolhas sexuais ou às práticas sexuais, mas abrange o vasto campo dos movimentos pulsionais e desejantes anárquicos que atravessam a vida toda. Inclui assim aquilo que, sendo da ordem do prazer, introduz um campo aberto ao leque do polimorfismo pulsional, aquilo que não se ordena com base na bipartição que separa feminino e masculino. Uma bipartição que é introduzida pela cultura e apoiada no substrato real das diferenças anatômicas dos sexos, sendo fundamental o papel da linguagem na configuração subjetiva do gênero.

Entre a ordem do biológico e do cultural dos sistemas de gênero, temos que incluir o processo de sexuação que começa com a sexualidade perverso-polimorfa e se estende até a construção de uma identidade sexuada, requerendo a passagem pelo complexo de castração e dando lugar a uma posição subjetiva em relação à questão crucial implicada por esse complexo. Esse processo culmina na formação das identificações secundárias, momento no qual as atribuições de gênero, que provêm do discurso cultural, e que incidiram de forma complexa como veremos ao longo do mesmo, vêm a complementar, em uma estabilização relativa, as posições subjetivas assumidas durante o processo.

A psicanálise rompe com o determinismo "naturalista", sem por isso se converter em sociologia. Para perguntar e responder sobre a diferença dos sexos, constrói-se um lugar que não coincide nem com as determinações biológicas, nem com as culturais, mas que inclui ambas e também um "entre elas".

ABRINDO UMA NOVA TRILHA

Ao longo de quase um século, os analistas, seguindo a trilha aberta por Freud, insistem nas dificuldades que as mulheres têm para alcançar sua condição feminina. Desde o longo caminho do processo de sexuação – que para Freud envolve maiores obstáculos para a mulher que para o homem, pela necessidade de mudar de zona e de objeto – até a insistência no enigma, o misterioso da feminilidade, o feminino como construção permanente, etc., tudo seguiu a linha de enfatizar como esse processo de constituição era complicado. Essas reflexões acompanharam os intensos processos de transformação vividos no lugar das mulheres no mundo e na própria subjetividade, e a necessidade de produzir pensamentos sobre quem elas eram.

Enquanto isso, a concepção referida à construção da masculinidade parecia não levantar muitas interrogações, até que as coisas mudaram.

Nas últimas décadas começou a se instalar uma crise em um equilíbrio até então vigente, crise das representações sociais sobre a masculinidade, apoiadas na dominação masculina e que levou os homens a se interrogarem sobre a sua identidade. As transformações no mundo, as mudanças nos papéis, nos atributos de gênero, nas representações sociais e nas formas de relacionamento entre homens e mulheres, assim como os efeitos na subjetividade provocados por tudo isso, fizeram que os homens começaram a se perguntar sobre a condição masculina. A masculinidade, nos últimos anos, saiu do lugar de um "já dado" para ser enxergada como um processo de construção mais complexo e difícil do que antes se poderia pensar.

Os pensadores de diferentes disciplinas (sociologia, antropologia e história) começaram uma intensa produção sobre o tema, e os analistas – a partir de fenômenos presentes na clínica, como o transexualismo, os sintomas no exercício da sexualidade, as mudanças nas formas de amar e de sofrer – agora se deparam com os limites da teoria existente e tecem fragmentos de teoria, complexificando o que, até o momento, existia para dar apoio às suas clínicas (STOLLER, BLEICHMAR, VOLNOVI CH, McDOUGALL). Outros, provenientes também dessas disciplinas e práticas, atentos às transformações nas relações entre homens e mulheres que desarticulam os modelos tradicionais dos gêneros, estão pensando nas novas representações presentes nas novas formas de vínculos, de amor e de poder, postulando, apoiados nas mudanças dos sintomas sociais, o surgimento de "novas masculinidades" (BURIN, MELLER, BADINTER outros). No entanto, chamou nossa atenção, na pesquisa bibliográfica, que o pensamento às vezes pareça avançar na forma de gangorra, indo de um extremo ao outro. Assim, depois de enfatizar as dificuldades das mulheres na construção da feminilidade, agora parece que se tende a minimizá-las e a declarar, pelo contrário, que o difícil é chegar a ser homem. Badinter inclusive afirma: "Diferentemente da mulher, o homem tem que se fazer" (1993). Entendemos que essa forma de se movimentar no campo do conhecimento é um pouco problemática, já que se corre o risco de escorregar para uma nova "naturalização" do feminino: a mulher já nasce feita? Já vem feita, do ponto de vista biológico e, agora, cultural e psicogenético? A partir de que? Não precisa fazer-se? Entendemos que a construção da feminilidade e da masculinidade são, ambos, processos difíceis e complexos, que encontram muitos obstáculos a serem vencidos e que se dão no cruzamento de vários eixos de determinação. Nem mais, nem menos, ambos longos e trabalhosos.

Foi a partir da década de 1970 que começaram a surgir estudos tentando descrever os processos de destituição dos modelos tradicionais da masculinidade; e a partir dos anos 1990, instaurou-se para os homens um período de muita incerteza acompanhada de diversas angústias (BURIN; MELLER, 2009).

Freud viveu em uma época em que o patriarcado começava a se fragilizar. Se não fosse assim, possivelmente não teria sido capaz de pensar nos efeitos disso na sexualidade e, inclusive, na produção das neuroses – como fez no texto sobre "A moral sexual 'cultural' e o nervosismo moderno" (FREUD, 1908d) – ou pensar que algumas das condições atribuídas à natureza feminina eram produto do lugar social da mulher, como fez em vários textos – por exemplo, quando depois de afirmar que nas mulheres prima um alto grau de narcisismo, diz que isso pode ser uma compensação pela atrofia que a sociedade lhes impõe (FREUD, 1933a).

Sua produção teórica, cabe ressaltar, foi feita a partir de uma clínica com sujeitos cujas subjetividades foram construídas em um determinado momento da história. A clínica atual vem colocando fenômenos que nos alertam sobre os limites da teoria e despertam a necessidade de repensar algumas questões. Por exemplo, a maneira excessiva em que se assimilam falo e criança, ou a forma como são trabalhadas as equivalências simbólicas[32], ou ainda, o modo como a psicanálise tem pensado o pai, em sua função limitadora ou de interdição, sem incluir a relação de ternura entre pai e filho ou os efeitos dessa relação nos processos de erotização do menino. Para a psicanálise, a diferença está pensada como presença-ausência – seja do pênis, para Freud, seja do falo ou do significante, para Lacan. É claro que ela é pensada no seio do patriarcado, mas a quebra deste não abrirá espaço para pensar a diferença de outra maneira, ou para pensar, mais que a diferença, a diversidade?

Os estudos de gênero podem contribuir para repensar as teorias psicanalíticas em função das mudanças sociais e entender como as concepções do patriarcado entraram nas próprias teorias psicanalíticas, propiciando um trabalho de distinção para valorizar o que deve ser mantido e apontar aquilo que precisa ser questionado ou ampliado.

TEMPOS DE CONSTRUÇÃO DA MASCULINIDADE

Neste ponto iremos tratar dos momentos pelos quais o menino passa durante a construção da masculinidade, mantendo o pensamento freudiano sobre a sexualidade e introduzindo e sinalizando os lugares nos quais acreditamos que as teorias de gênero vieram somar. O conceito de gênero não é um conceito freudiano; ele foi

32. Tema que tratamos em um texto anterior: "Histeria e erotismo feminino" (ALONSO, FUKS, 2002).

introduzido na psicanálise por Stoller e vem sendo colocado a interagir com outros conceitos já existentes na psicanálise, enriquecendo a trama teórica que suporta a prática clínica.

A PASSIVIDADE PRIMEIRA

Entendemos que a constituição da sexualidade é exógena; isto é, surge implantada pelo adulto que, nos cuidados do bebê e na satisfação de suas necessidades vitais, introduz erotismo em seu corpo. O primeiro momento em que isso acontece está marcado pela passividade, tanto para o menino quanto para a menina. O caminho que a passividade seguirá em um e no outro são diferentes. A mãe, nesse primeiro momento, deixa impressões e marcas de erotização que abrem caminhos para formas singulares de subjetivação e possibilidades de criação. Esse conjunto de marcas primeiras forma o campo do irrepresentável, do inominável, que se faz no estado fusional com a mãe, e por isso alguns autores insistem em dizer que as origens da sexualidade são femininas[33].

A CONSTITUIÇÃO DO NARCISISMO

A criança, com seu corpo erogenizado pela sexualidade implantada que fez surgir circuitos pulsionais, estabelece relações libidinais com os objetos cuidadores, normalmente os pais e fundamentalmente a mãe, muito antes de reconhecê-los como seres sexuados. São vínculos libidinais que não estão atravessados pelas questões da identidade sexual. Esse mundo pulsional, perverso polimorfo como o denominava Freud, não está ordenado pelas categorias da bipartição masculino/feminino.

Diferentemente do que acontece com a criança, do ponto de vista dos adultos é antes ainda do nascimento que médicos e familiares realizam um ato de nomeação: é um menino ou é uma menina, primeira forma de identificação de um sujeito em uma atribuição de gênero, incluindo a criança em uma categoria dos gêneros

33. Ver a nota de rodapé n. 31.

masculino ou feminino. Ou seja, aquilo da sexualidade que está sob o domínio do gênero se constrói em um processo de inscrição simbólica, marca simbólica que cria um corpo identificado. Inscrição simbólica dicotômica que inclui alguém em uma categoria e o excluí de outra: "é um menino e não é uma menina", ato de nomeação que produz ao mesmo tempo uma inclusão e uma exclusão (BLEICHMAR, E., 1988).

Sendo a criança ainda muito pequena, a atribuição de gênero se enraíza na base do eu, determinando o "núcleo da identidade de gênero". O tempo da constituição da identidade de gênero coincide com o polimorfismo perverso no nível da sexualidade. Esse núcleo se estabelece muito antes do reconhecimento da diferença anatômica dos sexos, e vai se tornando mais complexo. Entre a identificação com a nomeação "sou um menino" e a crença na própria virilidade ou masculinidade há um longo processo no qual vão se acrescentando significações a partir do entendimento de como se espera que se expresse a masculinidade. Intervir nesse processo: sensações corporais, fantasias e, fundamentalmente, o campo intersubjetivo (idealizações, identificações, expectativas, trocas de reconhecimentos) que vão introduzindo as significações que modelam essa identidade (Ibid., 1988). Vemos, então, que o conceito de gênero se entrelaça à constituição do narcisismo.

Como afirmamos antes, o conceito de gênero não é um conceito freudiano, mas há momentos de sua obra em que algo semelhante se insinua. No livro *Psicologia das massas*, Freud apresenta uma identificação que o menino realiza com o pai como "modelo". Ele afirma:

> A criança manifesta um interesse especial pelo pai, quer ser como o pai e substituí-lo em tudo. Podemos dizer que fez do seu pai o ideal. Essa conduta não representa uma atitude passiva ou feminina em relação ao pai, sendo inteiramente masculina e se conciliando muito bem com o Complexo de Édipo, em cuja preparação contribui. (FREUD, 1921, p. 99).

Ou seja, uma identificação como modelo feita no contexto pré-edípico da identificação primária, no funcionamento dual especular, em que o mesmo objeto pode ser objeto de amor e de identificação.

No texto "Introdução ao narcisismo" (FREUD, 1914c), as atribuições de gênero aparecem como presença importante na constituição das instâncias ideais. Ele afirma: "o menino será um grande homem e um herói no lugar do pai, e a menina se casará com um príncipe como recompensa tardia para a mãe" (FREUD, 1914, p. 88).

A TRIANGULAÇÃO EDÍPICA

A passagem pela constelação triangular edípica implica em uma escolha de objeto, o que muda a situação anterior em que a busca do reconhecimento narcísico de ambos os pais se fazia com ligações libidinais que não entravam em conflito, o que só vem a acontecer quando a significação sexual dos genitais se põe em jogo, com o reconhecimento da relação sexual entre os pais e a entrada do pai sexuado. Esse momento coincide com a mobilização da curiosidade que irá desembocar no reconhecimento das diferenças anatômica e na criação de teorias sexuais infantis. A presença do pênis, já investidor de valor fálico narcísico, "passa a ser uma confirmação da masculinidade" (BLEICHMAR, E.,1988, p. 40).

Uma verdadeira descontinuidade existe entre a situação pré-edípica e a edípica. Por um lado porque a mãe, antes figura plena portadora de todas as potências, atributos e valores, agora, após o reconhecimento da diferença dos sexos, não é o mesmo objeto; por outro, porque a relação com o pai – antes o ideal a imitar, agora figura sexuada – transforma-se em uma relação na qual surge a rivalidade, acentuando-se a ambivalência. O pai entra ao mesmo tempo como interditor, ou seja, como proibidor da relação erotizada com a mãe.

INSTÂNCIAS IDEAIS

Finalmente temos a constituição das instâncias ideais a partir das identificações secundárias. Aqui a questão não é a de uma identidade de "ser homem" inscrita no eu, e sim a de "que tipo de homem deverá ser", fórmula na qual se articulam as proibições e os mandatos do supereu e do ideal do eu. "A metamorfose da puberdade" será um novo momento importante de ressignificação do anterior, assim como de reafirmação da es colha de objeto. É uma nova oportunidade que a cultura lhe oferece para encontrar uma posição dentro de seu gênero.

NOVAS PESQUISAS SOBRE A MASCULINIDADE

Os estudos dos analistas contemporâneos sobre a masculinidade têm trazido aportes interessantes. Muitos deles têm insistido na importância da relação com a mãe pré-edípica na constituição da masculinidade. Alguns, como Stoller, Badinter, Volnovich, insistem em colocar a identificação feminina que o menino vive nos primeiros tempos, na relação fusional com a mãe, seguida do processo de des-identificação necessário e difícil que o menino atravessa na construção de sua masculinidade, como o eixo fundamental para pensar o mal-estar nos homens.

Bleichmar assinala alguns dos fatores que dificultam essa des-identificação: 1) a presença de um pai excessivamente dominador que deixa o filho em um lugar de passividade; 2) a desvalorização por parte da mãe dos aspectos masculinos do pai; 3) o modo como a criança observa a masculinidade do pai e o modo como esse pai promove a masculinidade do menino. Nesse sentido, os estudos antropológicos têm mostrado a força que os rituais de passagem na adolescência para a inclusão no mundo adulto têm em muitas culturas, não ocidentais, quando se trata dos meninos. Esses rituais têm como objetivo a eliminação dos elementos maternos e femininos remanescentes da simbiose com a mãe. O esforço aplicado a exterminá-los expressa a força dessa relação e dos processos concomitantes de diferenciação e identificação.

Para alguns autores, o conflito fundamental nos homens está dado não pelo medo da castração paterna, mas sim pelo conflito entre o desejo de separar-se da mãe e o de fundir-se com ela. Stoller introduziu o conceito de protofeminidade, atribuindo à criança um vínculo primário com a mãe em que está em posição passiva e se identifica com ela. Ao longo da vida, o homem tem que se esforçar para negar seus aspectos passivos, femininos. Isso se vê intensificado pelo fato de que, na cultura ocidental, são as mães que criam os filhos apoiadas na ideia de um instinto maternal, muito questionada, que as faria supostamente aptas para essa função, enquanto o amor paternal se exerceria à distância. Segundo Badinter (1993), os homens estão mutilados (porque a feminidade lhes é amputada) e são órfãos de pai (pela falta de proximidade)[34].

Nas trocas da mãe com a criança, o gênero está sempre presente. Na relação com a filha mulher, ambas compartilham os atributos de gênero aos quais respondem. Essa semelhança pode funcionar como facilitador das identificações estruturantes ou pode dificultar a diferenciação, favorecendo os abusos narcisistas da mãe com a filha. Com o filho homem, a diferença de gênero incide na subjetividade da mãe como uma função de terceiro, facilitando o reconhecimento dele como diferente. No entanto, se o lugar de filho homem está excessivamente valorizado para ela, ter nascido menino poderá facilitar seu aprisionamento no lugar de falo da mãe.

---

34. Para esta autora, no início do século XX, a crise da masculinidade, que se desenhava na vida civil como consequência das mudanças nas práticas sociais e nas relações intersubjetivas tensionadas pelas reivindicações emancipatórias feministas, produz muita angústia nos homens. Apoiando-se na cultura da coragem viril, muitos homens encontraram no ir para guerra uma oportunidade de paliar a crise. "La crisis de la masculinidad está en su punto más álgido. Desgraciadamente es la guerra la encargada de poner entre paréntesis la angustia masculina. Recuperando su papel tradicional de guerreros, los jóvenes reclutas se marcharán al frente, con una flor en el fusil, como si estuvieran contentos porque se les permite ser, finalmente, hombres, verdaderos hombres" (BADINTER, 1993, p. 31).

Segundo J. C. Volnovich (2010), "a identidade da menina se baseia na necessidade de ser como a mãe, e a do menino se baseia na necessidade de fazer esse movimento de afastamento precoce da mãe" (p. 39). Esse autor, que adere fortemente às teorias de gênero, sustenta a hipótese de que para os meninos, a construção ativa de sua sexualidade e de sua identidade de gênero será consubstancial à violência e à ânsia de domínio, unidas ao desejo de saber e à vocação de poder. Eles têm uma preocupação por serem fortes, independentes, durões, autônomos e ativos devido à imprescindível e inevitável necessidade de garantir os atributos que convalida sua masculinidade, diante da ameaça de uma feminilidade originada por identificação na simbiose com a mãe, que primou sobre a masculinidade na fase inicial e que explica os temores da homossexualidade presentes neles em maior grau do que nas mulheres. Lembrando -nos que, para Stoller (1989), na afirmação de sua masculinidade, "o primeiro dever de todo homem é não ser mulher" (apud VOLNOVICH, 2010, p. 41).

A agressividade com as mulheres é vista, por Volnovich, como uma formação reativa à perda prematura da mãe, forçada pela subordinação ao imperativo de separação. Acometido por uma intensa e profunda nostalgia do corpo materno, ele a transforma defensivamente em desprezo. Apesar de estar totalmente recalcada, a tentação de recriar a simbiose com a mãe obsedia a criança. É o risco de permanecer criança, de virar a mãe, de virar mulher.

Por nossa parte, temo-nos perguntado sobre essa agressividade dirigida à mulher, a partir da análise das explosões de cólera que constituem um dos sintomas mais conspícuos da neurose histérica nos homens. Para tal propósito, temos retomado as análises de Freud sobre o significado dos atos agressivos em dois tempos, ataque/ expiação, expostos no trabalho sobre Dostoievski (ALONSO; FUKS, 2004). Ocupar-nos-emos desse ponto mais adiante.

A única maneira de manter a salvo a virilidade é mantendo uma distância prudencial com as mulheres. Mas quando tentados pelas mulheres e desafiados pela sexualidade feminina que não deixa de fascinados, eles se arriscam a um trato mais íntimo, reaparece a vivência de perigo. Volnovich afirma que o patriarcado como sistema de domínio e exploração, através do crescimento explosivo e recorrente da clientela das prostitutas, respondeu à necessidade de implantar um dispositivo capaz de enfrentar esses perigos. No entanto, vemos que sua significação varia. Se até um século atrás frequentar um prostíbulo podia envolver transgressão às prescrições burguesas e um mergulho na vida boêmia, atualmente supõe uma submissão cúmplice, sem questionamento algum à sociedade de consumo, tanto de coisas quanto de pessoas e ao mandato do dinheiro.

Pensamos que um mecanismo diferente e peculiar de enfrentar os riscos de uma intimidade com a mulher é o que inventaram os homens histéricos, com um dos traços característicos dessa neurose: essa solução de compromisso entre um primeiro momento de se achegar apaixonadamente a uma mulher, e um segundo de fuga para uma nova conquista, movimento próprio do dom-juanismo. Há aí, também, um desafio transgressivo às figuras patriarcais do sistema burguês-capitalista em ascensão, como se evidencia nos roteiros tragicômicos da dramaturgia dom-juanesca.

Nos textos freudianos, essa temática é analisada em detalhes nos trabalhos "Uma degradação da vida erótica" (FREUD, 1912d) e, principalmente, "Sobre um tipo peculiar de escolha de objeto no homem" (FREUD, 1910h). Nesses textos, que também desvelam bastidores da moral burguesas[35], ele parte do que tinham descoberto os poetas sobre as "condições do amor": o que fazia de uma mulher um objeto atraente para um homem. E continua com os achados da clínica, elencando as seguintes condições:

35 .Embora não tenham a contundência crítica e o alento reformador de "A moral sexual 'cultural' e o nervosismo moderno" (1908), esses textos analisam com profundidade maior os conflitos dos homens em suas dimensões neuróticas.

- O "terceiro prejudicado": o objeto escolhido nunca está sozinho ou livre, mas ligado a um homem (marido, namorado, amigo);

- A mulher "fácil": inclinada ao flerte, de comportamento liberal e fidelidade duvidosa, é considerada frequentemente como vulgar. Freud ressalta como condição implacável, portanto, o pertencimento da mulher a outro homem.

O autor associa tudo isso à constelação edipiana infantil. A oposição entre uma mulher sobrevalorizada, com a qual a vida propriamente sexual é limitada e contida, e a mulher que no olhar convencional seria rebaixada, mas que recebe dele um valor especial, sendo fortemente desejada, remete a um momento da infância em que surge uma dissociação defensiva da figura materna. Isso acontece quando o vínculo intensamente afetivo do menino com ela é abalado pelo reconhecimento da diferença sexual, a origem das crianças e a evidência da presença do desejo e da vida sexual no casal parental. Uma parte das pulsões libidinais que o ligam à mãe ficam inibidas em seus fins, transformadas em ternura e associadas a uma imagem idealizada da mãe. Dissociada dessa, conserva-se uma corrente sensual que se mantém ligada a figuras substitutivas da mãe, presentes em fantasias das quais fazem parte, sem dúvida, as imagens das prostitutas aportadas pelo discurso circundante. Na vida adulta, a dicotomia de correntes se fará presente através da peculiaridade dos objetos escolhidos para o amor e o desejo. É um indicador de que a fixação à mãe da infância não foi superada, e a triangulação edipiana infantil se mantém, caracterizando uma modalidade histérica nas escolhas do objeto e nas vicissitudes do desejo.

Na contemporaneidade fálico-narcísica, o objeto terno deve manter-se separado do objeto sensual. A separação de ternura e sensualidade ocorre por meio do sexo sem amor nem compromisso, o "não ficar juntos a noite inteira", a repulsão do dormir juntos, "de conchinha", a ausência de sentimentos. Modalidade atual do recalque que se dá também pela ênfase na performance, na ereção e na penetração, que explica que os homens tenham se transformado, em grande medida, em anestésicos, frigidos, como afirma Israel (1995) referindo-se à sexualidade dos histéricos destes tempos.

Mas o que não seria uma escolha histérica, e sim uma escolha masculina? Provavelmente a possibilidade de um avanço libidinal no sentido de juntar a ternura com a sensualidade. O que seria histérico, sustentou Freud ao longo de sua obra, é ficar fixado na mãe, no objeto incestuoso e na briga com o pai, ou seja, na constelação edípica incestuosa. Mas essa perspectiva pode ser ampliada, tornada mais complexa.

O mais surpreendente para o observador, diz ele, referindo-se ao tipo particular de escolha amorosa que estamos considerando, é a tendência presente no amante de "resgatar" (redimir, recuperar) a mulher amada. Ela precisa dele. Dadas as posições sociais respectivas, sem seu apoio ela perderia respaldo moral e, por isso, ele não pode abandona-la. Ele se transforma frequentemente em um guardião da virtude dela. Entretanto, os motivos morais podem ser, também, segundo Freud, a racionalização. O motivo do resgate é, na verdade, um derivado do complexo parental. "Quando a criança descobre que deve a vida aos pais, que a mãe obsequiou-lhe a vida, aliam-se nela moções de ternura com uma mania de grandeza em combate pela autonomia" (FREUD, 1910h, p. 165), gerando o desejo de devolver esse presente aos pais, compensando-os através de outro de igual valor. Resgatar o pai de um perigo mortal é realizar essa devolução, não precisar mais dele, nem lhe dever mais nada.

Algo parecido é fantasiado em relação à mãe. Resgatar a mãe ganha o significado de obsequiar-lhe ou fazer-lhe um filho – um filho igual a ele, claro. Nessa fantasia, ele se identifica plenamente com o pai. "Esse desejo, ser seu próprio pai, satisfaz toda uma série de pulsões: de ternura, de gratidão, de sensualidade, de desafio e de autonomia" (Ibid., p. 166).

Podemos ver, contudo, nessa reunião entre moções ternas e onipotência narcísica em combate pela autonomia, uma aproximação preliminar ao que, partindo dos estudos de gênero, se enfatiza hoje quanto à luta pela diferenciação que todo homem se vê levado a atualizar no caminho que percorre na construção de sua identidade masculina. Resgatar o pai de um perigo, lido nessa chave, aponta para o resgate metafórico da figura paterna – ameaçada particularmente em certas configurações parentais, mas de um modo mais geral na cultura contemporânea – para poder se identificar com esse pai e garantir a estabilização da autonomia almejada em relação à mãe. Isso autorizaria a fantasia de poder, assim, resguardada tanto da identificação funcional como da sujeição à mãe fálica, obsequiar-lhe um filho igual a ele mesmo e não a ela. É seguindo pistas como essa que podemos trilhar o caminho de uma ampliação teórica. Nos trabalhos sobre a sexualidade feminina e a feminilidade, Freud aprofundou a compreensão do processo de sexuação na mulher, mostrando a importância da relação pré - edípica, carregada de ambivalência, difícil de superar e de consequências incontestáveis na produção de sintomas e nas escolhas infelizes de objeto. Não aportou, em igual medida, no terreno do processo de sexuação do homem, nem no reconhecimento da forte ambivalência na relação dual pré-edípica com a mãe e as angústias de fusão e aniquilação concomitantes, e tampouco na profundidade da escravidão na sujeição à mãe fálica, presente na neurose histérica. Melanie Klein e Lacan fizeram avanços muito significativos nessa área, mas é fato que essa continua sendo uma tarefa para os analistas de nosso tempo.

INCIDÊNCIA DO SISTEMA DE GÊNERO NA PROBLEMÁTICA HISTÉRICA

Continuando a perguntar-nos pela histeria nos homens e suas relações com as questões ligadas ao gênero, precisamos voltar um pouco no tempo e aquilatar o passo fundamental, dado por Charcot, para o reconhecimento da existência da histeria masculina, que não tinha esse prestigio milenar da histeria na mulher. Esse passo permite situação de uma vez por todas a histeria no campo da neurose e livrá-la, definitivamente, de ser ligada exclusivamente às mulheres, ou de ser uma característica feminina, como o "demonstra" sua origem etimológica na palavra "útero".

A ideia da existência de uma histeria masculina era uma proposta sumamente questionadora. Dizia Briquet:

> Suponhamos um homem dotado da faculdade de ser afetado à maneira de uma mulher. Ele se torna ria um histérico e, consequentemente, impróprio a cumprir o papel que lhe é destinado, o da proteção e da força de um homem. Um homem histérico é o avesso das leis constitutivas da sociedade. (BRI QUET, 1859).

Os pacientes de hoje não estão informados da origem etimológica da palavra histeria, mas sentem que suas dificuldades, apresentadas dessa maneira, ameaçam sua imagem de homem. O reconhecimento da histeria em homens não se faz sem resistências e reservas, tanto dos homens que dela sofrem quanto dos médicos que a diagnosticam. Chamar um homem de histérico é algo que pode ser tomado por ele como uma ofensa.

A tendência medicalizante destes tempos, com seu fascínio pelas soluções rápidas e o recurso aos fármacos, contribui para mascarar, no quadro clínico do paciente, os indícios sobre a existência de uma problemática psíquica, entrando em cumplicidade com o lado evitativo e encobridor dos próprios histéricos. Os benefícios secundários contribuem à manutenção dos sintomas. É o caso das "síndromes honrosas", como a invalidez, adquiridas ao servir à pátria ou à sociedade, ou por ferimentos infligidos por um agressor reconhecido e condenado pela opinião pública, pelos tribunais e pelas companhias de seguro. Como vimos anteriormente, a participação na guerra serviu para muitos homens como via de escape e prova de virilidade[36].

Freud aprofundou-se no estudo da histeria, continuando o trabalho de Charcot e demonstrando que a histeria não era neurológica. Estudando as diferenças entre as paralisias orgânicas e histéricas, por pedido de Charcot, demonstrou que elas tinham verdades próprias de sua realidade psíquica, suas histórias e suas singularidades, que não respondiam às leis do corpo somático estudado pela medicina,

36. Ver nota de rodapé n. 34.

mas às leis de outro corpo que traz em si as marcas da linguagem, de um desejo conflitivo e de uma história singular. Isso permitiu elaborar, a partir dos sintomas corporais que prevalecem nas mulheres, o conceito de conversão, que foi o início do fértil processo elucidativo da histeria pela psicanálise.

O caminho conversivo pareceu, no começo, não ser tão frequente na histeria masculina. Entretanto, pode-se perceber uma mudança nos dias de hoje, quando o corpo masculino se mostra mais enfeitado, objeto da moda, do fisiculturismo, etc., deixando aparecer com mais força essa via. Os sintomas conversivos são mais frequentes entre os homens histéricos do que se pensa, apesar de não estarem presentes com frequência certas expressões características da histeria feminina, como cefaleias, anestesias ou paralisias, contraturas e transtornos sensoriais. Aparecem como mal-estares corporais associados a temores, que às vezes fazem pensar em hipocondria: medo das afecções cardíacas com todos seus signos precursores, taquicardias, episódios ansiosos com alterações do funcionamento cardíaco, dispepsias e episódios gastrointestinais, quadros de fadiga com dores difusas. Se somarmos a essa sintomatologia momentos de extrema ansiedade, angústia de vazio, estranheza e despersonalização, acompanhadas de intenso medo de estar morrendo sem amparo algum, nos aproximarmos da síndrome do pânico que é o nome que recebem, na contemporaneidade, as neuroses de angústia postuladas por Freud.

Confere-se às crises de cólera o penoso privilégio de ser uma das formas favoritas de expressão da histeria nos homens. O ataque histérico charcotiano tem, para alguns, seu equivalente maior não nos episódios convulsivos que caracterizam o que hoje se costuma chamar de pseudoepilepsia, mas sim nos ataques de cólera. Quanto a isso, costuma-se dizer que as histéricas podiam ser encontradas nos consultórios médicos e os histéricos nas delegacias, aonde chegam como consequência das brigas, quebradeiras e violência contra as mulheres. Essas crises de cólera são justificadas por contrariedades frente às dificuldades da vida cotidiana, tendo ao mesmo tempo uma função catártica. Ou seja, são expressão/ confissão de impotências, mas também são descargas libidinais (ALONSO, FUKS, 2004).

Algo dessa violência é expressão da dificuldade em subjetivar-se, em representar-se como homem, impedido e frustrado como está pelos diversos obstáculos para a realização de um projeto identificatório masculino no contexto de vínculos intersubjetivos e de circunstâncias sociais problemáticas, como a ausência de trabalho, trabalho pouco gratificante ou narcisicamente humilhante. A agressão dirigida especificamente contra a mulher, como domínio sobre um feminino não-eu – fora de si – aparece como proteção, como vimos, contra o retorno a um feminino primário. Agressividade, força e domínio são atributos fundamentais do gênero masculino em nossa cultura.

Para a análise das crises de cólera, estendemos a interpretação freudiana do significado inconsciente dos excessos no jogo e seus desdobramentos, como visto no ensaio de Freud sobre Dostoievski:

> No ataque de ira do homem histérico, o objeto externo, geralmente uma mulher, é alvo direto da agressão em um primeiro tempo. Como consequência deste fato, o objeto feminino ficaria em uma posição degradada [castrada]. Em um segundo tempo, ocorre um ato de expiação. Para Freud, a expiação é resultante de um sentimento de culpa perante a mulher agredida, bem como perante o pai que interdita e pune o ato impulsivo, tanto por sua significação agressiva quanto pela significação erótica do ato. (ALONSO, FUKS, 2004, p. 176).

Segundo Joël Dor (2000), o centro gravitacional do movimento expiatório reside na necessidade de reinstalar a mulher no pedestal da idealização, enfatizando mais a figura da mãe fálica que a do pai castrador. Assim, poderíamos pensar esse sintoma do homem histérico como uma solução de compromisso desdobrada no tempo, entre um movimento de rechaço e reencarnação imediata de um ego ideal masculino que se realiza na agressão contra a mulher, e outro de reaproximação, expiação e restauração da idealização fálica. O fracasso dessa defesa ameaça o desencadeamento de um processo melancólico, já que o que está em jogo é a libido narcísica associada ao narcisismo primário incorporativo. Ou seja, nesse sintoma, o fantasiar gira em torno da mãe e do falo, incluindo pouco ou nada a figura do pai.

A inclusão da imagem diferenciada do pai e a identificação paterna edipiana abrem um caminho mais simbolizante, através das identificações secundárias, favorável à criação de um projeto identificatório mediado pelo ideal do ego, de um vir a ser, aberto à alteridade; caminho pelo qual homens e mulheres se tornam sujeitos que reconhecem sua incompletude, mas inseridos em um jogo simbólico intersubjetivo que envolve o intercâmbio de reconhecimentos e objetos – perspectiva que desenvolvemos em nosso trabalho sobre erotização feminina (ALONSO, FUKS, 2004). As fantasias de "resgate", consideradas anteriormente em relação às escolhas de objeto, podem ser vistas como expressão de um movimento de saída elaborativa nesse sentido.

Na subjetividade do histórico, a pergunta pela identidade sexual, o enigma sobre o ser homem ou ser mulher se entrelaça com outro enigma fundamental: o tipo de laço que sustenta a união dos pais. Amor, desejo, poder, submissão, necessidade, os filhos e o dinheiro. A lógica fálica se tece em uma trama que fica enlaçada a diversas equivalências simbólicas e às estruturas relacionais em que elas circulam.

No desenvolvimento freudiano, a partir da elaboração do histórico clínico de Dora, a presença do desprazer em situações de prazer é vista como definitiva, no sujeito histérico, de uma posição de base em relação ao prazer, ao desejo e à sua satisfação. A impotência sexual é expressão disso.

A demanda erótica não é recebida pelo homem histérico como o desejo de uma mulher por um homem, que suporia um jogo amoroso de desejos; pelo contrário, ele toma essa demanda como uma solicitação para que ele prove sua virilidade como uma exigência de responder eficazmente, e não como um jogo amoroso; por isso, a presença do terror de "fracassar" no ato sexual é permanente. A prova de virilidade, que é a resposta que tende a ter o histérico frente ao desejo da mulher, tem uma forte determinação proveniente da cultura, através das atribuições imperativas do sistema de gênero. O sistema de gênero coloca o "sentir" como questão da mulher; para esta, o fracasso consiste em não sentir – frigidez – enquanto que, do lado do homem, fica como dever de honra o "agir"; para este, a falha estaria em não conseguir exercer o poder de penetrar.

A busca do álcool pode ser a procura de um recurso antidepressivo em diversas configurações psíquicas. Mas a sua utilização e o uso de drogas no histérico faz uma ortopedia para o "ser masculino"; faz que ele apareça como um homem lá onde não consegue estar como tal. O tóxico lhe permite, na fantasia, enganar a mulher por ele idealizada, cultuando a ilusão de que realmente tem o objeto fálico que ela espera.

Mas pode corresponder a uma procura identificatória. Tanto o álcool como a droga podem ser o totem em torno do qual os homens se reúnem para ingerir uma substância comum, e fazer parte de uma comunidade grupal de homens que se identificam pelo consumo dessa substância. A reunião em torno do álcool atravessa, ao que parece, as gerações. Já Freud se referia à subjetividade do homem que se instala no bar para beber em companhia de outros homens.

O que está em jogo é uma necessidade de respaldo identificatório através da presença do outro ou dos outros masculinos. É equivalente aos ciúmes das mulheres histéricas pela "outra mulher". É um modo de construir a masculinidade corporativamente e respaldá-la com identificações laterais, que permitam um diálogo com o congênere sobre a sexualidade, o que funciona como reforço para sustentá-la.

Dissemos antes que os homens se ofendem quando são considerados histéricos. É algo que faz um nó, um laço, com a questão de gênero. Por que se ofendem? Porque ser histérico é ser sensível, ser frágil, ser emotivo. É ser tudo o que o perfil de gênero da masculinidade diz que ele não tem que ser. Ser histérico não é próprio de um homem, além de torná-lo um irresponsável quanto à função social central que lhe cabe na sustentação da estrutura social (BRIQUET).

Quando é chamado de histérico, ele é exposto, revelam-se suas dúvidas e se pressupõe vacilações quanto a sua identificação sexual de homem ou mulher.

A prova de virilidade (na cama, no campo de batalha, na vida social) persegue a demonstração emblemática de que se é "um verdadeiro homem". Sabemos quanto sofrimento isso implica. Por outro lado, não deixamos também de pensar no caráter pomposo desse enunciado, que nos remete à observação de Lacan: "enquanto é verdadeiramente' viril, um homem é sempre mais ou menos sua própria metáfora, de onde provém certo ridículo" (LACAN, 1970, p. 88).

Seria preciso situar todas estas considerações em relação às mudanças culturais da representação da masculinidade em curso. As características do poder, da força e da violência do homem estariam cedendo para dar lugar a coisas novas. Parece estar se abrindo espaço para uma concepção da masculinidade que não exclua, nela própria, tudo aquilo que possa remeter à feminilidade. Isso incidiria na produção dos sintomas histéricos nos homens; traria mudanças tanto em sua misoginia e agressividade, quanto nos circuitos de culpa, expiação e idealização da mulher.

O que é chamado de "nova masculinidade" é uma tarefa do narcisismo construtor coletivo, instituinte, desta época. Como parte dessa construção, começam a aparecer representações referidas a um novo pai; um pai próximo, terno e participante nos cuidados do filho, fornecendo uma base sólida para a construção da ternura no filho.

Além de sua função terceira como interditar, sua proximidade deixa marcas precoces que, ressignificadas, servem de base para a identificação ulterior na construção da masculinidade, diminuindo o temor do retorno regressivo à relação fusional com a mãe.

E a histeria? Diante dessas mudanças, ganharia, mais uma vez, novas formas?

REFERÊNCIAS BIBLIOGRÁFICAS

ALONSO, S. *A construção do feminino e do materno: considerações sobre a questão do mal-estar contemporâneo*. In:___ O tempo, a escuta, o feminino. São Paulo: Casa do Psicólogo, 2011.

ALONSO, S.; FUKS, M. *Histeria e erotismo feminino*, In: ALONSO, S.; GURFINKEL, A. C; BREYTON, D. M. (Org). *Figuras clínicas do feminino no mal-estar contemporâneo.* São Paulo: Escuta, 2002. p. 313-328.

____. *Histeria*. São Paulo: Casa do Psicólogo, 2004.

BADINTER, E. XY: *la identidad masculina.* Barcelona: Alianza, 1993.

BLEICHMAR, E *O feminismo espontâneo da histeria.* Porto Alegre: Artes Médicas,1988.

BLEICHMAR, S. *Paradojas de la sexualidad masculina.* Buenos Aires: Paidós, 2006.

BRIQUET, P. *Traité clinique et thérapeutique de l'hystérique*. Paris: Baillière, 1859, apud TRILLAT, E. História da Histeria. São Paulo: Escuta, 1991.

BURIN, M. *Padres, hijos, hijas*. In: Varones: género y subjetividad masculina.Buenos Aires: Paidós, 2000.

DOR, J. *Estructuras clinicas y psicoanálisis*. Buenos Aires: Amorrortu, 2000.

FREUD, S. (1905d). *Fragmento del análisis de un caso de Histeria* - Caso Dora. In:___ Obras Completas. Buenos Aires: Amorrortu, 1997. v. 7.

____. (1908d). *La moral sexual "cultural" y la nerviosidad moderna.* In:___ Obras Completas. Buenos Aires: Amorrortu, 1997. v. 9.

____. (1910h). *Sobre un tipo particular de elección de objeto en el hombre:* contribuciones a la psicologia del amor - 1. In:___ Obras Completas. Buenos Aires: Amorrortu, 1997. v. 11.

____. (1912d). *Sobre la más generalizada degradación de la vida amorosa en el hombre*: contribuciones a la psicología del amor – II. In:___Obras Completas. Buenos Aires: Amorrortu, 1997. v. 11.

____. (1914c). *Introducción al narcisismo*. In:___ Obras Completas. Buenos Aires: Amorrortu, 1997. v.14.

____. (1921c). *Psicologia de las masas y análisis del yo.* In Completas. Buenos Aires: Amorrortu, 1997. v.18.

____. (1933a). *La feminidad.* In: ___ Obras Completas. Buenos Aires: Amorrortu, 1997. v. 22.

____. (1937c). *Análisis terminable e interminable*. In:___ Obras Completas. Buenos Aires: Amorrortu, 1997. v. 23.

FUKS, M. P. *Histeria nos homens*. In: O masculino na Contemporaneidade: repercussões na saúde do homem. XIV Simpósio do Serviço de Psicologia do Hospital do Coração. São Paulo, 17 abr. 2010.

FUKS, M. P. et al. *A sexuação feminina na contemporaneidade: da suposta libertação feminina à impossibilidade de sustentar o imprevisível na relação com o outro*. In: ALONSO, S.; GURFINKEL, A. C; BREYTON, D. M. (Org). Figuras clínicas do feminino no mal-estar contemporâneo. São Paulo: Escuta, 2002.

ISRÄEL, L. *A histérica, o sexo e o médico*. São Paulo: Escuta, 1995.

LACAN, J. (1957/1958). *Las formaciones del inconsciente*. Buenos Aires: Nueva Visión, 1970.

MELER, I. *Sexualidad masculina: un estudio psicoanalítico de género*. In:___ Varones: Género y subjetividad masculina. Buenos Aires: Paidós, 2000.

MONTRELEY, M. *Investigaciones sobre La feminidad*. In:___ Acto psicoanalitico: teoria y clínica. Madrid: Nueva Visión, 1979. p. 197-220.

STOLLER, R. *Masculin ou Féminin?* [S. 1.]: P.U.F., 1989, apud VOLNOVICH, J.C. Ir de Putas: reflexiones acerca de los clientes de la prostitución. Buenos Aires: Topia, 2010. cap. 2.

VOLNOVICH, J. C. *El proceso de devenir varón*. In:___ Ir de Putas: reflexiones acerca de los clientes de la prostitución. Buenos Aires: Topía, 2010. p. 39-59.

Histeria, patologia de gênero

Nelson da Silva Jr. e
Pedro Ambra

NOTAS SOBRE A HISTERIA EM FREUD

Perante o mictório, encontra-se em pé um sujeito de unhas pintadas, cabelo chanel, saia e salto alto. Ao perceber o estado atônito de um idoso que acaba de entrar no banheiro, o primeiro exclama "Não se preocupe, o senhor não está no banheiro errado". A resposta, resignada, vem em seguida: "É, eu estou é na idade errada" (CARTA CAPITAL, 2011).

Essa resposta, ouvida por Laerte, o cartunista que desde 2009 decidiu vestir-se como mulher, sublinha o caráter da extrema transformação que as categorias sexuais sofreram em um relativo curto espaço de tempo. Não se trata aqui da liberdade sexual, da crescente entrada das mulheres no mercado de trabalho ou dos esforços cada vez maiores dos estados em promover o respeito às minorias sexuais. O que está em jogo é o estatuto da identidade, neste caso, sexual.

Estaria a psicanálise trabalhando com conceitos que permitam a compreensão destas novas realidades discursivas, sociais e subjetivas? Propomos que o conceito de histeria pode ser o operador teórico que em psicanálise articula as indagações do sujeito a respeito do gênero. De fato, sob o prisma da neurose histérica, a questão de gênero se enriquece e se complexifica, uma vez que se mostra como a tradução de pelo menos outras duas questões dirigidas ao outro, a primeira de natureza ontológica: "Quem sou?"; a segunda: "O que você deseja de mim, para que eu possa ser o que lhe completa?". Note-se que o "outro" diz respeito a uma posição ou ser não submetido à castração, o que demonstra que a questão do gênero nessa neurose pode ser vista como uma estratégia para a manutenção da ilusão de completude narcísica frente ao desejo. A patologia funciona aqui como um instrumento epistemológico, capaz de revelar estruturas e operações invisíveis a olho nu. Vejamos como isso ocorre.

A histeria, para além de qualquer dúvida, será sempre a neurose à qual a psicanálise deve sua invenção como teoria do psiquismo e como método terapêutico. Conceitos essenciais como inconsciente, recalcamento, trauma, sexualidade infantil, retorno do recalcado, associação-livre e transferência, foram pensados por Freud primeiramente a partir da clínica da histeria. Ora, é evidente que psicanálise freudiana apresenta certamente uma série de conceitos não diretamente ligados à clínica da histeria; contudo, a necessária articulação destes conceitos aos anteriores acarreta uma inevitável retomada da neurose histérica. Apresentar a histeria em Freud significa, portanto, retomar a própria história da psicanálise e de seu desenvolvimento teórico, seja diretamente ou indiretamente.

Com vantagens e desvantagens, essa psicopatologia que apresenta a Freud a divisão e a alienação do sujeito, ainda no século XIX, parece oferecer nos dias atuais algumas pontuações importantes, no que diz respeito às construções feitas a partir do sexo biológico.

Proposto por Money e popularizado por Stoller – um psicanalista – (COSSI, 2011, p. 36) o conceito de gênero parece ter passado ao largo das discussões internas da psicanálise, sendo apropriado por estudos culturais e feministas. Observamos aí não só o movimento migratório do conceito para um novo campo, como também sua pretensão explicativa: não se trata mais apenas de uma construção subjetiva sobre uma realidade corporal, mas antes um discurso social e histórico sobre as diferenças corporais.

Este não parece ser o caso da histeria. Como buscaremos demonstrar, a histeria é também um conjunto de construções (sintomáticas, identitárias e discursivas) que orbita ao redor da pergunta fundamental da identidade sexual, a partir da castração. No entanto, a questão é, por natureza, sem resposta, uma vez que se considera a determinação inconsciente como efeito centrífugo, que impede o sujeito de colidir com sua verdade. É nesta tensão que podem, por um lado, ser produzidos sintomas e transferências e, por outro, bens culturais e a vida em civilização.

Neste sentido, uma primeira distinção entre histeria e gênero é necessária. Em relação à primeira, é claro, é necessário seu caráter inconsciente. Pode-se considerá-la – seja como patologia ou constituição subjetiva – efeito da assimetria entre o sujeito e seu desejo e, afinal, do desconhecimento daquele sobre este: o recalque. Já o gênero considera em algum grau que há uma construção conheci da compartilhável a respeito do sexo. É evidente que é possível haver modificações, trânsito e alterações historicamente determinadas de gênero, sendo esta, inclusive, sua grande vantagem. Mas é importante sublinhar que o inconsciente não parece figurar como elemento determinante na construção, e consequentemente na análise, de gênero.

A determinação inconsciente e o recalque, no entanto, não diferenciam a histeria da neurose obsessiva. Para tal distinção, é necessário introduzir a maneira pela qual opera a identificação na histeria, sendo esta uma patologia na qual a mimese de elementos externos tem um papel fundamental em sua forma de expressão. Assim, considerando as mudanças sociais ocorridas desde o "surto histérico " do século XIX, é possível prever modificações na forma de apresentação deste quadro patológico. Esse é um dos motivos pelos quais circula nos meios psicanalíticos – conversas, artigos e divãs – a impressão de não haver mais "histéricas como as de Freud" (ALONSO; FUKS, 2004). Muda-se o cenário social, muda-se o figurino da histeria.

Desta forma, gostaríamos de fazer algumas pontuações a respeito da histeria, não a partir de sua forma de apresentação tradicional – corpo, mas tendo como foco o posicionamento subjetivo frente ao falo e à identidade sexual. Tal escolha assenta-se, por um lado, na ideia da migração sintomática na histeria e, por outro, na hipótese da modificação do estatuto do corpo na contemporaneidade (SILVA JR., 2009). Se o corpo coberto, espartilhado e confessável deu lugar ao corpo aberto, compartilhado e modificável, pode-se supor que a histeria encontre outras formas de expressar-se, ainda que seu modo tradicional não desapareça.

Três pontos de inflexão teórica estão presentes na concepção freudiana da histeria: a teoria da sedução traumática, a teoria pulsional e a teoria da sexuação a partir do complexo de Édipo. Para os propósitos deste artigo, analisaremos este último ponto.

Questões como a escolha do objeto sexual, a identificação de gênero e a inserção do sujeito na cultura, sob a lei da exogamia e a da interdição do incesto, nortearão o quadro das preocupações conceituais de Freud, cada vez mais radicalmente posicionado sob o princípio de uma determinação historial destes processos culturais.

Entre 1923 e 1927, uma série de conceitos já antigos sobre a sexuação serão amadurecidos, outros serão criados. Os novos elementos conceituais em jogo serão a fase fálica e a importância insuspeita da relação da menina com sua mãe na organização pré-edípica. Os antigos serão o complexo de Édipo, a castração, o narcisismo e a identificação. Contudo, serão as relações entre os antigos e os novos conceitos que assumirão, neste período, uma importância inédita, pois tais relações serão definidas por Freud de modo consistente em torno de uma nova teoria da sexuação. Nessa nova teoria, a sexuação da mulher passa a ser pensada fora de um quadro de simetrias com a sexuação do homem. Com o abandono de tal princípio de simetrias, a teoria freudiana da sexuação se emancipa definitivamente de todo e qualquer fundamento naturalístico.

Nessa versão da sexuação humana, uma nova fase da organização sexual infantil é apresentada, a saber: a fase fálica. Nessa fase, as crianças de ambos os sexos compreenderiam a sexualidade a partir do postulado da presença de um falo em todos os seres. As fantasias masturbatórias das crianças se organizariam em torno das figuras parentais e a sensorialidade erótica seria intensamente experienciada nos genitais: menino manipula seu pênis e a menina seu clitóris. Segundo Freud, a educação se encarregaria de barrar tais experiências prazerosas com repreensões e ameaças por parte dos adultos. Contudo, a atividade e a fantasia masturbatória não cederiam a tais oposições, a não ser a partir do complexo de castração, isto é, da peculiar forma de interpretação das diferenças anatômicas entre os sexos realizada pelas crianças. De acordo com essa interpretação, as crianças não entendem as diferenças dos genitais como simplesmente diferentes, mas sim a partir da chave da presença ou ausência de pênis. A partir de tal postulado em comum, os processos de sexuação dos meninos e meninas se separariam um do outro.

Os meninos, diante da constatação da ausência de pênis nas meninas, começam a dar crédito para as eventuais ameaças feitas pelos adultos em seu esforço de interrupção das atividades masturbatórias. Diante do que é interpretado como ausência de pênis, são invadidos pela angústia de perda do próprio pênis como castigo por suas manipulações. Frente a tal angústia que ameaça o corpo como uma instância de investimento narcísico, o menino abandona suas atividades masturbatórias e as fantasias eróticas que as acompanham. Abandona a mãe como objeto de investimento erótico em nome da manutenção narcísica do pênis. Em relação ao pai, este sai da posição de rival do menino frente aos privilégios da mãe e passa a ocupar o lugar de uma figura ideal protetora, simultaneamente, amada e temida. Nesse ponto o supereu constitui-se como instância representativa dos pais no interior do aparelho psíquico, e o menino entra na fase de latência. Desse modo, nos meninos, o complexo de castração opera como um limite ao complexo de Édipo.

Freud descobre que nas meninas essa ordem entre complexo de castração e complexo de Édipo se converte. Ao interpretar a diferença dos genitais como castração no próprio corpo, as meninas sofrem uma dolorosa experiência. Essa ferida narcísica teria um efeito devastador na erogeneidade corporal, com o consequente abandono no da atividade masturbatória do clitóris. As interdições dos adultos à masturbação contribuem para uma compreensão dessa ausência enquanto castigo. Contudo, essa ausência de pênis não seria imediatamente generalizada a todas as mulheres, figuras importantes como a mãe continuam a ter, na imaginação infantil, um pênis para a menina. Nesse contexto, a menina ainda não tem por que dirigir seu olhar ao pai e outras figuras masculinas. Apenas a decepção com a mãe que não lhe deu um pênis, ou a "descoberta" que nenhuma mulher possui pênis, levaria a menina a se interessar pelo pai e acrescentar à sua frustração uma nova rivalidade com a mãe, desta vez na disputa pelo pênis do pai. O pênis/falo sofreria possíveis deslocamentos simbólicos, entre eles o de ter um filho do pai.

Freud elenca três possibilidades de destino da vida sexual da menina a partir da castração, seja a vida erótica que é abandonada como um todo, seja a menina que se recusa a acreditar na perda definitiva do pênis que reconstrói sua vida erótica pela via da feminilidade. Esta última via implicaria profundas mudanças na vida pulsional da menina. Em primeiro lugar, segundo Freud, ela implica a substituição da erogeneirade clitoridiana pela erogeneidade vaginal. Em segundo lugar, a feminilidade implicaria a substituição da mãe pelo pai como objeto de amor. Em terceiro lugar, a feminilidade implicaria um deslocamento da modalidade ativa de satisfação, para formas passivas de satisfação pulsional. Assim, por exemplo, a satisfação da pulsão especular se deslocar do "olhar" para "ser olhada". Seja para Freud, seja para Beauvoir, a feminilidade é uma construção e não um dado natural.

Retomando a histeria a partir de tal quadro, a compreensão freudiana da mesma passa a tentar mapear os tortuosos caminhos do desejo diante do conjunto formado pelo complexo de Édipo e pelo complexo de castração. Com efeito, a partir do texto *Bate-se numa criança*,

Freud (1919) passa a compreender o complexo de Édipo como o complexo nuclear das neuroses. Cada um dos elementos distintivos da neurose histérica será, então, objeto de uma releitura. Assim, as fantasias de sedução pelo pai ou tio, a aversão à genitalidade, isto é, a fuga da sexualidade sob a forma do ato sexual no corpo a corpo com um homem, e, finalmente, o investimento narcísico em figuras femininas idealizadas – elementos regularmente presentes no quadro histérico – serão reexaminados sob a ótica do complexo de Édipo. Vejamos como isto se dá.

A situação triangular é um elemento frequente da situação histérica. Tal montagem na sintomatologia histérica já se fazia presente nos *Estudos sobre a histeria* (FREUD, 1985), no sonho da Bela Açougueira (Ibid., 1900) e no caso Dora (Ibid., 1905). Nesse último caso, Freud considera retroativamente que é a relação da histérica com a mulher que tem o centro de gravidade psíquico. Ora, a identificação com a mulher idealizada – a Sra. K. ou a Madonna, no caso Dora –aparece como a finalidade a partir da qual Dora se aproxima de uma aparente escolha objetal heterossexual, o Sr. K.

A partir da nova teoria freudiana sobre a sexuação feminina, a importância da relação da menina com sua mãe é sublinhada por Freud como um período de importância fundamental para a com preensão da feminilidade. Os cuidados maternos com o corpo da criança seriam responsáveis pelo erotismo passivamente vivido pela criança. Tal relação será compreendida como o elemento real desde sempre presente nas fantasias de traumatismo sexual comuns nas fantasias histéricas. O fato de tais fantasias apresentarem um homem como protagonista da violência sexual será compreendido por Freud como uma contribuição posterior da fase edípica, em uma relação de sobreposição ao período da fixação na mãe. No caso da histeria, o aspecto heterossexual dessa fantasia se mostraria, assim, a serviço de uma relação fundamentalmente homossexual. Será também essa relação com a mãe aquela responsável pela fixação da histérica em figuras femininas idealizadas. No caso Dora, a não percepção do real endereçamento do seu amor, a saber, a Sra. K., teria sido um dos fatores do fracasso do tratamento psicanalítico, em que as intervenções de Freud haviam sido, *a priori*, direcionadas pelo pressuposto de uma organização edípica heterossexual. Nesse sentido, a histeria não realizaria o percurso completo da mãe para o pai na busca pelo falo perdido na castração.

No campo da erogeneidade corporal, o complexo de castração deixaria sua marca pela dificuldade ou impossibilidade de gozo genital, expressando-se pelo evitamento das relações sexuais, pela frigidez, vaginismo ou a dificuldade em atingir o orgasmo. As crises conversivas teriam uma função substitutiva, compensatória do erotismo genital, através de formas deformadas de satisfação e castigo inconsciente. Nos casos de histeria em homens, a problemática sexual se expressaria como impotência em suas variantes: ejaculação precoce, dificuldade de ereção ou de atingir o orgasmo. As crises histéricas nos homens tendem a se expressar com ataques de raiva e cenas de violência, e mais recentemente, pelo fisiculturismo. Assim, em ambos os sexos, o corpo do sujeito histérico acabaria adquirindo a função totalizante do falo. É necessário pontuar, contudo, que tais noções apresentadas psicopatologicamente são constitutivas de todos os sujeitos cujas formas de relação com o ambiente tem estrutura histérica, ainda que esta não se apresente como patologia desencadeada.

Assim, segundo a releitura da histeria pelo complexo nuclear das neuroses, essa passa a ser compreendida como uma problemática articulada à fase fálica e ao complexo de castração. Diante da ferida ou ameaça narcísica operada pelo complexo de castração, dois elementos da subjetividade seriam afetados: por um lado, a identificação inconsciente ao gênero, que seria de algum modo interrogada em uma tentativa de contornar a castração fixando-a em um dos gêneros e idealizando o outro; por outro lado, a erogeneidade genital se veria obstruída, gerando formas compensatórias e deformadas de satisfação sexual. Enfim, o objeto do desejo do sujeito histérico seria investido no interior de uma estrutura triangular, em que o desejo de um outro indicaria, a cada vez, um ideal narcísico inatingível, com os elementos de autossuficiência, perfeição e, eventualmente, periculosidade para o sujeito a quem são inerentes. É bastante comum e justificada a aproximação entre histeria e feminino. Para além da raiz etimológica, a própria história da psicanálise atesta que a prevalência da neurose do tipo histérica em mulheres foi responsável pela associação, quase permanente, entre o quadro clínico e o gênero.

É importante retomar que Freud vincula a constituição de uma determinada identidade sexual a partir do posicionamento perante a castração. Em outras palavras, a criança se define como homem ou mulher pelo conjunto das representações e construções hipotéticas a respeito de suas realidades físicas. Para o autor, o sintoma histérico pode ser lido como uma frustração inconsciente frente à ausência do falo (FREUD, 1917/2010), ao passo que a neurose obsessiva masculina operaria na chave da angústia de castração.

No entanto, um exame mais detalhado mostra não se tratar aqui de simples sobreposição de noções, determinações unidirecionais ou constatações estatísticas. Pois a histeria é, antes de tudo, uma patologia cuja questão fundamental gira em torno da identidade sexual. Desta forma, a resposta à pergunta "*sou homem ou mulher?*" deve ser lida nos sintomas histéricos, que de acordo com Freud "são a expressão, por um lado, de uma fantasia sexual inconsciente masculina e, por outro lado, de uma feminina" (FREUD, 1908/1974).

Portanto, antes de se tratar na histeria de uma exacerbação do caráter feminino – potencialmente presente tanto em homens quanto em mulheres – é necessário lembrar, sob influência de *Fliess*, que Freud tem em mente a teoria da bissexualidade primária na psicogênese da histeria.

Resta saber, no entanto, por que a histeria possui tantas relações com a feminilidade, sendo que a primeira é, por excelência, uma patologia de indefinição de gênero, considerada como modalidade de posicionamento frente à castração. Um possível encaminhamento para a questão pode ser lido no mesmo texto: "Em primeiro lugar, é indiscutível que a bissexualidade que afirmamos ser parte da constituição humana – aparece bem mais nitidamente na mulher do que no homem" (FREUD, 1908/1974, p. 376). Estando a mulher mais sujeita à convivência com a bissexualidade – seja pelo caminho mais sinuoso de sua travessia do complexo de Édipo, seja, como defende Freud, pelo caráter já dual das representações de seus órgãos genitais, possivelmente, a questão da definição do gênero a assolaria mais diretamente.

Para que a questão do início seja retomada, é importante sublinhar que, diferentemente do gênero, o operador teórico que em psicanálise organiza as identidades sexuais é uma psicopatologia. Desta forma, resta saber o que o método psicopatológico em sua acepção psicanalítica pode nos ensinar sobre os fenômenos contemporâneos de gênero.

Voltemos ao argumento apresentado: talvez o principal interesse do método psicanalítico em recolocar a questão seja o fato da histeria trazer à tona a polaridade falo/castração em relação ao outro, traduzida na forma de uma pergunta sobre o gênero. Dito de outro modo, a histeria tradicionalmente transformaria o gênero em uma questão sobre a totalidade para um outro: homem e mulher existem, nessa patologia, encarnados em indivíduos com os quais o sujeito se relaciona, em um sistema de opostos simétricos onde um é castrado e o outro, fálico.

Pode-se compreender, então, a purificação de opções de gênero a partir do par castrado/fálico, visando um outro? Seja entre sujeitos que lutam pelo direito de não pertencer a sexo nenhum, seja em pais que optam por não atribuir – jurídica e discursivamente – gênero às suas crianças (AMBRA; SILVA JR., 2010), parece haver uma maneira diferente de pensar a identidade. Aparentemente, trata-se de estratégias que, antes de mais nada, reivindicam o caráter eletivo do gênero, deixando de lado suas determinações biológicas, mas também seu caráter inconsciente.

Acreditamos que é nesse ponto que podemos encontrar o elemento de um logro tipicamente narcísico da castração em jogo. Esse logro se recobre, antes de mais nada, com uma racionalização e técnicas contemporâneas, ainda que se trate da reiteração da soberania do sujeito moderno. Portanto, a partir da histeria é possível pensar a contemporaneidade – ainda que fértil em discursos de liberdade sexual em muito tributários à psicanálise – em continuidade à modernidade. Tal aproximação não deve ser lida nos sintomas, nômades por excelência na histeria, mas antes na ilusão do controle de si. A terceira ferida narcísica, fruto do deslocamento do arbítrio da consciência para o inconsciente, parece não cicatrizar.

Por fim, acreditamos que, na atualidade, a distância que na época de Freud separava a crítica social do conservadorismo parece ter se tornado uma linha tênue. Assim, entre abraçar todas as novas ideias advindas de um contexto social, plural e rechaçar qualquer realidade de que não se enquadre em um pretenso passado dourado, cabe à psicanálise a tarefa de revisitar suas categorias clássicas, buscando testá-las à luz de novos fenômenos, tal como prega a freudiana primazia da experiência sobre a teoria.

REFERÊNCIAS BIBLIOGRÁFICAS

ALONSO, S.; FUKS, M. *Histeria*. São Paulo: Casa do Psicólogo, 2004.

AMBRA, P. E. S.; SILVA JR., N. *Genre, liberté et souveraineté de soi:* ponctuations à partir d'Honneth. Brazilian Cultural Studies, [S. 1.), v. 1, n. 3, 2012.

COSSI, R. K. *Corpo em obra*: contribuições para a clínica psicanalítica do transexualismo. São Paulo: nVersos, 2011.

FREUD, S. (1908). *Über die infantile Sexualtheorien*, Frankfurt am Main: S. Fischer, 2009.

____. (1917). *Sobre a transformação dos instintos em particular no erotismo anal*. São Paulo: Companhia das Letras, 2010.

____. (1919). **B***atem numa criança: contribuição ao conhecimento da gênese das perversões sexuais.* São Paulo: Companhia das Letras, 2010.

SILVA JR., N. *Corps et narration dans la modernité*. In: GASPARD, J.; DOUCET, C. (Org). Pratiques et usages du corps dans la modernité. Toulouse: Éditions Érès, 2009. p. 65-85.

CURRÍCULO DOS AUTORES

Vera Iaconelli

Psicóloga, psicanalista, mestre e doutora em psicologia pela USP, membro do Departamento de Psicanálise do Instituto Sedes Sapientiae, professora convidada do setor de Especialização em Psicologia Hospitalar da Maternidade São Luiz e do setor de Psicologia do Hospital do Coração (HCOR) e diretora do Instituto Brasileiro de Psicologia Perinatal Gerar.

Christian Ingo Lenz Dunker

Psicanalista, professor livre-docente do Departamento de Psicologia Clínica da Universidade de São Paulo, Analista Membro de Escola (A.M.E.) do Fórum do Campo Lacaniano, doutor em psicologia pela Universidade de São Paulo, pós-doutor pela Manchester Metropolitan University (U.K.), membro da Associação Universitária de Pesquisa em Psicopatologia Fundamental, coordenador do Laboratório de Teoria Social, Filosofia e Psicanálise da USP (Latesfip-USP). Pesquisa as relações entre a clínica de J. Lacan e a Filosofia, a teoria da cultura e as ciências da linguagem. Autor de *Estrutura e Constituição da Clínica Psicanalitica* (Annablume, 2011 – prêmio Jabuti, 2012), *O Cálculo Neurótico do Gozo* (Escuta, 2002), *A Psicose na Criança* (Zagodoni, 2012). Coordenou as coleções "Cinema e Psicanálise" (nVersos) e "Casos Clínicos" (Duetto). Colabora frequentemente como articulista para revistas como *Cult* e *Mente & Cérebro*.

Adriana Perassi Bosco

Nasceu em São Paulo, em 1975. É mestre em Psicologia Social pelo Instituto de Psicologia da Universidade de São Paulo, tendo estudado a experiência cotidiana de jovens mulheres paulistanas acerca das relações de gênero e doutoranda no programa de Psicologia do Desenvolvimento e da Aprendizagem no mesmo Instituto, estudando o posicionamento do corpo e das corporalidades cotidianas em relação à clínica. É também psicoterapeuta junguiana pelo Instituto Sedes Sapientes Doutoranda no programa de Psicologia Do Desenvolvimento e da Aprendizagem do Instituto de Psicologia da USP.

Tiago H. Rodrigues Rocha

Psicólogo, mestre em psicologia pela UPU, doutorando em Psicologia Social pela USP, professor do Departamento de Pessoa da Universidade Federal do Triângulo Mineiro, membro do Laboratório de Estudos e Pesquisa em Psicanálise da UPTM (Lepsi) e do Laboratório de Teoria Social, Filosofia e Psicanálise da USP (Latesfip).

Júlia Catani

Psicóloga com especialização em Psicologia Hospitalar (Divina de Psicologia do Hospital das Clinicas da Faculdade de Medicina da Universidade de São Paulo – HCFMUSP) e em Saúde Mental (Departamento de Psicologia do Instituto de Psiquiatria – IPq do HCFMUSP). Psicanalista pelo Instituto Sedes Sapientiae. Psicologia do Ambulatório de Transtornos Somatoformes do IPq HCFMUSP, atua também em consultório particular. Mestre em Psicologia Clínica pela USP com o apoio do CNPq. Membro do Laboratório de Teoria Social, Filosofia e Psicanálise (Latesfip).

Julio Cesar Lemes de Castro

Graduado em Jornalismo pela Escola de Comunicações e Artes da USP, com mestrado e doutorado em Comunicação e Semiótica na PUC SP e pós-doutorado em Psicologia Social no Instituto de Psicologia da USP. Foi *Fulbright Visiting Scholar* no Department of Romance Languages da University of North Carolina at Chapel Hill. Possui formação em psicanálise pela Clínica Lacaniana de Atendimento e Pesquisas em Psicanálise (Clipp), vinculada à Escola Brasileira de Psicanálise/seção São Paulo. É pesquisador do Laboratório Interunidades de Teoria Social, Filosofia e Psicanálise (Latesfip-USP). Mantém o endereço http://www.jclcastro.com.br sitc acadêmico próprio.

Silvia Leonor Alonso

Psicanalista em exercício da clínica desde 1971. Membro do Departamento de Psicanálise do Instituto Sedes Sapientiae desde a sua fundação. Professora e supervisora do curso de Psicanalise do mesmo instituto; coordenadora do grupo de pesquisa "O feminino e o imaginário cultural contemporâneo", desde 1996 até hoje. Fez parte do grupo fundador da revista *Percurso* e integrou o primeiro Conselho Editorial. Ex-coordenadora da área de Psicanálise no curso de Formação em Psicoterapia da PUC (São Paulo). Autora dos livros: *Histeria*, em parceria com Mario Pablo Fuks, publicado pela Casa do Psicólogo (2004) e *O tempo, a escuta, o feminino*, publicado também pela Casa do Psicólogo (2011). Coorganizadora dos livros: *Freud: um ciclo de leituras*, Ed. Escuta (1996). *Figuras clínicas do feminino no mal-estar contemporâneo*, Ed. Escuta (2002), *Interlocuções sobre o feminino: na clínica, na teoria, na cultura*, Ed. Escuta (2008) e *Psicanálise em trabalho* Ed. Escuta (2012).

Vera Silvia Facciolla Paiva

Professora associada no departamento de Psicologia Social do Instituto de Psicologia da USP, em que é presidente da Comissão de Pesquisa e professora na graduação desde 1987. É professora da pós-graduação e orientadora nos programas de Psicologia Social/ IPUSP, Medicina Preventiva/FMUSP e de Saúde Pública/ FSPUSP. As linhas de pesquisa a que está filiada abordam a pesquisa psicossocial da desigualdade, a sexualidade, e a dimensão psicossocial nas práticas de saúde, em especial, na prevenção do HIV e no cuidado da Aids. Coordena o NEPAIDS-USP (Núcleo de Estudos para a Prevenção da AIDS), grupo interdisciplinar que congrega professores de diversos programas de pós-graduação na USP, em outras universidades e instituições públicas de pesquisa, alunos de graduação e pós-graduação, dedicados ao ensino, extensão e pesquisa. De 2003-2007 foi pesquisadora e professora convidada no Social Medical Dept/School of Public Health, Columbia Univesity, New York. Em 2013 foi eleita para a "ASSHH Academy" da Association for the Social Sciences and Humanities in HIV. Graduou-se em Psicologia pela Universidade de São Paulo. Na pós graduação, especializou-se em Saúde Pública em Saúde Mental e obteve o grau de mestrado em Psicologia Social (1987), doutora em Psicologia Social (1996) e professora Livre-docente (2007) pela Universidade de São Paulo.

Patricia Porchat Pereira da Silva Knudsen

Psicóloga e psicanalista, professora da Universidade Estadual Paulista "Júlio de Mesquita Filho" (UNESP/Bauru). Pesquisa nas áreas de gênero e sexualidade. É autora do livro *Freud e o teste de realidade* (2005), pela Casa do Psicólogo/Fapesp.

Mario Pablo Fuks

Psiquiatra e psicanalista; membro do Departamento de Psicanálise do Instituto Sedes Sapientia, professor do Curso de Psicanálise, coordenador do curso de Psicopatologia Psicanalítica Contemporânea, supervisor do Projeto de Intervenção e Investigação da Clínica da Anorexia e Bulimia do Instituto Psicossoma e coautor de *Histeria* (Casa do Psicólogo).

Ana Maria Loffredo

Psicanalista, Professora Livre-docente do Departamento de Psicologia da Aprendizagem, do Desenvolvimento e da Personalidade do Instituto de Psicologia da Universidade de São Paulo e orientadora do Programa de Pós-Graduação em Psicologia Escolar e do Desenvolvimento Humano. Editora da Revista Psicologia USP, de 2003 a 2012 e membro filiado da Sociedade Brasileira de Psicanálise de São Paulo. Autora dos livros: *A cara e o rosto*. São Paulo: Editora Escuta, 1994 e *Figuras da sublimação na metapsicologia freudiana.* São Paulo: FAPESP/Escuta, 2014 .

Nelson da Silva Jr.

Psicanalista, Doutor em Psicopatologia Fundamental pela Universidade Paris VII, Professor Titular do Departamento de Psicologia Social e do Trabalho do Instituto de Psicologia da USP. Membro do Departamento de Psicanálise do Instituto Sedes Sapientiae e da Associação Universitária de Pesquisa em Psicopatologia Fundamental. Coordenador do Latesfip, juntamente com Christian Dunker e Vladimir Safatle. Autor, entre outros, dos livros *Le fictionnel en psychanalyse – Une étude* a partir de *l'œuvre* de Fernando Pessoa (Presses Universitaires du Septemprion, 2000), *Linguagens e pensamento – A lógica na razão e desrazão* (Casa do Psicólogo, 2007), *A psicologia social e a questão do hífen* (org. de Silva Junior e Zangari; Blucher, 2017), *Patologias do social* (org. de Dunker, Silva Junior e Safatle; Autêntica, 2018) e *Fernando Pessoa e Freud: diálogos inquietantes* (Blucher, 2019).

Pedro Ambra

É Professor do Curso de Psicologia da Pontifícia Universidade Católica de São Paulo (PUC-SP) e Docente Colaborador do Programa de Pós-graduação do Departamento de Psicologia Social da Universidade de São Paulo (USP). Possui graduação em Psicologia pela USP, mestrado e doutorado em Psicologia Social pela mesma instituição (Bolsa CNPq) e doutorado em Psychanalyse et Psychopathologie pela Université de Paris (Bolsa CAPES-PDSE). É membro da Société Internationale de Psychanalyse et Philosophie (SIPP) e pesquisador do Laboratório de Teoria Social, Filosofia e Psicanálise (Latesfip-USP). É organizador do livro *Histeria e gênero: o sexo como desencontro* (nVersos, 2014) e autor do livro *O que é um homem? Psicanálise e história da masculinidade no Ocidente* (Annablume, 2015). É editor na *Psicologia Revista* e *Lacuna: uma revista de psicanálise*. Suas publicações e áreas de interesse concentram-se na relação entre psicanálise e sociedade, englobando questões de gênero, sofrimento, identidade, cultura e seus impactos epistemológicos.